Freizeit in

Hamburg

und Umgebung

Elke Frey

Die beste Zeit des Jahres – Ihre Freizeit

Hamburg ist eine Stadt, in der es sich sehr gut leben lässt – besonders, wenn es darum geht, die eigene Freizeit zu gestalten. Doch was tun, wenn plötzlich Besuch vor der Tür steht, man nicht mehr so genau weiß, welches die beste Wellnessadresse ist, es regnet und die Kinder einen spannenden Ausflug fordern? Egal ob in Hamburg oder rund um Hamburg, ob mit oder ohne Kinder, für Zugereiste oder alteingesessene Hamburger, bei Regen oder Sonnenschein, am Wochenende oder schnell mal zwischendurch – das Hamburger Freizeitangebot ist riesig. Und so haben wir uns für Sie den Kopf zerbrochen – lassen Sie sich einfach vom Freizeitführer inspirieren und informieren.

Museen und Theater bieten für jeden Geschmack etwas, Thermalbäder und Ayurveda-Tempel locken mit Ganzkörperentspannung, im Hochseilgarten kann man sein Körpergefühl testen, das KL!CK-Kindermuseum lädt zum Ausprobieren und Mitmachen ein, und das Hamburg Dungeon haucht der trockenen Historie mit gruseligen Spezialeffekten Leben ein. Wem der Sinn nach Radtouren, Wanderungen oder Spaziergängen steht, der blättert in den Ausflügen, und die Highlights am Hamburger Event-Himmel finden Sie in unserem Veranstaltungskalender.

Im Freizeitführer für Hamburg und Umgebung finden Sie jede Menge Tipps sorgfältig recherchiert, zusammengestellt und kompetent ausgewählt. Jeweils dabei sind alle wichtigen Informationen wie Adresse, Öffnungszeiten, besondere Hinweise und Empfehlungen zum Essengehen. So wird Ihre freie Zeit auch wirklich zur besten Zeit des Jahres. Das wünschen Ihnen die Hamburger Morgenpost und der Polyglott Verlag sehr herzlich.

Matthias Onken
Chefredakteur Hamburger Morgenpost

Barbara Lennartz
Chefredakteurin Polyglott Verlag

Inhalt

Kinder

Sport

Wellness

Ausflüge

Veranstaltungskalender

Register

Elke Frey lebt als freie Autorin in Hamburg. Schon während ihres Geografiestudiums konnte sie als Stadtführerin viele Besucher für die Hansestadt begeistern. Später zog es sie als Studienreiseleiterin in die weite Welt. Sie schrieb zahlreiche Reiseführer über ihre fernen und nahen Lieblingsziele. Besonders fasziniert ist sie aber nach wie vor vom schier unerschöpflichen Facettenreichtum Hamburgs und ihrer norddeutschen Heimat.

Alle Informationen stammen aus zuverlässigen Quellen und wurden sorgfältig geprüft. Für ihre Vollständigkeit und Richtigkeit können wir jedoch keine Haftung übernehmen. Ergänzende Anregungen bitten wir zu richten an:
Polyglott Verlag, Redaktion, Postfach 40 11 20, 80711 München
E-Mail: redaktion@polyglott.de

Unsere Preissymbole bedeuten:

○ untere Preislage
○○ mittlere Preislage
○○○ obere Preislage

Herausgeber: Polyglott-Redaktion
Autorin: Elke Frey
Lektorat: Anja Lehner
Redaktion: Sabine von Loeffelholz
Layout: Ute Weber, Geretsried
Karten und Pläne: Sybille Rachfall
Klappenkarten: GeoGraphic Publishers
Titelkonzept-Design: Studio Schübel Werbeagentur GmbH, München
Satz: Schulz Bild + Text, Dagebüll

PT 07A1

Erste Auflage 2007/2008
© 2007 by Polyglott Verlag GmbH, München
Dieses Buch wurde auf chlorfrei gebleichtem Papier gedruckt
ISBN 978-3-493-60144-2

Kultur und Events

Farben und Formen, Musik und gesprochenes Wort – Kultur spannt einen weiten Bogen und lässt sich nicht nur bei hochkarätigen Festspielen, in Museen und Theatern erleben. Auch im Alltag fern der großen Spektakel ist sie zu finden. Ob große Tradition oder einfach nur Spaß: Lassen Sie sich inspirieren, verzaubern und neugierig machen auf Kulturerlebnisse in vielfältiger Form.

Hamburger Rathaus

Von außen kennt ihn jeder, den prächtigen Neorenaissancebau mit seinem grünen Kupferdach und dem 112 m hohen Mittelturm. Aber von innen? Auf den unterhaltsamen Führungen durch die Machtzentrale der Hansestadt liefern die Ratsdiener neben blanken Fakten auch manche Anekdote, denn sie wirken bei vielen Staatsempfängen und Banketten im Hintergrund. Bürgerschaftssitzungen sind Veranstaltungen, die jedermann offen stehen: Einfach anmelden und zuhören! Ohne Anmeldung kann man den Bürgermeister besuchen – allerdings nur am 1. Januar. Das ganze Jahr über lockt um das Rathaus herum ein bunt gemischtes Veranstaltungsprogramm.

❗ In Rathausnähe liegt das **Café Paris,** das nach dem Vorbild einer französischen Brasserie eingerichtet wurde. Jugendstilfliesen zieren Decke und Wände, serviert wird ambitionierte Bistroküche (Rathausstr. 4).

Das erwartet Sie

▪ 647 Räume (mehr als der Buckingham-Palast!), teils verschwenderisch mit Marmor, Stuck, riesigen Gemälden, Kronleuchtern und kostbaren Ledertapeten geschmückt
▪ Wechselausstellungen zu Themen aus Hamburgs Geschichte und Gegenwart in der Eingangshalle
▪ Auf den Zuhörersitzen des Bürgerschaftssaals ist man live dabei, wenn Politik gemacht wird.
▪ Beim Neujahrsempfang am 1. 1. um 11 Uhr hat jeder Hamburger Gelegenheit, einmal dem Bürgermeister die Hand zu schütteln.
▪ im Sommer klassische Open-Air-Konzerte im Rathaus-Innenhof (z. B. Hamburger Symphoniker)
▪ ganzjährig Events auf dem Rathausmarkt wie internationale Beachvolleyball-Wettkämpfe (Juni), »Stuttgarter Weindorf« mit Weinen und Speisen aus Schwaben (Juni/Juli), Freiluftkino (Juli), Weihnachtsmarkt

▪ Information

Hamburger Rathaus, Rathausmarkt, 20095 Hamburg, Tel. 0 40/42 83 10, Führungen Tel. 0 40/4 28 31 20 64, Hotline Tel. 0 40/4 28 31 24 70, An-

meldung zu Bürgerschaftssitzungen Tel. 0 40/4 28 31 24 09, Veranstaltungen im Rathaus-Innenhof Tel. 040/ 4 28 31 20 48. Aktionen rund um das Rathaus siehe Tagespresse und unter www.hamburg-magazin.de
- **Anfahrt:** U 3 Rathaus, U 1, U 2, S 1, S 2, S 3 Jungfernstieg

- **Zeitplanung:** ca. 1 Std.
- **Öffnungszeiten:** Führungen halbstündlich Mo–Do 10–15, Fr–So 10–13 Uhr (nicht bei Veranstaltungen im Rathaus)
- **Preise:** Erwachsene 2 €, Kinder 0,50 €; Rathaushalle und Bürgerschaftssitzungen kostenlos

Planten un Blomen

Der idyllische Park gleich neben der hektischen, lauten Hamburger City ist unübertroffen vielseitig: Auf Erholung Suchende warten hier gepflegte Rasenflächen, wunderschön angelegte Blumenrabatten, kleine Bächlein und malerische Seen; daneben bieten sich auch zahlreiche Möglichkeiten zur aktiven Freizeitgestaltung. Das Bezirksamt Hamburg-Mitte organisiert auf dem Gelände von April bis September eine Vielzahl unterschiedlicher Veranstaltungen. Besonders beliebt sind die farbigen Konzerte der Wasserlichtorgel am Parksee, zu denen sich bei Einbruch der Dunkelheit Hunderte von Gästen einfinden.

Das erwartet Sie
- Botanischer Garten mit großem Tropengewächshaus
- Bei Führungen durch den Apothekergarten werden Kräuter und Heilpflanzen vorgestellt.
- fernöstliche Kultur im Japanischen Garten, u. a. Teezeremonien, Kalligraphie-Workshops

- kostenlose Konzerte aller Stilrichtungen im Musikpavillon (Beginn meist 15 Uhr)
- Im Rosengarten erklingt im Sommer täglich klassische Musik.
- Modellbootregatten auf dem Parksee, bei denen nicht nur zugeschaut, sondern auch mitgemacht werden darf
- in den Sommermonaten Kindertheater und Töpferstube
- Minigolf- und Trampolinanlage
- Rollschuhbahn, im Winter Eisbahn mit Schlittschuhverleih
- Mehrere Restaurants, Cafés und Kioske sorgen für das leibliche Wohl.

Von der Cocktailbar **Top of Town** im 26. Stock des Radisson SAS Hotels gleich neben dem Park genießt man nach Einbruch der Dunkelheit einen traumhaften Panoramablick über das Lichtermeer der Stadt (ab 21.30 Uhr; in den Sommerferien Do, Fr, Sa, sonst Mo–Sa, Tel. 0 40/35 02 34 32). ○○○

■ **Information**
Bezirksamt Hamburg-Mitte,
Klosterwall 8, 20095 Hamburg,
Tel. 0 40/4 28 54 47 23,
www.plantenunblomen.hamburg.de
■ **Anfahrt:** Nordteil: U 1 Stephansplatz, S 11, S 21, S 31 Dammtor; Süd-
teil (Rollschuhbahn): U 3 St. Pauli,
Bus 112 Handwerkskammer
■ **Öffnungszeiten:** Park Mai–Sept.
7–23, Okt.–April 7–20 Uhr; Wasser-
orgel Mai–Aug. ab 22, Sept. ab 21,
So, Fei 14 Uhr; Führungen Apothekergarten Mai–Sept. jeden 2. So im
Monat 11 Uhr, Rollschuhbahn tgl.
9–21 Uhr, Minigolf und Trampolin
Mitte April–Sept. tgl. 10–21 Uhr, Töpferstube Mai–Aug. Mo–Fr 14–18 Uhr,
Veranstaltungstermine siehe Folder
(erhältlich beim Bezirksamt Hamburg-Mitte und in der Tourismus-
zentrale) und im Internet
■ **Preise:** Eintritt frei, fast alle Veranstaltungen kostenlos, Minigolfanlage
und Eislaufbahn Erwachsene 3 €,
Kinder 2 €, Trampolin 10 Min. 1 €

Hamburger Dom

Im Mittelalter fand rund um den
Marien-Dom alljährlich ein Jahrmarkt
mit Handwerkern, Fliegenden Händ-
lern, Gauklern und Moritatensängern
statt. Wenn das Wetter zu ungemüt-
lich wurde, durften sie sich im Kirchenschiff aufhalten. Als die Kirche
1806 abgebrochen wurde, verteilte
sich das Jahrmarktswesen auf verschiedene Stadtgebiete, bis 1893 das
riesige Heiligengeistfeld die neue
Heimstatt des Traditionsmarkts wurde. Dreimal jährlich wird dort heute
»Dom« gefeiert – im Frühling, Sommer und Winter. Mit neun Millionen
Besuchern pro Jahr ist die Kirmes für
Hamburg auch ein bedeutender wirt-
schaftlicher Faktor.

Das erwartet Sie
■ Norddeutschlands größtes Volksfest mit mehr als 260 Schaustellern
auf einem 160 000 m² großen Fest-
gelände
■ bunte Mischung von Losbuden,
Spielhallen, Verkaufs-, Belustigungs-
und Fahrgeschäften vom nostalgischen Kettenkarussell bis zur High-
Tech-Achterbahn
■ herrlicher Ausblick vom Riesenrad
auf Stadt und Hafen
■ Jeden Freitag um 22.30 Uhr erstrahlt über dem Dom-Gelände ein
großes Feuerwerk.

Seit Generationen Anlaufstelle für
die Schausteller ist der **Feldkeller,** eine
waschechte, fast museale Hamburger
Gaststätte. Auf den Tisch kommt solide
norddeutsche Küche, am Freitag steht
Fisch auf dem Speiseplan (Feldstr. 47,
Tel. 0 40/4 32 25 29). ○

■ Sonderfläche mit Events unter wechselnden Mottos, z. B. Mittelalter, Wikinger, Wilder Westen oder Monster der Tiefsee
■ Dom-Gastronomie mit Festzelt, Imbiss- und Schankbetrieben

■ Information
Behörde für Wirtschaft und Arbeit, Alter Steinweg 4, 20459 Hamburg, Tel. 0 40/4 28 41 28 96, www.hamburger-dom.de
■ **Anfahrt:** U 3, Bus 36, 37, 112 St. Pauli, U 3 Feldstraße. Kooperation mit dem HVV: bei Anreise mit einer Tages- oder Gruppenkarte Rabatte an zwei Fahrgeschäften
■ **Zeitplanung:** 2–3 Std.

■ **Öffnungszeiten:** Mo–Do 15–23, Fr, Sa 15–24.30, So 14–23 Uhr
■ **Preise:** kein Eintritt für das Gelände, Mi reduzierte Preise für Familien und Senioren

Stadtmodell Hamburg

»Hamburg – wachsende Stadt« ist der Slogan für Gegenwart und Zukunft der jahrhundertealten Hansestadt. Wer Städte plant und baut, trägt große Verantwortung für die Gestaltung des zukünftigen Lebensraums. Behörden, Architekten, Galeristen und Künstler äußern ihre Vorstellungen regelmäßig bei Rundgängen, Diskussionen oder Ausstellungen. Das Stadtmodell Hamburg informiert über all diese Initiativen.

Das erwartet Sie
■ Modell von Hamburgs City und den umliegenden Stadtteilen im Maßstab 1 : 500 auf über 100 m² Fläche

■ Auch geplante Bebauungen sind anschaulich ausgewiesen, so etwa das Brauviertel und die HafenCity.
■ monatlicher Jour Fixe mit Vorträgen, Filmen und Gesprächen über Hamburgs Stadtentwicklung
■ Wechselausstellungen zu stadtplanerischen Themen
■ Informationen zu allen Aktivitäten, die mit Hamburgs Stadtgestaltung in Verbindung stehen, z. B. Rundfahrten oder Rundgänge unter stadtkundlichen, bauhistorischen oder planerischen Aspekten; Konferenzen, Vorträge und Diskussionen über Hamburgs bauliche Entwicklung sowie aktuelle Architekturthemen

■ Hamburgs Architektur-Events gipfeln alle drei Jahre im Hamburger Architektur Sommer (nächster Termin 2009) mit über 250 Ausstellungen, Diskussionen, Exkursionen und Happenings; dabei haben Besucher Zugang zu Bauwerken, die sonst nicht öffentlich sind (z. B. U-Boot-Bunker, Schwimmende Häuser).

■ Zwischen Wexstraße, Altem Steinweg und Großneumarkt bieten unterschiedliche kleine Restaurants einen täglich wechselnden Mittagstisch, und am Abend belebt sich die Szene mit viel Musik.

■ **Information**

Stadtmodell Hamburg, Behörde für Stadtentwicklung und Umwelt, Wexstr. 7, 20355 Hamburg, Tel. 0 40/4 28 40 21 94, www.stadtmodell.hamburg.de, www.architektursommer.de

■ **Anfahrt:** S 1, S 2, S 3 Stadthausbrücke

■ **Zeitplanung:** 1/2 Std., bei Veranstaltungen auch länger

■ **Öffnungszeiten:** Di–Fr 10–17, Sa, So 13–17 Uhr, Jour Fixe jeden 2. Mi im Monat 19–20.30 Uhr

■ **Preise:** Eintritt frei, Jour Fixe 2,50 €

Literaturhaus Hamburg

Mittelpunkt des literarischen Lebens in Hamburg ist das Literaturhaus am Schwanenwik, das als modernes Dienstleistungszentrum rund ums Thema Buch verstanden werden will. Der Börsenverein des Deutschen Buchhandels ist hier ebenso vertreten wie das Literaturzentrum e. V., eine Interessenvertretung der Autoren. Ein anspruchsvolles Programm gibt Gelegenheit zur Auseinandersetzung mit Literatur und zur Begegnung mit Schriftstellern. Podiumsdiskussionen und Gesprächsrunden widmen sich philosophischen Fragen und kulturellen Phänomenen.

Das erwartet Sie

■ Lesungen junger und etablierter Autoren, darunter berühmte Namen wie Günter Grass und Umberto Eco

■ Ausstellungen, Performances und literarische Installationen

■ Veranstaltungsreihen wie die offene Diskussionsrunde »Philosophisches Café«, Kinderbuchlesungen

■ Schreiblabor: Werkstatt für Kreatives Schreiben für Jugendliche

■ mehrtägige Festivals wie die Nordischen Literaturtage

■ hervorragend sortierte Buchhandlung mit gemütlichem Lese-Erker

Inzwischen eine Hamburger Institution ist das **Literaturhaus-Café,** das seine Gäste in stuckverzierten Sälen unter riesigen Kronleuchtern mit mediterran gefärbter Küche verwöhnt. ○○

stimmungsvolle Räumlichkeiten mit gründerzeitlichem Dekor, die auch für private Anlässe gemietet werden können

■ Information
Literaturhaus Hamburg,
Schwanenwik 38, 22087 Hamburg,
Tel. 0 40/2 20 66 12,
www.literaturhaus-hamburg.de.
Kartenverkauf an der Abendkasse oder in der Buchhandlung Samtleben im Haus.
■ **Anfahrt:** Bus 6, 37, 172, 173 Mundsburger Brücke
■ **Zeitplanung:** je nach Veranstaltung

■ **Öffnungszeiten:** tgl. 10–24 Uhr (Literaturhaus-Café)
■ **Preise:** je nach Veranstaltung, in der Regel 8 €, Ermäßigungen; einige Veranstaltungen sind frei

Kulturflohmarkt am Museum der Arbeit

Rund um das Museum der Arbeit am Wiesendamm findet siebenmal im Jahr ein populäres Event statt: Mit beschirmten Ständen und improvisierten Auslagen umgibt der Kulturflohmarkt T.R.U.D.E., das 16 m hohe Schneiderad eines Elbtunnelbohrers, und erstreckt sich bis an den Osterbekkanal. Am Anleger »Museum der Arbeit« startet die Dampfbarkasse »St. Georg« zu Rundfahrten. Ihr Tuten mischt sich mit der Livemusik von der kleinen Bühne am Museum.

Das erwartet Sie
■ ausgedehntes Marktgelände vor der Kulisse einer ehemaligen Fabrikanlage, heute Museum der Arbeit
■ buntes Angebot, das zu etwa gleichen Teilen Trödel, Second Hand und Antikes umfasst, einschließlich antiquarischer Bücher
■ qualitätvoller Kunsthandwerkermarkt im Museumsgebäude
■ kleine Bühne für Auftritte regionaler Gruppen: Tanz, Musik, Gesang, Sketche …
■ Der Gang über den Flohmarkt lässt sich gut mit einem Abstecher ins Museum (s. S. 22) verbinden.
■ Zugang vom Anleger am Osterbekkanal für Passagiere der Barkasse »St. Georg«
■ In der nahen »Fu« kann man sich im »Big Easy« mit amerikanischer Küche stärken, während im Hinter-

grund eine Jazzband spielt (Fuhlsbütteler Str. 113).

■ **Information**
Veranstaltungsort: Museum der Arbeit, Wiesendamm 3, 22305 Hamburg, Organisation: Marktbüro auf Kampnagel, Jarrestr. 20–24, 22303 Hamburg, Tel. 0 40/2 70 27 66, www.marktkultur-hamburg.de
■ **Anfahrt:** S-/U-Bahn Barmbek
■ **Zeitplanung:** 2–3 Std.
■ **Öffnungszeiten:** 9–17 Uhr, 7-mal zwischen Ostern und Okt., Termine s. Internet
■ **Preise:** Eintritt frei

Kaffeekultur

In Sachen Kaffee macht Jens Burg so leicht keiner was vor: Er lernte mit der kostbaren Ware umzugehen, als alle Kaffeeladungen noch sackweise aus Übersee in die Speicherstadt geliefert wurden. Ganz langsam verwandelt der Röstmeister die grünen Rohkaffeebohnen in braune, bis sie das optimale Aroma erreicht haben: eine hohe Kunst, denn jede Kaffeesorte will auf ihre Weise behandelt werden. Bei Seminaren in seinem liebevoll arrangierten Museum gibt Jens Burg sein Wissen an Interessierte weiter.

Das erwartet Sie
■ im Eppendorfer Laden nostalgisches Ambiente und herrlich frischer Röstkaffeeduft
■ über 100 Kaffeesorten, darunter fast 50 Aroma-Variationen
■ bis unter die Decke reichende, alte Regale mit Kaffee-Zubehör
■ museale Sammlung von Kaffee-Geräten
■ reich bestücktes Kaffeemuseum in Hamburg-Lokstedt
■ Führungen mit anschließender Kaffeeverkostung
■ Anfänger- und Profi-Seminare zur Kaffeeherstellung und Maschinenkunde

■ **Information**
Kaffeerösterei Burg, Eppendorfer Weg 252, 20251 Hamburg, Tel. 0 40/4 22 11 72, www.kaffeeroesterei-burg.de; Kaffeemuseum Burg, Münsterstr. 23–25, 22529 Hamburg, Tel. 0 40/55 20 42 58, www.kaffeemuseum-burg.de

■ **Anfahrt:** Rösterei: U 1, Bus 34 und 114 Eppendorfer Baum; Museum: Bus 22 und 34 Frickestraße
■ **Zeitplanung:** 2–3 Std., Kaffeeseminare 2 Std. bis 3 Tage
■ **Öffnungszeiten:** Rösterei Mo–Fr 8–19, Sa 8–18 Uhr, Museum Mo–Sa 10–16 Uhr und n. V.; Showrösten Mo–Fr 8–11 Uhr an beiden Orten
■ **Preise:** Museum 6 €, Seminare von 10 € (2 Std.) bis 990 € (3 Tage)

Nach so viel exotischem Kaffee-Wissen lechzt mancher vielleicht nach Bodenständigem: Die nette Eckkneipe **Klopstock** mit Sommerterrasse draußen und Wohnzimmer-Atmosphäre drinnen serviert zum Bier solide Kost wie Labskaus oder Scholle mit Bratkartoffeln (Eppendorfer Landstr. 165, Tel. 0 40/47 65 98). ○

Planetarium

Der denkmalgeschützte Wasserturm mit der kupfergedeckten Kuppel im Stadtpark wurde in eines der modernsten Planetarien der Welt umgewandelt. Neueste Technologie ermöglicht es hier, das Lernen in eine Erlebnisdramaturgie einzubinden: Das vielfältige Programm verbindet Belehrendes mit Unterhaltendem und umfasst neben fachkundigen Erläuterungen des Sternenhimmels auch Ausstellungen, Theatervorführungen und Musik-Shows.

Das erwartet Sie
■ riesige Projektionskuppel von 22 m Durchmesser
■ modernste Computer- und Simulationstechnik
■ tagesaktuelle Informationen über Weltraummissionen vom HUBBLE-Teleskop
■ Vorträge mit wissenschaftlichem Anspruch für jedermann

■ »Sternentheater«: umfangreiches Programm für Kinder
■ 360-Grad-Multimedia-Shows mit Musik von Pink Floyd und Jean Michel Jarre
■ Konzerte mit Videokunst
■ Aussichtsplattform in 50 m Höhe, von der sich ein herrlicher Rundblick auf Hamburg bietet, für Astronomiefreunde auf den Nachthimmel

■ **Information**
Planetarium Hamburg, Hindenburgstr. 1 b, 22303 Hamburg, Tel. 0 40/42 88 65 20, Kartenvorbestellung Tel. 0 40/4 28 86 52 10, tgl. 9–20 Uhr, www.planetarium-hamburg.de
■ **Anfahrt:** U 3 und Metrobus 6 Borgweg, 1 km Fußweg in den Stadtpark, Bus 118, 20 Ohlsdorfer Straße
■ **Zeitplanung:** Vorstellungen ca. 50 Min.; Himmelsbeobachtungen meist bis Ende der Öffnungszeit

Auf dem Gelände des Stadtparks liegt auch das **Landhaus Walter,** dessen Speisekarte viel Süddeutsches, aber auch norddeutsche Gerichte wie Matjesfilets bietet. Im Sommer sitzt man im Biergarten unter alten Linden (Hindenburgstr. 2, Tel. 0 40/27 50 54). ∞

■ **Öffnungszeiten:** Kasse und Aussichtsplattform Di 9–15, Mi 9–21, Do 9–21.30, Fr 9–21.45, Sa 12.30–21.30, So 12.30–19 Uhr, Sonderregelungen an Feiertagen und in den Schulferien s. Internet
■ **Preise:** Veranstaltungen ab 7 €, ermäßigt ab 4,50 €, bei Sonderveranstaltungen z. T. höhere Preise

Dialog im Dunkeln

Ohne Augenlicht leben: Kann man sich als Sehender überhaupt eine Vorstellung davon machen? Eine Idee von den Sinneseindrücken blinder Menschen gibt die Ausstellung »Dialog im Dunkeln« in einem historischen Gebäude in der Speicherstadt. In völliger Finsternis werden an verschiedenen Stationen alltägliche Situationen simuliert, die sich nur durch Tasten, Hören, Riechen und Schmecken bewältigen lassen. Dabei findet ein Rollentausch statt: Hilfestellung und Orientierung gibt ein sehbehinderter Führer.

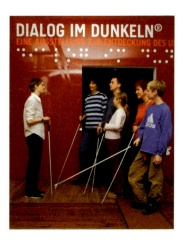

Das erwartet Sie

■ Blinde Guides führen durch völlig abgedunkelte Räume, in denen mit Hilfe von Tönen, Texturen, Gerüchen, Temperaturen und Luftströmungen eine Parklandschaft, eine belebte Straßenkreuzung oder eine Bar inszeniert wurde.
■ Man läuft auf unterschiedlichen Böden und ertastet verschiedene Oberflächen, geht in Kurven oder geradeaus, aufwärts und abwärts.
■ An einem Marktstand gilt es, verschiedene Früchte und Gemüse zu identifizieren.
■ Eine Bootsfahrt gerät zum Abenteuer – Vorsicht, beim Einstieg schlingert die Brücke!
■ Erfrischen kann man sich zum Abschluss in der »Dunkelbar«.

■ Auf Vorbestellung »Dinner in the Dark«: Blinde Servicekräfte servieren im Dunkeln ein saisonal wechselndes Vier-Gänge Menü (Termine siehe Website, Beginn 19 Uhr).

■ Information
Dialog im Dunkeln, Alter Wandrahm 4, 20457 Hamburg,
Tel. 07 00/44 33 20 00,
www.dialog-im-dunkeln.de

■ **Anfahrt:** U 1 und Metrobus 3 Messberg, direkter Zugang über die Fußgängerbrücke Wandrahmstieg
■ **Zeitplanung:** Standardtour 1 Std., erweiterte Tour 1,5 Std.
■ **Öffnungszeiten:** Di–Fr 9–17, Sa, So 11–19 Uhr, Voranmeldung nötig!
■ **Preise:** 12 €, erweiterte Tour 15 €, Kinder bis 14 Jahre 5 € bzw. 8 €, Familien bis 5 Personen 30 €, Dinner in the Dark 55 € zzgl. Getränke

Museumshafen Övelgönne

Wohin mit den dampfbetriebenen Hafenschleppern oder Schwimmkränen und den immer noch bildschönen Küstenfrachtern aus vergangenen Zeiten? Hamburg besitzt ein »Altersheim« für solche ausgemusterten Veteranen, die vor 50 bis 100 Jahren im Hafen, auf der Elbe und in den Küstengewässern herumschipperten: den Museumshafen am Anleger Neumühlen. Die Mitglieder der Vereinigung Museumshafen Övelgönne e. V. kümmern sich liebevoll und unentgeltlich darum, historische Schiffe und Geräte in Gang zu halten. Mit einigen nostalgischen Dampfern kann man auch auf Fahrt gehen.

Das erwartet Sie
■ etwa 30 fahrtüchtige und originalgetreu restaurierte Dampfer, Motor- und Segelschiffe, darunter das Feuerschiff »Elbe 3« und der Eisbrecher »Stettin«
■ zwei ausgemusterte, aber jederzeit einsatzbereite Schwimmkräne. Den HHLA 1 kann man im Sommer für private Feierlichkeiten mieten.
■ Innenbesichtigung der Schiffe, wenn Vereinsmitglieder an Bord sind und Erlaubnis geben
■ Charterfahrten auf mehreren Schiffen und auf dem Schwimmkran HHLA-1
■ Eine alte Hafenfähre wurde zum Café umgebaut.

Auf der Höhe des Anlegers Neumühlen beginnt der ca. 20 km lange Elbuferweg stromabwärts. Hier liegt neben vielen Ausflugsrestaurants auch **Das Weiße Haus** des Fernsehkochs Tim Mälzer, der unkonventionelle Küche zu moderaten Preisen serviert (Neumühlen 50, Tel. 0 40/8 66 90 60, So geschl., Vorbestellung erforderlich!). ○○

■ **Information**
Museumshafen Övelgönne e. V., Anleger Neumühlen, 22763 Hamburg, Tel. 0 40/41 91 27 61, www.museumshafen-oevelgoenne.de
■ **Anfahrt:** Hafenfähre 62, Bus 112 Neumühlen

■ **Öffnungszeiten:** Ponton jederzeit zugänglich, Innenbesichtigungen und Fahrten s. Bootsbeschreibungen im Internet
■ **Preise:** Außenbesichtigung gratis, bei Innenbesichtigung Spende erbeten; Charterpreise s. Internet

Ausstellungen in der Speicherstadt

Das moderne Herzstück des 1888 eröffneten Hamburger Freihafens war die Speicherstadt mit ihren schönen Backsteinfassaden an malerischen Fleeten. Ihr Zentrum bildete das türmchenverzierte »Hafenrathaus«, in dem bis heute die Hamburger Hafen- und Logistik Aktiengesellschaft (HHLA) residiert. Dieses repräsentative Gebäude und die übrigen Speicher stehen inzwischen unter Denkmalschutz: Nachdem sich der Hafenbetrieb weiter elbabwärts auf riesige Areale für Container- und Massengutabfertigung verlagert hatte, wurde die Speicherstadt 2002 aus dem Freihafengebiet ausgegrenzt. Das bedeutete keineswegs ihr Ende: Neben Büros, Ateliers und Galerien beherbergt sie immer mehr Ausstellungen und Museen, in denen das ursprüngliche Ambiente lebendig ist.

Speicherstadt-Museum

■ In einem historischen Lagerhaus werden Warenproben und typische Arbeitsgeräte von Handelshäusern und Lagerfirmen der Speicherstadt gezeigt.
■ Ausstellungen zu den Luxusgütern Kaffee und Tee, zum Beruf des Quartiersmanns und des Ewerführers sowie zur Geschichte der Speicherstadt
■ Sonderausstellungen zur Geschichte des Hafens, des Transportwesens, der Handelsgüter etc.
■ wöchentliche kommentierte Rundgänge im Speicherstadtensemble
■ zu bestimmten Terminen Kaffee-, Tee- und Kakaoverkostungen
■ Krimilesungen zu nächtlicher Stunde, wenn die Speicherstadt geheimnisvoll illuminiert ist

Im Museumscafé »Kaffeeklappe« kann man sich anschließend mit Kaffee, verschiedenen Teesorten und Kuchen stärken.

■ Information
Speicherstadt-Museum,
St. Annenufer 2, 20457 Hamburg,
Tel. 0 40/32 11 91,
www.speicherstadtmuseum.de
■ **Anfahrt:** U 1 und Metrobus 3 Meßberg, Metrobus 6 Brandstwiete
■ **Zeitplanung:** Verkostungen, Führungen durch Speicherstadt und Museum ca. 1,5 Std.
■ **Öffnungszeiten:** Di–So 10–17 Uhr, Führungen ab Kornhausbrücke/ Neuer Wandrahm Sa 15, So 11 Uhr
■ **Preise:** Eintritt 3 €, Kinder bis 17 Jahre frei, Führung 7 €, ermäßigt 5 €, Verkostungen 11 €, ermäßigt 8 €, nächtliche Krimilesungen 9,50 €, ermäßigt 7,50 €

Spicy's Gewürzmuseum
■ Auf dem 2. Boden eines alten Speichers dokumentieren 900 Exponate die Gewürzherstellung vom Anbau über die Ernte bis zum Fertigprodukt.
■ Ca. 50 Rohgewürze, teilweise in Original-Importverpackungen, dürfen angefasst, beschnuppert und probiert werden.
■ Wissenswertes zu Verwendung, Vorratshaltung und Qualität von Gewürzen
■ Kochabende, Vorträge und Gewürzquiz für Gruppen (nach Vereinbarung)

■ jährlich vier Sonderausstellungen; 13. Jan.–6. Mai 2007 »Heilen mit Gewürzen«
■ Zur Eintrittskarte gibt's gratis eine Gewürzprobe (für Kinder: Gummibärchen).

Einen schönen Blick auf die Speicherstadt genießt man vom **Fleetschlösschen** nahe dem Speicherstadt-Museum. Das winzige Bistro serviert Pasta, Wraps, Toasts und Salate, abends hausgemachte Tapas. An sonnigen Tagen sitzt man im Freien (Brooktorkai 17, Tel. 0 40/30 39 32 10). ○

■ Information
Spicy's Gewürzmuseum,
Am Sandtorkai 32, 20457 Hamburg,
Tel. 0 40/36 79 89, www.spicys.de
■ **Anfahrt:** U 3 Baumwall, Metrobus 6 Auf dem Sande
■ **Zeitplanung:** ca. 1 Std.
■ **Öffnungszeiten:** Di–So 10–17 Uhr, Juli–Okt. auch Mo
■ **Preise:** Erwachsene 3 €, Kinder bis 12 Jahre 1 €, Vorträge Erwachsene 25 €, Schüler/Studenten 15 €

Kesselhaus
■ In der einstigen Energiezentrale der Speicherstadt, einem historischen Backsteinbau von 1886/87, dokumentieren ein großes Modell, Wechselausstellungen und Architekturwettbewerbe jeden Entwicklungsschritt von Hamburgs neuem Innenstadtquartier, der HafenCity.

■ An Computern und Hörstationen kann man sich über Themen wie Hochwasserschutz oder Geschichte des Gebiets informieren.
■ Archiv, gut bestückter Informationsstand und Büchertisch
■ geführte Rundgänge und Radtouren durch die HafenCity

■ Eine Sonderausstellung im Turmbau dokumentiert die Metamorphose der HafenCity vom Hafen zum urbanen Stadtquartier.
■ Im modernen Café-Restaurant mit Terrasse am Fleet bekommt man Kaffee, Kuchen und kleine Snacks.

■ **Information**
HafenCity InfoCenter im Kesselhaus, Sandtorkai 30, 20457 Hamburg, Tel. 0 40/36 90 17 99, www.hafencity.info
■ **Anfahrt:** U 3 Baumwall, Metrobus 6 Auf dem Sande
■ **Zeitplanung:** Führungen ca. 1,5 Std.
■ **Öffnungszeiten:** Di–So 10–18 Uhr, Rundgänge Sa 15 Uhr, Radtouren Mai–Sept. 1. und 3. So 11 Uhr, Startpunkt für beide: Kesselhaus-Foyer
■ **Preise:** Eintritt und Führungen gratis, kostenloses Informationsmaterial

Museum der Arbeit

Auf dem heutigen Museumsgelände fertigte die New York-Hamburger Gummi-Waaren Compagnie (NYH) von 1871 bis 1945 u. a. Prothesen und Kämme. Das Museum der Arbeit stellt aber nicht Produkte aus, sondern dokumentiert anschaulich, wie dramatisch sich Arbeit und Alltag der Menschen durch die vor 150 Jahren einsetzende Industrialisierung veränderten. Spannend ist auch der Blick

hinter die Kulissen heutiger Arbeit: So erfährt man, wie die vierte Röhre des Elbtunnels gebohrt wurde und unter welchen Bedingungen Prostituierte sich ihr Brot verdienen (Sonderausstellung).

Das erwartet Sie
■ Mithilfe von Rekonstruktionen und Einzelobjekten, Fotos und Dokumenten werden typische Hamburger

Arbeitsbereiche wie Handelskontor und Hafen vorgestellt.

■ In der Druck- und Stanzwerkstatt können Besucher auch selbst Hand anlegen.

■ Eine humorvolle und kritische Dokumentation beleuchtet das Thema »Frauenarbeit«.

■ Gegenstände aus dem Arbeiteralltag vom Henkelmann bis zur Schürze

■ Sonderausstellungen (2007: »Gib Gummi!«), Vorträge und Führungen

■ Audioguides geleiten durch die Dauerausstellung.

■ Kaffee und Kuchen sowie einen kleinen Mittagstisch bietet das »Fabrikcafé«.

■ **Information**

Museum der Arbeit, Wiesendamm 3, 22305 Hamburg, Tel. 040/428 13 30, www.museum-der-arbeit.de

■ **Anfahrt:** U 2, U 3, S 1, S 11 Barmbek

■ **Zeitplanung:** mindestens 1 Std.

■ **Öffnungszeiten:** Mo 13–21, Di–Sa 10–17, So 10–18 Uhr

■ **Preise:** 4 €, ermäßigt 2,50 €, Fr 2 €; bei Sonderausstellungen höherer Eintritt; bis 18 Jahre frei

T.R.U.D.E., der riesige Bohrmeißel für die vierte Elbtunnelröhre, ziert den Hof und gab auch dem Restaurant in der NYH-Fabrikhalle vis-à-vis seinen Namen: Bodenständige Küche wird hier ansprechend auf den Teller gebracht, Spezialität ist Flammkuchen (Maurienstr. 13, Tel. 0 40/20 00 69 31). ○○

Erotic Art Museum

»Rotlichtbezirk erhält Kultur« titelte die »Times«, als 1992 auf St. Pauli das Erotic Art Museum eröffnet wurde: Im Dachgeschoss des Backsteinhauses von 1869 dokumentieren Bilder und erklärende Texte die Geschichte des Viertels wie in einem liebevoll gestalteten Heimatmuseum. Die Hauptrolle auf den übrigen vier Etagen spielt jedoch erotische Kunst vom 6. Jh. bis zur Gegenwart, darunter Werke bekannter Künstler wie Pablo Picasso, Tomi Ungerer oder Keith Haring. Den stimmungsvollen

Rahmen für die Ausstellung bildet eine ehemalige Roteisen-Gießerei, die mit viel Fingerspitzengefühl modern restauriert wurde.

Das erwartet Sie

■ eine der weltweit größten Sammlungen erotischer Kunst mit über 2000 Exponaten, zumeist Bilder, Grafiken und Fotografien
■ fantasievolle Alltagsgegenstände mit erotischer Bedeutung

Die ehrenamtlichen »Kurschatten« der Kurverwaltung St. Pauli e.V. führen durch das berühmt-berüchtigte Quartier und kehren gern im Erotic Art Museum ein. Die **Kur auf dem Kiez** beginnt Di, Do, Sa um 20 Uhr an der U-Bahn-Station St. Pauli, die »Kurtaxe« von 10 € kommt sozialen Projekten in St. Pauli zugute.

■ Sonderausstellungen aus den Bereichen Malerei, Comic und Fotografie
■ gut bestückter Buchshop zum Thema
■ Dem Museum angeschlossen sind das »Café Grün« mit Mittagstisch und Sommergarten sowie das Restaurant »Zirkus Erich« mit Abendkarte (mediterrane und asiatische Küche) und Sonntagsbrunch.

■ **Information**
Erotic Art Museum, Bernhard-Nocht-Str. 69, 20359 Hamburg, Tel. 0 40/3 17 84 10, www.eroticartmuseum.de
■ **Anfahrt:** S 1, S 2, S 3 Reeperbahn
■ **Zeitplanung:** mindestens 1 Std.
■ **Öffnungszeiten:** So–Do 12–22, Fr, Sa 12–24 Uhr
■ **Preise:** 8 €, ermäßigt 5 €, Zutritt ab 16 Jahren

Museum für Kunst und Gewerbe

Was im 19. Jh. als Mustersammlung für guten Geschmack bei der Gestaltung von Gebrauchsgegenständen begann, hat sich zu einem der bedeutendsten europäischen Museen für angewandte Kunst entwickelt. Seine Bestände sind derart vielfältig, dass man beim Besuch Schwerpunkte setzen sollte. Ein absolutes Muss ist die berühmte Jugendstilsammlung, die im »Pariser Zimmer« als Gesamtkunstwerk präsentiert wird.

Das erwartet Sie

- angewandte Kunst Europas vom Mittelalter bis in die Gegenwart
- Kunst der Antike, des Nahen und Fernen Ostens
- historische Musikinstrumente aus fünf Jahrhunderten
- große Bestände an Gebrauchsgrafik, Plakatkunst und Fotografie
- Buchkunst vom 16. bis 20. Jh.
- bedeutende Mode- und Textilabteilung
- Workshops und Kurse von chinesischer Tuschmalerei bis zur Hutgestaltung
- Konzerte u. a. Veranstaltungen im stimmungsvollen Spiegelsaal
- Im Museumsshop kann man neben Literatur auch Designartikel und zeitgenössisches Hamburger Kunsthandwerk erstehen.

Das Buffet des Museumsrestaurants **Destille** mit überwiegend mediterraner Kost, vielen Salaten und wunderbarem Kuchen hat schon so manchen Kulturmuffel zum Besuch der Ausstellung verführt ... (Tel. 0 40/2 80 33 54). ○○

- **Information**

Museum für Kunst und Gewerbe, Steintorplatz, 20099 Hamburg, Tel. 0 40/42 81 34 27 32, www.mkg-hamburg.de
- **Anfahrt:** alle Linien Hbf.
- **Zeitplanung:** je nach Interesse
- **Öffnungszeiten:** Di–So 10–18, Do 10–21 Uhr
- **Preise:** Erwachsene 8 €, Kinder bis 18 Jahre frei; Di ab 16, Do ab 17 Uhr 5 €

Helms-Museum

Ausgrabungsfunde geben Laien oft Rätsel auf, aber das moderne Helms-Museum in Harburg entschlüsselt viele Geheimnisse unserer Vorfahren seit der Steinzeit. Die Exponate stammen zumeist aus dem Raum südlich der Elbe, aber die Archäologen sind auch für das übrige Hamburg zuständig und leiten beispielsweise die Ausgrabungen auf dem Domplatz. Das Museum stellt in drei Harburger Gebäuden aus und betreut im Freiland u. a. den archäologischen Wanderpfad in der Fischbeker Heide.

Das erwartet Sie

- Dauerausstellung zur Ur- und Frühgeschichte: Mensch und Natur von den Eiszeiten zum Mittelalter
- Einen zweiten Schwerpunkt bilden die Harburger Stadtgeschichte und die Regionalgeschichte der nördlichen Lüneburger Heide.
- archäologische Sonderausstellungen von überregionaler Bedeutung
- spannende Mitmachaktionen, z. B. steinzeitliches Brotbacken, Herstellung von Feuersteinwerkzeugen, Bronzegießen

■ abwechslungsreiche Museums-
gespräche und Stadtrundgänge
■ gut sortierte Präsenzbibliothek zur
norddeutschen Archäologie
■ Museumsshop mit großem Angebot an Literatur und Repliken
■ Gerichte aus allen Regionen Spa-
niens serviert in rustikaler Atmosphäre das nahe gelegene »Meson
Galicia« (Maretstr. 60, Di geschl.).

Der **Archäologische Wanderpfad**
in der Fischbeker Heide, eine weitere
Außenstelle des Museums, ist ständig
frei zugänglich. Man begegnet Relikten
der Bronzezeit, z. B. Mergelgruben oder
Grabanlagen, und mit etwas Glück trifft
man in der hügeligen Wald- und Heidelandschaft auch einen Schäfer mit seiner Schnuckenherde (S 3 und S 31 Neugraben, dann Bus 240 Waldfrieden).

■ **Information**
Helms-Museum für Archäologie und
Geschichte Harburgs; Archäolo-
gische Dauerausstellung: Harburger
Rathausplatz 5, 21073 Hamburg,
Tel. 0 40/4 28 71 24 97; Sonderaus-
stellungen: Museumsplatz 2, 21073
Hamburg, Tel. 0 40/4 28 71 36 09;
Dauerausstellung zur Harburger
Stadtgeschichte: Alte Feuerwache,
Hastedtstr. 30–32, 21073 Hamburg,
Tel. 0 40/4 28 71 26 31,
www.helmsmuseum.de
■ **Anfahrt:** zur Dauer- und Sonder-
ausstellung S 3 und S 31 Harburg
Rathaus, zur Alten Feuerwache dann
Bus 144, 145 oder 245 Harmsstraße
■ **Zeitplanung:** pro Ausstellungsort
ca. 1 Std.
■ **Öffnungszeiten:** Di–So 10–17 Uhr
■ **Preise:** Erwachsene 6 €,
ermäßigt 3 €, Kinder bis 17 Jahre frei,
Familienkarte 11 €

Hamburger Kunsthalle

Der älteste der drei Kunsthallenbau-
ten wurde 1869 eröffnet, 1921 erhielt
er einen umfangreichen Anbau. Hier
befindet sich heute der Haupteingang der sog. Alten Kunsthalle. Der
dritte, auffälligste Teil scheint äußerlich vom Altbaukomplex abgetrennt
zu sein, aber das täuscht: Die 1997
eröffnete Galerie der Gegenwart, ein
strahlend heller Kalksteinkubus auf
rotem Granitsockel, ist unterirdisch
mit der Alten Kunsthalle verbunden.

Das erwartet Sie
■ Malerei und Plastik vom Mittelalter bis zur Gegenwart
■ Zu den größten Schätzen des
Museums gehört die Sammlung
deutscher Malerei des 19. Jhs.
mit Hauptwerken der Romantik von
C. D. Friedrich und P. O. Runge
■ Stark vertreten ist auch die französische Malerei des 19. Jhs. mit bedeutenden Beispielen des Realismus
und des Impressionismus.

■ Die Galerie Gegenwart präsentiert internationale Kunst von der Pop-Art bis heute; Sammlungsschwerpunkte bilden die Malerei seit 1960, die Kunst der Feldforscher und Spurensucher, deutsche Fotografie der Becher-Schüler und Videokunst.
■ Kupferstichkabinett mit 100 000 Grafiken und Zeichnungen seit der Renaissance
■ Hochkarätige Sonderausstellungen im Hubertus-Wald-Forum (2007: Kasimir Malewitsch, Bogomir Ecker)
■ Das »Café Liebermann« in der historischen Säulenhalle lockt mit Kaffee und Kuchen, einem Antipasti-Buffet und kleinen Gerichten.

■ **Information**
Hamburger Kunsthalle, Glockengießerwall, 20095 Hamburg, Tel. 0 40/4 28 13 12 00, www.hamburger-kunsthalle.de
■ **Anfahrt:** U-/S-Bahn Hbf., Bus 112 Ferdinandstor
■ **Zeitplanung:** Führungen dauern ca. 90 Min.

Für **Untitled Breakfast,** den sonntäglichen Brunch im Bistro in der Galerie der Gegenwart, braucht man nicht einmal die Kunsthalle zu besuchen: Es gibt auch einen Zugang von außen, der Mo–Fr gern von Mittagstischgästen genutzt wird (Tel. 0 40/32 52 51 79). ○○

■ **Öffnungszeiten:** Di–So 10–18 Uhr, Do 10–21 Uhr
■ **Preise:** 6 €, ermäßigt 4 €, Zuschlag bei Sonderausstellungen; Kinder bis 18 Jahre frei

Hamburgische Staatsoper

Deutschlands erstes öffentliches Opernhaus ist seit 1678 ein Magnet für Künstler von außerhalb der Stadt: Zur Barockzeit gehörte Händel zeitweilig zum Ensemble, später war Lessing hier Dramaturg, Ende des 19. Jhs. Mahler musikalischer Leiter. Heutzutage kommen Musiker, Tänzer, selbst das Personal hinter der Bühne aus der ganzen Welt. Und auch die künstlerische Leitung ist international: Generalmusikdirektorin ist seit 2005 die australische Dirigentin Simone Young, und seit 1973 macht der Amerikaner John Neumeier als Ballettdirektor Hamburg zum Tanz-Mekka.

Das erwartet Sie

■ großartige Operninszenierungen von der Klassik bis zur Moderne
■ philharmonische Konzerte in der Musikhalle
■ Experimente mit neuen Formen des Musiktheaters in der Studio-bühne »Opera Stabile«
■ international beachtete Ballett-inszenierungen; berühmt sind John Neumeiers Einführungen zu den Premieren.
■ für den Nachwuchs: Ballettschule, »Opera-piccola«-Projekt – Kinder machen Oper für Kinder, Veranstal-tungsprogramm »Junge Oper«

■ Information

Hamburgische Staatsoper, Große Theaterstr. 25, 20354 Hamburg, Tel. o 40/3 56 80, www.hamburgische-staatsoper.de,

❗ Herzhaft und gut ist die süddeutsche Küche im **Franziskaner,** mit der das Res-taurant nahe der Oper auch die Herzen der Hamburger erobert hat (Große Thea-terstr. 9, Tel. o 40/34 57 56). ○○

www.hamburgballett.de, www.philharmoniker-hamburg.de
■ **Anfahrt:** U 1, Bus 4, 36, 109 und 112 Stephansplatz, U 2 Gänsemarkt
■ **Zeitplanung:** 1–5 Std.
■ **Spielplan:** s. Website
■ **Preise:** von 2 € (Stehplatz in den obersten Rängen) bis 146 € (Parkett, 1. Reihe); Zuschläge bei Sondervor-stellungen; mit FamilienCard (15 €) um 10 % vergünstigte Erwachsenen-Eintrittspreise und Festpreis für Kinder auf allen Plätzen 10 €

Kampnagel Internationale Kulturfabrik

Kampnagel war ehemals eine Fabrik, die Ladegeschirr und Kräne herstell-te. Noch heute kann man in vielen Hafenstädten der Welt Kaikräne mit der Aufschrift »Kampnagel« finden.

Infolge des Siegeszuges der Contai-ner-Technologie wurde die Produk-tion eingestellt. Doch der Name der Firma geriet in Hamburg nicht in Ver-gessenheit: Anfang der 1980er Jahre dienten ihre Fabrikhallen als Ausweichquartier des Deutschen Schauspielhauses; in der Folge erprobte die Freie Szene hier radikalere Theaterformen, und der Name Kampnagel wurde zum Synonym für internationale Bühnenexperimente.

Das erwartet Sie

■ innovative Eigenproduktionen mit Performance, Tanz, Musik- und Sprechtheater
■ Gastspiele bekannter Künstler und viel versprechender Newcomer
■ sommerliches LAOKOON-Festival mit internationalen Theater- und Tanz-Highlights (Aug./Sept.).
■ Kochshows, bei denen Hamburger Nachwuchsköche ihr Können demonstrieren
■ Live-Konzerte in der Kampnagel Music Hall
■ Wechselausstellungen zeitgenössischer Kunst in der Halle K3

■ anspruchsvolle Filmkunst im Alabama-Kino
■ hausgemachter Kuchen und Snacks im »Café Bistro auf Kampnagel«, internationale Küche im Restaurant »Casino«

■ **Information**
Kampnagel Hamburg,
Jarrestr. 20, 22303 Hamburg,
Tel. 0 40/2 70 94 90,
www.kampnagel.de
■ **Anfahrt:** Bus 172, 173 Kampnagel
■ **Zeitplanung:** je nach Programm
■ **Programm:** s. Website
■ **Preise:** je nach Platz 5–41 €

An manchen Festival-Tagen steuert ein **Alsterdampfer** ab Jungfernstieg Kampnagel an und fährt nach der Vorstellung wieder von dort zurück (Näheres dazu im Festival-Programm).

Hochschule für Musik und Theater

Das repräsentative Budge-Palais wendet seine Front dem noblen Harvestehuder Weg und dem Alsterpark zu. Recht gut versteckt im Grün des Anwesens steht ein moderner Anbau mit Konzertsaal: Die Hochschule für Musik und Theater hat eine der feinsten Hamburger Adressen. Nur keine Schwellenangst! Hier wird nicht nur klassisch gefiedelt, sondern auch Popularmusik unterrichtet (z. B. durch

Jane Comerford von »Texas Lightning«). Sologesang oder Jazzkonzert, Opern, Neue Musik oder Vorträge kann man während der Vorlesungszeit hier erleben, zusammen mit kritischen, spontanen Mithörern.

Das erwartet Sie

■ rund 300 Aufführungen jährlich im Harvestehuder Haus oder an anderen Hamburger Spielstätten

- bunte Mischung aus Sprechtheater, Musiktheater, Konzerten und wissenschaftlichen Vorträgen
- Von Musiktheater-Regie-Studenten werden pro Spielzeit bis zu acht Opernaufführungen als Abschlussarbeit auf die Bühne gebracht.
- aufschlussreiche Erläuterungen zum Werk und zur Art der Darbietung
- fachkundige Zuhörer, viele Studenten
- prickelnde und nie steife Atmosphäre bei den öffentlichen Prüfungskonzerten
- Im nahe gelegenen »Kemp«, einem englischen Pub, kann man sich mit Sandwiches, Chicken Curry oder Roastbeef stärken, dazu gibt es Ale in Flaschen (Mittelweg 27).

- **Information**
Hochschule für Musik und Theater, Harvestehuder Weg 12, 20148 Hamburg, Tel. 0 40/42 84 80, www.hfmt-hamburg.de; hier findet man auch die Adressen der übrigen Aufführungsorte.
- **Anfahrt:** zur Hochschule Bus 109 Böttgerstraße
- **Zeitplanung:** je nach Vorstellung
- **Spielplan:** s. Website
- **Preise:** kostenlose Vorstellungen oder sehr moderate Preise; je nach Programm 8–16 €, Studenten 3–5 €

FABRIK

Die FABRIK im Arbeiterstadtteil Ottensen wurde 1971 zum Vorreiter für die alternative Nutzung stillgelegter Produktionsstätten und sie ist ihrem Motto »Kultur für alle« durch die Jahrzehnte hindurch treu geblieben.

Friedensreich Hundertwasser hinterließ seine Spuren im **Stadtcafé Ottensen:** Verschnörkelt und bunt wie die Dekorationen des Künstlers liest sich auch die Speisekarte; die Beschreibung der Gerichte ist fast schon Poesie. Auf den Tisch kommt solide Hausmannskost zu ebensolchen Preisen (Behringstr. 42–44, Tel. 0 40/39 90 36 03). ○○

Weithin bekannt sind ihre Partys oder Konzerte mit internationalen Größen, wie z. B. Eric Clapton oder Nigel Kennedy, aber ihre eigentliche Bedeutung liegt in der kreativen Freizeitarbeit: Sie ist tagsüber Spielstätte für Kinder und Jugendliche aus Altona/Ottensen, einem Multi-Kulti-Viertel mit entsprechenden Problemen. Der gefeierte Regisseur Fatih Akin kam als Kind jahrelang hierher.

Das erwartet Sie

- historisches Fabrikgebäude mit hohem Glasdach und umlaufenden Galerien in den zwei Stockwerken
- am Abend buntes Veranstaltungsprogramm mit Konzerten, Theater,

Ausstellungen, Lesungen und Diskussionen

■ am Wochenende meist Partys unter wechselnden Mottos (Ü-30-Party, Flirt-Party, schwullesBische Tanznacht)

■ jeden Sonntagvormittag Jazzfrühschoppen

■ während des Winterhalbjahres von Sept. bis Mai an einem Samstag im Monat Flohmarkt (immer 10–17 Uhr, Termine s. Website)

■ werktags Freizeitangebote für Kinder und Jugendliche: Malen, Basteln, Töpfern, Fotografieren, Kochen, Backen, Sport und Spiele

■ Mo–Fr nachmittags betreutes Internetcafé, je nach Wochentag für unterschiedliche Altersgruppen

■ **Anfahrt:** U-/S-Bahn Bahnhof Altona, Buslinien 2, 37, 150 und 288 Friedensallee

■ **Öffnungszeiten:** Kinder- und Jugendbetreuung Mo–Fr 10–18 Uhr; Infobüro und Kartenverkauf Mo–Fr 13–17 Uhr

■ **Preise:** Kinder- und Jugendbetreuung kostenlos, Veranstaltungen siehe Programm im Internet oder im monatlichen Magazin FABRIK

■ **Information**

FABRIK, Barnerstr. 36, 22765 Hamburg, Tel. 0 40/39 10 70, www.fabrik.de

Musicals

Eine Story, die zu Herzen geht, Musik, die einem noch lange im Ohr klingt, dazu ein Bühnenspektakel, das die Sinne betört: die wesentlichen Zutaten erfolgreicher Musicals. Das 1953 wieder aufgebaute Operettenhaus am Spielbudenplatz in St. Pauli führte den Hamburgern von 1986 bis 2001 mit dem Erfolgsmusical »Cats« vor, welch ein enormer Besuchermagnet diese Sparte des Musikthea-ters sein kann. Seit 2002 entpuppt sich dort »Mamma Mia« erneut als Kassenschlager. Zwei weitere Theater wurden eigens für Musicals neu gebaut: Die Neue Flora, 1990 für das »Phantom der Oper« errichtet, ist seit 2006 Spielstätte von »Dirty Dancing«, während im Theater im Hafen gegenüber den Landungsbrücken seit 2001 »Der König der Löwen« sein Publikum in den Bann zieht.

Der König der Löwen

■ Vielfach prämierte Show, die sich an den erfolgreichsten Disney-Film aller Zeiten anlehnt: Erzählt wird die Geschichte des kleinen Löwenjungen Simba, dem von seinem verbrecherischen Onkel Scar die Herrschaft über das Reich der Tiere entrissen wird. Im fernen Dschungelexil zum kräftigen Junglöwen herangereift, besinnt sich Simba mit Hilfe guter Freunde auf seine Pflichten und tritt zum Kampf gegen Scar an.

■ Die erfolgreiche Filmmusik von Elton John wurde mit pulsierenden Rhythmen der Südafrikaner Lebo M und Mark Mancina verschmolzen.
■ Fantasievoll als Tiere verkleidete Schauspieler zeigen neben stimmlichen auch großartige artistische Leistungen.
■ Grandiose Bühnenbilder entführen in die sonnenverbrannte Savannenlandschaft der Serengeti.

■ Einen herrlichen Blick über die Elbe auf Hamburgs City genießt man vom »Skyline-Restaurant« über dem Theatereingang (Di–Do, So 3-Gänge-Menü 29,50 €, Fr, Sa 4-Gänge-Menü 39,50 €, Tel. 0 18 05/44 44).

■ **Information**
Theater im Hafen Hamburg, Norderelbstr. 6, 20457 Hamburg, Tel. 0 40/42 10 00, Reservierungen Tel. 0 18 05/44 44, Sonderangebote für Schulklassen und Gruppen Tel. 0 40/42 10 05 25, www.loewenkoenig.de
■ **Anfahrt:** U 3, S 1, S 2, S 3 Landungsbrücken, kostenloser Fährservice zwischen Landungsbrücke 1 und Theateranleger
■ **Zeitplanung:** Dauer der Vorstellung 2 Std. 55 Min.
■ **Vorstellungen:** Di, Mi 18.30, Do, Fr 20, Sa 15 und 20, So 14 und 19 Uhr
■ **Preise:** je nach Platz 24,90 € bis 109,90 €, Ermäßigungen u. a. für Familien und Gruppen

Dirty Dancing

■ Ort der Handlung ist ein amerikanischer Ferienclub in den prüden 1960er Jahren: Beim Familienurlaub in den Catskills verliebt sich die junge »Baby« – Tochter aus gutem Hause – in den Tanzlehrer Johnny, der ihr so »anstößige« Tänze wie Mambo und Merengue beibringt.
■ Wechselbad der Gefühle, das von sekundenschnellen Szenen- und Kostümwechseln begleitet wird

■ heiße Tanzszenen: mal langsam, mal rasant, aber stets von prickelnder Erotik

■ mitreißende Songs aus den 1960er und 1980er Jahren

■ Bühnenbild mit lebensechten Landschaftsprojektionen auf riesigen LED-Wänden

■ Beliebte Anlaufstelle nach der Vorstellung ist das »Luxor«, ein schlicht gestyltes Altonaer Lokal mit kreativer, leichter Küche (Max-Brauer-Allee 251).

■ Information

Theater Neue Flora, Stresemannstr. 159a, 22767 Hamburg, Tel. 0 18 05/44 44, www.stage-entertainment.de

■ **Anfahrt:** S 11, S 21, S 31, Bus 20, 183, 283 Holstenstraße

■ **Zeitplanung:** Dauer der Vorstellung 2 Std. 50 Min.

■ **Vorstellungen:** Di, Do, Fr 20, Mi 18.30, Sa 15 und 20, So 14.30 und 19 Uhr

■ **Preise:** je nach Platz 24,90 € bis 109,90 €, Ermäßigungen u. a. für Familien und Gruppen

Mamma Mia

■ Ein Medley aus 22 der größten ABBA-Hits begleitet eine bewegende und komische Mutter-Tochter-Geschichte: Die 20-jährige Sophie lebt mit ihrer Mutter Donna, einer Tavernenbesitzerin, seit den 1970er Jahren auf einer kleinen griechischen Insel. Zur bevorstehenden Hochzeit mit ihrer Jugendliebe Sky lädt sie heimlich ihre drei möglichen Väter ein; als zusätzlich Donnas frühere beste Freundinnen anreisen, werden Erinnerungen an die gemeinsame Zeit der Frauen als Gesangstrio »Donna and the Dynamos« lebendig.

■ Die Musik wurde von den ABBA-Mitgliedern Björn Ulvaeus und Benny Andersson höchstpersönlich zusammengestellt.

■ Deutsche Songtexte tragen die Story weiter und setzen Akzente.

Nur ein paar Schritte vom Operettenhaus entfernt liegt das Restaurant **Man Wah** mit chinesischer Küche von seltener Authentizität. Wem nicht nach gedämpften Hühnerfüßen zumute ist, kann auch auf Bewährtes wie Hühnchen Chop Suey zurückgreifen (Spielbudenplatz 18, Tel. 0 40/3 19 25 11). ○○

- gelungene Choreografien und poppige Diskokostüme aus der ABBA-Ära
- Ein begeistert mitgehendes Publikum sorgt für Bombenstimmung.

Information

Operettenhaus Hamburg, Spielbudenplatz 1, 20359 Hamburg, Tel. 0 18 05/44 44, www.mammamia.de

- **Anfahrt:** U 3, Buslinien 36, 37 und 112, Nachtbusse 601, 607, 608, 620, 630 St. Pauli
- **Zeitplanung:** Dauer der Vorstellung 2 Std. 45 Min.
- **Vorstellungen:** Di, Do, Fr, Mi 18.30, Sa 15 und 20, So 14.30 und 19 Uhr
- **Preise:** je nach Platz 24,90 € bis 109,90 €, Ermäßigungen u. a. für Familien und Gruppen

Der Hamburger Jedermann

Hugo von Hofmannsthals Stück vom Sterben des reichen Mannes geht auf ein Vorbild zurück, das 1490 in London entstand – einer Hafenstadt wie Hamburg. Damals wie heute verstellen in den Kreisen der Vermögenden Geld und Besitz oft die Anerkennung anderer menschlicher Werte. Urheber des Hamburger Jedermann ist Michael Batz, ein Dramaturg und Lichtkünstler, der schon vor Jahren die Illuminierung der Speicherstadt inszenierte. Was lag näher, als das Schauspiel vor der Kulisse der Speicherstadt aufzuführen, der historischen Domäne der Hamburger »Pfeffersäcke«, wie schon Heinrich Heine die Superreichen der Stadt nannte?

Das erwartet Sie

- Freilichtbühne vor der großartigen Kulisse historischer Speicherhäuser am Brooksfleet
- moderne und sehr überraschende Inszenierung eines Klassikers
- witzige und ironische Anspielungen auf die heutige Hamburger Gesellschaft und Politik, alljährlich mit aktuellen Abwandlungen
- Das etwa dreistündige Spektakel endet idealerweise mit dem Sonnenuntergang vor geisterhaft illuminierter Speicherkulisse, während eine markerschütternde Stimme Jedermann zu sich ruft und der Tod mit flackerndem Feuer im Boot über das Fleet herangleitet.

Die richtige Einstimmung auf den Hamburger Jedermann bekommt man im **Ti Breizh – Haus der Bretagne.** Bretonische Spezialitäten wie hauchdünne Weizencrêpes und köstlich gefüllte Galettes aus Buchweizen werden in einem Kaufmannshaus des 17. Jhs. serviert; im Sommer schwimmende Ponton-Terrasse auf dem Nikolaifleet (Deichstr. 39, Tel. 0 40/37 51 78 15). ∞

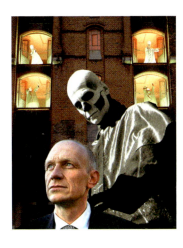

■ **Information**
Theater in der Speicherstadt,
Auf dem Sande 1, 20457 Hamburg,
Tel. 0 40/3 69 62 37,
www.speicherstadt.net,
www.hamburger-jedermann.de
■ **Anfahrt:** U 3 Baumwall
■ **Zeitplanung:** Das Stück dauert
3 Std., es gibt keine Pause.
■ **Vorstellungen:** Fr, Sa, So 20 Uhr,
nur Juli–Mitte/Ende August
(6. Juli–19. Aug. 2007)
■ **Preise:** je nach Platz 16 € bis 48 €
zzgl. Vorverkaufsgebühr, ermäßigte
Tickets nur an der Abendkasse

Witz und Satire auf Sprechbühnen

In der Hamburger Kabarettszene bringen das alteingesessene Lustspielhaus und das noch junge Polittbüro die Menschen zum Schmunzeln, Lachen oder gar unwillkürlichen Herausprusten. Keine leichte Kunst, aber wer sich auf dieses Spott-Terrain begibt, denn lässt es so leicht nicht wieder los. Wie Jan-Peter Petersen und Nils Loenicker, die schon als Studenten Kabarett betrieben. Nach dem gleichnamigen Apfelsaft nannten sie sich »Alma Hoppe« und filterten aus politisch-kulturellem Fallobst erstklassige geistige Nahrung. 1993 fanden sie im Lustspielhaus im Herzen von Hamburg-Eppendorf ein festes Zuhause. Als Kabarettduo »Herrchens Frauchen« tourten Lisa Politt und ihr Partner Gunter Schmidt durch Deutschland, bevor sie 2003 das Polittbüro eröffneten. Lisa Politt wurde 2003 als erste Frau mit dem Deutschen Kabarettpreis ausgezeichnet.

Alma Hoppes Lustspielhaus
■ politisch-satirisches Programm, das überwiegend vom Hausensemble bestritten wird
■ Ein Dauerbrenner ist der »Monats-Schauer«, bei dem Henning Venske gesellschaftliche Ereignisse des letzten Monats und ihre Produzenten auf der Bühne kabarettistisch Revue passieren lässt.
■ Gastspiele befreundeter Kollegen, wie Hans Scheibner, Werner Schneyder, Max Goldt, Volker Pispers u. v. a.
■ eigenes Kabarettfestival im Frühjahr

■ traditionsreiche Spielstätte, in der schon Hans Albers und Heinz Ehrhardt auftraten

■ entspanntes, familiäres Ambiente

■ 360 Plätze, davon zwei Drittel mit Tischen und Stühlen im Parkett. Die übrigen Gäste sitzen auf Original-Stühlen der Züricher Oper auf dem Rang und haben keine Tische.

Das italienische Restaurant **La Fonte** hinter dem Lustspielhaus beteiligt sich gern an Schlemmer-Aktionen der Hamburger Koch-Szene. An warmen Tagen sitzt man hier auch im Garten nahe dem Alsterlauf (Ludolfstr. 43, Tel. 0 40/47 87 17). ∞

■ **Information**
Alma Hoppes Lustspielhaus, Ludofstr. 53, 20249 Hamburg, Tel. 0 40/55 56 55 56, www.almahoppe.de

■ **Anfahrt:** U 1, Bus 20, 25, 118 Hudtwalckerstraße, U 1, U 3 Kellinghusenstraße, Bus 34, 39, 114 Eppendorfer Markt

■ **Vorstellungen:** tgl., Einlass ab 19 Uhr, Beginn 20 Uhr

■ **Preise:** Mo–Do 15,50–20,50 €, ermäßigt 9,50–14,50 €; Fr–So 22,50–18,50 €, ermäßigt nur Fr und So 12,50–16,50 €

Polittbüro

■ politische Satire mit Tendenz zum sozialen Engagement und zur politischen Linken

■ Die aktuelle Produktion »Vorübergehend Weggetreten« wirft die Frage nach dem geistigen Gesundheitszustand der Deutschen auf: Was ist von einem Volk zu halten, in dem jedes zweite Mädchen als Berufswunsch »Richterin Barbara Salesch« angibt?

■ an ein bis zwei Montagen im Monat »Vers- und Kaderschmiede« mit Thomas Ebermann, dem langjährigen Autor der Satire-Zeitschrift »Konkret«

■ Theater, Kleinkunst, literarische Abende und szenische Lesungen ergänzen das Angebot.

■ Neben dem Haus-Duo bestreiten auch hochkarätige, oft jüngere Kollegen das Programm.

■ Bummel- und Ausgehmeile im Viertel St. Georg ist die Lange Reihe. Zu jeder Tageszeit ist hier das »Café Gnosa« eine gute Empfehlung: Die hausgemachten Kuchen sind ein Traum, und es gibt auch eine feine, erfreulich preiswerte Abendkarte (Lange Reihe 93).

■ **Information**
Polittbüro, Herrchens Frauchen GbR, Steindamm 45, 20095 Hamburg, Tel. 0 40/28 05 54 67, www.polittbuero.de

■ **Anfahrt:** U 3, Bus 36 Lohmühlenstraße, S-/U-Bahn Hauptbahnhof

■ **Vorstellungen:** tgl., Abendkasse ab 19 Uhr, Vorstellungen ab 20 Uhr

■ **Preise:** 15 €, ermäßigt 10 € (nur an der Abendkasse), freie Platzwahl; Kartenverkauf auch im »Café Gnosa« (siehe oben)

Das Pulverfass

Der Name des schrillen Männer-Ca-barets, in dem die tollsten »Frauen« der Welt auf der Bühne zu sehen sind, verblüfft zunächst, doch als Heinz-Diego Leers 1973 sein Nacht-cabaret am Pulverteich im Stadtteil St. Georg gründete, schlugen die An-stößigkeiten seiner wilden Männer-Striptease-Shows nach Ansicht vieler dem Fass den Boden aus … Doch das ist Schnee von gestern: Inzwischen hat die bunte Travestie-Show Kult-Status erobert und residiert standes-gemäß direkt an der Reeperbahn.

Das erwartet Sie

▦ monatlich wechselnde, internatio-nal besetzte Travestie-Shows mit einer aufregenden Mischung aus Parodie, Comedy, farbenprächtigen Revuen und Live-Gesang
▦ Paradiesvögel in Pailletten, Strass und Federn entführen ihr Publikum in die Welt der perfekten Illusion.
▦ In äußerst raffinierter Kostümie-rung werden weibliche Stars der Unterhaltungsszene dargestellt – von Zarah Leander und Marlene Dietrich bis zu Tina Turner und Whit-ney Houston.
▦ Beim Man-Strip-Total der Crazy Boys fällt auch die letzte Hülle …
▦ Während der laufenden Show kann man à la carte speisen.
▦ Wer noch gern unter den ansehn-lichen »Jungs« verweilen möchte, sucht sich ein Plätzchen an der gut bestückten »Apricot-Bar«.

▦ Information

Pulverfass Cabaret, Reeperbahn 147, 20359 Hamburg, Tel. 0 40/24 97 91, Tickethotline 0 18 05/57 00 00, www.pulverfasscabaret.de
▦ **Anfahrt:** S1, S2, S3 Reeperbahn
▦ **Zeitplanung:** 2,5 Std.
▦ **Shows:** tgl. ab 19.30 Uhr, Shows 20.30, 23.30, Fr, Sa auch 2.30 Uhr
▦ **Preise:** 1. und 2. Show So–Do 15 €, Fr 20 €, Sa 1. Show 24 €, 2. Show 20 €, 3. Show 7 €, Mindest-verzehr 15 € pro Person

Die **Theatrolounge** im Foyer ser-viert deutsche Küche mit französischem Einschlag; bei einem kleinen Snack oder kompletten Menü kann man durch große Glasfenster die Menschenmas-sen auf der Reeperbahn vorüberziehen sehen (tgl. 17–3 Uhr). ◯◯

Hamburg Dungeon

Wie gewiefte Zeitungsmacher aus dem täglichen Nachrichten-Einerlei gern die Katastrophen herauspicken, um ihre Leser zu interessieren, so setzen auch die Macher des Hamburg Dungeon bei ihrer besonderen Form der Geschichtsvermittlung auf Horror und Schrecken. Endlose Besucherschlangen geben ihnen Recht: Trockene Historie wird zum Renner, wenn man ihr auf Gänsehaut erzeugende Weise Leben einhaucht – mit professionellen Schauspielern, aufwändigen Kulissen und raffinierten Spezialeffekten.

Das erwartet Sie

■ interaktive Ausstellung, die den Besucher schonungslos mit einbezieht: Bei einem Rundgang durch abgedunkelte Räume spielen professionelle Schauspieler grausige Episoden der Hamburger Stadtgeschichte nach.

■ Die Zeitreise beginnt mit einer Fahrt im »Fahrstuhl des Grauens«.

■ Anschließend kann man an effektvoll beleuchteten Stationen Ereignisse wie die Hinrichtung des Piraten Störtebeker, den Großen Brand von 1842 oder die Cholera-Epidemie von 1892 nacherleben.

■ Eine technisch sehr aufwändig gestaltete Bootsfahrt versetzt in die Nacht der großen Sturmflut von 1717.

■ Raffiniert angebrachte Spiegel sorgen im »Labyrinth der Verlorenen« für Verwirrung.

■ Im schummrig beleuchteten Restaurant kann man sich anschließend mit Pastagerichten, Salaten oder Ofenkartoffeln stärken.

■ Information

Hamburg Dungeon,
Kehrwieder 2, 20457 Hamburg,
Infos Tel. 0 40/36 00 55 00,
Tickethotline 0 40/30 05 15 12,
www.hamburgdungeon.com

■ **Anfahrt:** Bus 6 Auf dem Sande, U 3 Baumwall

■ **Zeitplanung:** 90 Min.

■ **Öffnungszeiten:** Juni–Aug. tgl. 10–18, sonst 11–18 Uhr; Rundgänge alle 10–15 Min.

■ **Preise:** Erwachsene 15.50 €, Kinder 11 €, bei Online-Reservierung der Tickets 3 € Rabatt auf den regulären Eintrittspreis

■ **Achtung:** Kinder bis 14 Jahre haben nur in Begleitung Erwachsener Zutritt!

Kinder

Spaß haben, spielen, die Natur erforschen und sich in frischer Luft bewegen, all dies begeistert Kinder. Also nichts wie raus aus den vier Wänden und die vielfältigen Möglichkeiten erkunden, die sich (fast) vor der Haustür anbieten. Ganz gleich, ob im Sommer oder Winter – Langeweile hat keine Chance!

Kinderolymp

Kinderolymp nennt sich eine neue interaktive Abteilung im obersten Geschoss des Altonaer Museums, die jungen Besuchern auf spielerische Weise Kunst, Kultur und Wissenschaft nahe bringen will – ohne Vitrinen und Schautafeln. Das Thema der ersten Ausstellung, »Weltenbummel« passt gut zur Hafenstadt Hamburg, dem »Tor zur Welt«. Auf 400 m² unternehmen kleine Globetrotter eine Reise durch ferne Länder und sammeln dabei eine Fülle kreativer sinnlicher Erfahrungen.

Ein rekonstruiertes Bauernhaus des 18. Jhs. beherbergt das Museumsrestaurant **Vierländer Kate.** An groben Holztischen wird hier Labskaus, Bauerngrützwurst und ähnlich Deftiges serviert. Kinder können auf Bewährtes wie Nudeln mit Tomatensauce zurückgreifen (Tel. 0 40/4 28 11 28 23). ○

Das erwartet Sie

■ Als Seeräuber oder Prinzessin verkleidet folgen Kinder dem Entdecker Magellan auf einer virtuellen Reise zu den Gewürzinseln.

■ In einem Ruderboot lernen sie vieles über den Alltag an Bord und die Kunst der Seemannsknoten.

■ Mit einem Käscher werden Tiere aus einem Teich geangelt und auf der Puzzlewand ihrem angestammten Lebensraum zugeordnet.

■ In einer Lichtsäule betätigt man sich als Lichtfarbenmischer; an der Tastsäule kann man verborgene Gegenstände erfühlen.

■ Ein Labortisch ermöglicht naturwissenschaftliche Experimente.

■ Die Optikkammer führt in die Welt der visuellen Täuschungen ein.

■ In einer Kissenlandschaft mit vielen Kinderbüchern kann man sich anschließend erholen.

■ **Information**

Altonaer Museum in Hamburg, Museumstr. 23, 22765 Hamburg, Tel. 0 40/4 28 11 35 82, www.altonaermuseum.de

■ **Anfahrt:** S-Bahn Bahnhof Altona

■ **Zeitplanung:** mindestens 2 Std.

■ **Öffnungszeiten:** Di–So 10–18, Do 10–21 Uhr; Physik für Neugierige Di 17–19 Uhr; pädagogische Begleitprogramme während der Ferien Do–So 13–17 Uhr, sonst Fr–So

■ **Preise:** Erwachsene 6 €, Kinder bis 17 Jahre frei, Familienkarte 10 €

Harrys Hamburger Hafenbasar

Der Hafenbasar wurde 1954 von Harry Rosenberg gegründet. Als Grundstock dienten ihm Mitbringsel von eigenen Reisen; später begann er alles aufzukaufen, was die Matrosen von ihren Fahrten über die sieben Weltmeere mitbrachten. Heute umfasst das exotische Sammelsurium über 300 000 Einzelstücke – vom Muschelgeld bis zur Tempeltür.

Das erwartet Sie

◼ Auf hohen Regalen stapeln sich Kuriositäten aus aller Welt.
◼ Maritimes vom Überseekoffer über Fischerkugeln und Rettungsringe bis zu Leuchtturmmodellen und Buddelschiffen
◼ präparierte und ausgestopfte Tiere sowie ein riesiges Sortiment an Muscheln und Schnecken
◼ Kultobjekte verschiedener Völker – Schutzgeister, Ahnenstatuen, Fruchtbarkeitsfiguren, Fetische …
◼ Textilien vom Bastrock bis zum Lendenschurz aus Baumrinde, Schmuck, Masken, Jagd- und Zeremonialwaffen

◼ Nur wenige Stücke sind in Vitrinen ausgestellt, die meisten darf man anfassen. Fast alle können zu Dekorationszwecken ausgeliehen oder käuflich erworben werden.

◼ Information

Harrys Hamburger Hafenbasar, Erichstr. 56, 20359 Hamburg, Tel. 0 40/31 24 82, www.hafenbasar.de
◼ **Anfahrt:** S 1, S 2, S 3 Reeperbahn
◼ **Zeitplanung:** 30 Min. und mehr
◼ **Öffnungszeiten:** Di–So 12–18 Uhr
◼ **Preise:** Erwachsene 2,50 €, Kinder bis 14 Jahre 1,50 €; der Eintritt wird bei einem Kauf ab 5 € erstattet.

200 m weiter in Richtung Elbe lockt der originelle, auf dem Dach einer Schulsporthalle angelegte **Antonipark** mit einem »Fliegenden Teppich«, drei »echten« Palmen und dem schönsten Hafenblick. Am besten kauft man am nahen Hein-Köllisch-Platz eine Kleinigkeit ein und picknickt auf dem Rasen.

KL!CK Kindermuseum

Woraus bestehen die Dinge, die uns im Alltag umgeben, wie funktionieren sie, und wie hängen sie miteinander zusammen? Das Kindermuseum gibt auf solche Fragen Antworten, bei denen es in den Köpfen »klick« macht: An verschiedenen Themenstationen bietet es für Kinder aller Altersgruppen Alltag und Umwelt zum Anfassen; statt musealer Objekte findet man vorwiegend Exponate, die zum Ausprobieren und Mitmachen einladen.

Das erwartet Sie

■ Auf einer Zeitreise in Urgroßmutters Alltag erfahren Kinder am eigenen Leib, was es bedeutete, den Haushalt ganz ohne Hilfe von Elektrogeräten zu führen.

■ Ein Areal ist dem menschlichen Körper, dem Hören, Sehen, Atmen, Springen, Koordinieren gewidmet: Kinder können Zahnarzt spielen, am Plastikmodell alle inneren Organe eines Menschen ausbauen und in

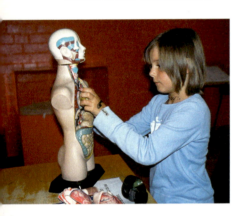

der richtigen Reihenfolge wieder einsetzen oder im stockdunklen Tasttunnel ihre Sinne erproben.

■ »Geld – und gut!« heißt eine Station, an der Geld selbst hergestellt und in Bank und Laden in Umlauf gebracht wird.

■ Besonders bei Jungen beliebt ist die Baustelle: Helm auf, Arbeitshandschuhe übergestreift, und dann heißt es nach Herzenslust mauern, klempnern, pflastern, fliesen …

■ Wechselausstellungen, Workshops und Kinderfeste runden das Programm ab.

■ In der Cafeteria gibt es leckere Kuchen, Brezeln und wechselnde Tagesgerichte.

■ **Information**
KL!CK Kindermuseum e. V.,
Achtern Born 127, 22549 Hamburg,
Tel. 0 40/41 09 97 77,
www.klick-kindermuseum.de
■ **Anfahrt:** Bus 21, 37 Achtern Born
■ **Zeitplanung:** 3–4 Std.
■ **Öffnungszeiten:** Mo–Fr 9–18, So 11–18 Uhr, Sa nur Kindergeburtstage
■ **Preise:** 4 €, Kinder unter 3 Jahre 3 €, Familienkarte 12 €

KinderKunstMuseum

Können Kinder im Grundschulalter schon die wichtigsten Epochen der Kunstgeschichte unterscheiden lernen? Und mehr noch: ihre typischen Merkmale auch anderen verständlich

machen? Sie können! Auf den verschiedenen Etagen der Schule Bovestraße in Wandsbek hängen knapp 400 von Kindern nachempfundene Kunstwerke – von steinzeitlichen

Höhlenmalereien über Fensterbilder der Gotik bis zur Moderne.

Das erwartet Sie
■ Kinderbilder und Kopien von Meisterwerken setzen 19 Epochen der Kunstgeschichte in Szene.
■ Zwei Pinsel-Wichte bringen in Dialogen auf Sprechblasen das Wesentliche der jeweiligen Epoche auf den Punkt und führen gewissermaßen durch die Austellung.
■ Jahreszahlen historischer Begebenheiten auf den Fußleisten liefern ein Zeitgerüst.
■ Zu den meisten Epochen gibt es Mitmach-Aktionen, bei denen sich die Kinder durch Malen, Puzzeln, kleine Tast- oder Rätselspiele den Kunstwerken annähern können.
■ In Arbeit ist ein begehbares Gemälde, das jährlich wechselt.

■ **Information**
KinderKunstMuseum,
Bovestr. 10–12, 22041 Hamburg,
Tel. 0 40/7 32 79 86,
www.kinderkunstmuseum.de

■ **Anfahrt:** S 4 Wandsbek, U 1 Wandsbek-Markt, Bus 162 Josephstr., R 10, Bus 35, 163, 261 Wandsbek
■ **Zeitplanung:** 1–2 Std.
■ **Öffnungszeiten:** Mo–Fr 9–13 Uhr nach Absprache
■ **Preise:** 1 €, Kinder 0,50 €

Wahre Kunstwerke sind auch die Torten und Pralinen der **Konditorei Andersen.** Der Hit bei Kids: die Schokoladen-Sahnetorte (Quarree am Wandsbeker Markt, Mo–Sa 8–20 Uhr). ◌◌

Hamburger Schulmuseum

Das neoromanische Backsteingebäude in der engen Seilerstraße strömt Würde und eine gewisse Strenge aus: Es handelt sich um eine denkmalgeschützte Realschule aus dem 19. Jh. Schulpflichtig muss man allerdings nicht sein, um diese Lehranstalt zu besuchen: Heute dokumentiert hier ein Museum den Schulalltag vergangener Zeiten mit ihren wechselnden Erziehungszielen und Lehrmethoden. Dabei liegt der Fokus auf der Wilhelminischen Ära, der Weimarer Republik und der NS-Zeit.

Das erwartet Sie

■ originalgetreu eingerichtete Schulzimmer aus dem Kaiserreich und der Weimarer Republik

■ Sammlungsgegenstände aus allen Unterrichtsfächern, von Schulbüchern und Wandkarten über Biologische Exponate und Geräte für den Naturkundeunterricht bis zu Schiefertafeln, Schulheften, Zeugnissen und Poesiealben

■ In der »Lernwerkstatt Schulgeschichte« wird eine historische Schulstunde der Kaiserzeit nachgespielt: Man erhält Vaterländischen Unterricht, schreibt Deutsche Schrift auf Schiefertafeln, singt alte deutsche Volkslieder und bekommt zum Schluss ein Fleißkärtchen.

■ Zum pädagogischen Angebot gehören auch eine Zeichenstunde nach der Methode »Stuhlmann« und naturwissenschaftlich-technisches Experimentieren mit historischen Apparaten.

■ Eine Dauerausstellung widmet sich dem Thema »Schule unterm Hakenkreuz«.

■ **Information**
Hamburger Schulmuseum,
Seilerstr. 42, 20359 Hamburg,
Tel. 0 40/35 29 46,
www.hamburgerschulmuseum.de
■ **Anfahrt:** U 3 St. Pauli, S 1, S 3 Reeperbahn
■ **Zeitplanung:** 2–3 Stunden
■ **Öffnungszeiten:** Mo–Fr 8–16.30, 1. So im Monat 12–17 Uhr, Führungen mit »Unterricht« ab 8.45 Uhr (Anmeldung erforderlich)
■ **Preise:** Erwachsene 2 €, Kinder 1 €, Gruppenführungen ab 40 €

Für eine Erholungspause nach der Schule eignet sich der Paulinenplatz mitten im Wohngebiet von St. Pauli: Gleich gegenüber dem Spielplatz lädt die **Kleine Pause** in ihre einfache, helle Gaststube ein. Hier bekommt man preiswerten Mittagstisch, Grillhähnchen oder Currywurst mit guten Pommes und genießt den Blick auf den Park (Wohlwillstr. 37, Tel. 0 40/4 30 14 03). ○

Freilichtmuseum am Kiekeberg

Reetgedeckte Bauernhäuser, landwirtschaftliches Gerät und alte Haustierrassen, wie das Schwarzbunte Niederungsvieh oder das Ramelsloher Blaubein: Am Kiekeberg sehen Stadtkinder endlich mal, dass die Eier nicht im Pappkarton wachsen. Sie erfahren u. a., wie früher Korn gedroschen oder gebuttert wurde und wie viele Menschen sich eine Schlafkoje teilten. Daneben punktet das Museum mit vielseitigen Sonderveranstaltungen an der frischen Luft und Ausstellungen zum dörflichen Leben.

Das erwartet Sie

■ Auf dem 12 ha großen Freigelände dokumentieren 30 historische Gebäude den dörflichen Lebensalltag in der Winsener Marsch und der nördlichen Lüneburger Heide.

■ Für Leben sorgen vierbeinige und gefiederte Bewohner.

■ »Gelebte Geschichte«: Auf dem Heidehof kann man eine Bauernfamilie im Jahr 1804 besuchen, die in authentischer Kleidung alltägliche land- und hauswirtschaftliche Tätigkeiten ausführt.

■ In den Museumswerkstätten führen Schmiede und Korbflechter ihr Handwerk vor; auch hauswirtschaftliche Arbeiten wie Spinnen und Buttern werden gezeigt.

■ Für Kinder gibt es einen Erlebnispfad mit zwölf Mitmach-Stationen, Wochenendkurse und ein buntes Ferienprogramm.

■ Aktionstage mit kulinarischem Schwerpunkt (Schlachtfest, Käsemarkt), Events für Technik-Fans, wie Traktoren- und Oldtimertreffen,

Im gemütlichen Museumsrestaurant **Stoof Mudders Kroog** kommen traditionelle Gerichte aus der Region auf den Tisch, z. B. Kohlsuppe mit Kümmelhackbällchen, Schweinebacke und Moorkartoffeln. Hausgemachte Blechkuchen, Holunderblütenbrause und frische Säfte bereichern den Nachmittagskaffee (Tel. 0 40/79 14 44 98). ○○

Kunsthandwerker- und Pflanzenmärkte, Historischer Jahrmarkt

■ Im Museumsladen kann man neben Lebensmitteln aus eigener Herstellung Handgefertigtes vom feinen Leinen bis zur Seife erstehen.

■ Information

Freilichtmuseum am Kiekeberg, Am Kiekeberg 1, 21224 Rosengarten-Ehestorf, Tel. 0 40/7 90 17 60, www.kiekeberg-museum.de

■ **Anfahrt:** Bus 244 (ab Harburg ZOB), Bus 340 (ab Harburg ZOB, Neuwiedenthal oder Neugraben) Museum Kiekeberg

■ **Zeitplanung:** 3 Std.

■ **Öffnungszeiten:** März–Okt. Di–Fr 9–17, Sa, So 10–18 Uhr, Nov.–Febr. Di–So 10–16 Uhr, Kindernachmittage Do 15–16.30 Uhr; in der Ferienzeit »Sommerspaß am Kiekeberg«: kostenlose Kurse für 3- bis 16-Jährige

■ **Preise:** Erwachsene 6 €, Kinder bis 16 Jahre frei, an Aktionstagen z. T. erhöhter Eintritt, Kombikarte mit Wildpark Schwarze Berge (s. S. 49) Erwachsene 10 €, Kinder 5 €

hamburgmuseum

Ein Backsteingebäude Fritz Schumachers mit glasüberdachtem Innenhof beherbergt das Museum für Hamburgische Geschichte, Deutschlands größte stadtgeschichtliche Schausammlung. Zahlreiche Modelle, Exponate und Inszenierungen ermöglichen hier eine Zeitreise von den Anfängen Hamburgs im 8. Jh. bis zur Gegenwart. 41 ausgewählte Stationen mit Erklärungen der pfiffigen »Museumsratte« markieren einen speziellen Rundgang für Kinder.

❗ Spaghetti mit Tomatensauce, Chicken Nuggets, Crêpes oder frisch gebackene Waffeln bietet das gemütliche **Café Fees** im glasüberdachten Museumshof. Bei Vorlage einer Familienkarte bekommt man hier auch alle regulären Gerichte als Kinderteller für die Hälfte des Preises. ○○

Das erwartet Sie

▪ Stadtmodelle veranschaulichen die Entwicklung der Hansestadt und erklären den Ursprung von Namen wie »Große Bleichen« oder »Reeperbahn«.

▪ Viele Exponate sind begehbar, z. B. der Laderaum einer mittelalterlichen Kogge, eine barocke Kaufmannsdiele mit Kontor oder die Kommandobrücke des Dampfers »Werner«.

▪ Magisch angezogen werden Kinder auch vom Wrack eines Schmugg-

lerschiffes und von den vermeintlichen Schädeln der Piraten Klaus Störtebeker und Gödeke Michels.

▪ In der Dauerausstellung zum 20. Jh. dokumentieren rekonstruierte Räume aus verschiedenen Jahrzehnten, wie man früher in Hamburg wohnte und lebte.

▪ Europas größte Modelleisenbahnanlage in Spur 1 führt den Bahnverkehr zwischen Harburg und dem Hauptbahnhof vor.

▪ jeden Sonntag Mal- und Bastelaktionen zu wechselnden Themen (14–16 Uhr)

▪ kostenlose Kinderführungen am Wochenende: Man besucht z. B. einen Kaufmann aus der Hansezeit, begibt sich auf die Spuren Störtebekers oder lernt, wie ein Schiff gebaut wird.

▪ **Information**
Museum für Hamburgische Geschichte – hamburgmuseum, Holstenwall 24, 20355 Hamburg, Tel. 0 40/42 81 32 23 80, www.hamburgmuseum.de

▪ **Anfahrt:** Bus 112 hamburgmuseum, U 3, Bus 36, 37 St. Pauli

▪ **Zeitplanung:** 2–3 Std.

▪ **Öffnungszeiten:** Di–Sa 10–17, So 10–18 Uhr, Modelleisenbahn-Vorführungen Di–So 11, 12, 14 und 15 Uhr, So auch 16 Uhr

▪ **Preise:** Erwachsene 7,50 €, Fr 4 €; Kinder und Jugendliche bis 18 Jahre frei; Familienkarte 12 €

Tierpark Hagenbeck

Das erste Mitglied der Hagenbeck-Familie, das durch Tiere von sich reden machte, stellte im Jahr 1848 in einem Waschbottich auf dem Spielbudenplatz in St. Pauli sechs Seehunde aus. Später trieb die Familie mit Tieren Handel, und 1907 eröffnete Carl Hagenbeck den ersten gitterlosen Tierpark der Welt – damals eine Weltsensation. Die Idee einer artgerechten Haltung in naturähnlichen Lebensräumen ist seither vielfach nachgeahmt worden. Familie Hagenbeck führt auch heute noch den berühmten Hamburger Zoo mit seinen Freisichtanlagen und Panoramen, künstlichen Seen und Felsen.

Das erwartet Sie

■ 2500 Tieren aus 360 Arten leben in großzügigen Freigehegen, die den natürlichen Lebensbedingungen nachempfunden sind.

■ Eine große Attraktion ist das Orang-Utan-Haus, dessen Glaskuppel sich zur Hälfte öffnen lässt.

■ 2007 eröffnet das neue Tropen-Aquarium mit Korallenriff, tropischem Regenwald, Höhlen und Grotten.

■ tgl. Schaufütterungen (Termine s. Aushang); die Elefanten und Giraffen dürfen von den Kindern auch selbst mit Obst und Gemüse versorgt werden.

■ Streichelgehege mit niedlichen Zwerg- und Owambóziegen

■ in der Sommersaison Ponyreiten, Kutschfahrten und Fahrten mit der Märchenbahn

■ großer Spielplatz mit vielseitigen Kletter- und Versteckmöglichkeiten sowie Western-Fort

■ lebensgroße Dinosauriermodelle und urweltliche Mammutbäume

Die Zooschule begleitet **Geburtstagskinder** mit ihren Gästen auf Wunsch bei einer Wildtier-Expedition durch den Park. Im Anschluss kann man den Grillplatz neben dem Tigergehege mieten. Bänke und ein Pavillon sind vorhanden (Infos und Reservierung unter Tel. 0 40/5 40 53 23).

■ Stärkung gibt es im Restaurant »Flamingo Lodge« mit Afrika-Panorama und an mehreren Kiosken.

■ Information

Tierpark Hagenbeck, Lokstedter Grenzstr. 2, 22527 Hamburg, Tel. 040/540 00 10, www.hagenbeck.de; Zooschule, Tel. 040/540 53 23, www.li-hamburg.de

■ **Anfahrt:** U2, Bus 22, 39, 181, 281 Hagenbecks Tierpark
■ **Zeitplanung:** 3 Std. und mehr
■ **Öffnungszeiten:** tgl. 9–18 Uhr, Juli/Aug. bis 19 Uhr; Nov.–Febr. bis 16.30 Uhr
■ **Preise:** Erwachsene 14,50 €, Kinder 4–16 Jahre 8,50 €, Familienkarte 2 Erwachsene, 2 Kinder 41 €, 2 Erwachsene, 3 Kinder 46 €, Jahreskarten Erwachsene 80 €, Kinder 40 €

Seeräubergang über St. Pauli

Kinder lassen sich durchaus für Stadtführungen begeistern – wenn es dabei etwas Spannendes zu hören und zu sehen gibt! Hamburg wird diesen Anforderungen problemlos gerecht: Seine bewegte Geschichte ähnelt einem Krimi und wird von abenteuerlichen Gestalten wie den Piraten Klaus Störtebeker und Gödeke Michels bevölkert.

Das erwartet Sie

■ Auf einem kindgerechten Rundgang werden Geschichten und historische Fakten über die Seeräuber, die Chinesen in St. Pauli, die Matrosen oder das Seilemachen erzählt.
■ Infoelemente wechseln mit Spielphasen ab, bei denen die Teilnehmer in zwei Mannschaften gegeneinander antreten – Geschicklichkeit ist dabei genauso gefragt wie Köpfchen.
■ Dem Gewinnerteam wird ein kleines Präsent überreicht.

■ Im Anschluss an den Rundgang Besuch bei Harrys Hamburger Hafenbasar (s. S. 41) mit gemeinsamer Schatzsuche – die Ausbeute wird ehrlich geteilt.
■ Zusätzlich zur Führung können eine Kaffeetafel oder ein zünftiger Piratenschmaus (Fischstäbchen mit Kartoffelsalat) in der »Weißen Maus« gebucht werden.

■ Information

Landgang St. Pauli, Kontakt: Ilona Kiss, Hopfenstr. 22, 20359 Hamburg, Tel. 0 40/31 79 49 34, www.stpauli-landgang.de
■ **Anfahrt:** Startpunkt Millerntor; U 3 St. Pauli, Bus 36, 37, 112
■ **Zeitplanung:** 2 Std.
■ **Führungen:** nach Vereinbarung; Mindestteilnehmerzahl 2, ansonsten eine gerade Zahl von Kindern
■ **Preise:** 14 €, begleitende Erwachsene frei; Einzelanmeldung möglich

Wildpark Schwarze Berge

Tiere wie Wisent, Wolf, Luchs und Wildkatze sind den meisten Kindern nur aus Bilderbüchern bekannt. Im Wildpark Schwarze Berge vor den Toren Hamburgs können sie in freier Natur beobachtet und zum Teil sogar gefüttert werden. Beim Rundgang durch das 50 ha große Gelände liefern Lehrtafeln und Infohäuschen das nötige Hintergrundwissen. Zum Park gehört auch das Naturerlebniszentrum, das im Rahmen von Führungen, Projektwochen und Ferienprogrammen Begegnungen mit ausgewählten Tierarten vermittelt.

Das erwartet Sie

 In weitläufigen, naturnah gestalteten Gehegen können Elche, verschiedene Hirscharten, Mufflons und Steinböcke beobachtet werden; mit etwas Glück sind auch Luchse, Dachse, Waschbären, Marder und Murmeltiere zu entdecken.

 Ganz aus der Nähe sieht man die Tiere im Hühnerhof, in der Fasanerie, in der Schlangengrube, im Fledermaus-Haus und im Rattentunnel.

 Greifvögel, Eulen und Uhus drehen in großen Flugvolieren ihre Runden.

 Ein besonderes Erlebnis ist die Fütterung der Wölfe, die man von einem sicheren Hochstand aus miterleben kann.

 Kleinere Kinder erfreuen sich an den Zwergziegen im Streichelgehege und an den frei durch den Park laufenden Hängebauchschweinen.

 Auf einem Waldlehrpfad kann man seine Naturkenntnisse auffrischen.

 Ein großer Kinderspielplatz mit Tunnelrutsche, Seilbahn, Trampolinen und Fahrgeschäften bietet Gelegenheit zum Toben.

■ Information

Wildpark Schwarze Berge,
Am Wildpark 1, 21224 Rosengarten,
Tel. 0 40/7 96 42 33,
www.wildpark-schwarze-berge.de;

Auf dem Parkgelände gibt es ein **Restaurant,** das neben internationaler Küche eine Auswahl heimischer Wildgerichte bietet (○—○○). Im **Kiosk** an der Köhlerhütte bekommt man außer Snacks auch Würstchen für den nahen Grill; wer selbst welche mitbringt, entrichtet ein kleines »Holzgeld«.

Naturerlebniszentrum Tel. 01 62/
1 52 16 48, www.nez-wildpark.de
- **Anfahrt:** S 3 Neugraben oder
Neuwiedenthal, von dort Bus 340
bis Parkeingang; mit dem Pkw A 7
Abfahrt Marmstorf, A 261 Abfahrt
Tötensen, B 73 Richtung Ehestorf/
Vahrendorf, B 75 Richtung Ehestorf/
Alvesen, jeweils auf die braunen
Hinweisschilder achten

- **Zeitplanung:** halber Tag
- **Öffnungszeiten:** Nov.–März tgl.
9–17, April–Okt. tgl. 8–18 Uhr, man
kann bis Einbruch der Dunkelheit im
Park bleiben, maximal bis 20 Uhr.
- **Preise:** Erwachsene 7 €, Kinder
3–14 Jahre 5 €, Familien-, Gruppen-
und Jahreskarten, Kombikarte mit
Freilichtmuseum am Kiekeberg
(s. S. 44), Führungen 30–45 €

Reiterpark PieRa

Die Endstation der U-Bahnlinie 2 und
die Autobahn A 7 sind nur rund einen
Kilometer vom Reiterpark entfernt,
doch was der gepflegten Anlage im
Westen Niendorfs viel näher liegt, ist
der Wanderweg entlang des Flüsschens Kollau, das in einem nahe gelegenen Quellteich entspringt. Das
schöne Freigelände des Reiterparks
mit Wiesen, Weideflächen, Reitbahn
und Ställen wird derzeit von rund 40
Vereinsmitgliedern und ca. 100 Reit-
schülern genutzt.

Kleine Cowboys sind im **Champs** an
der richtigen Adresse: Sport-Trophäen
schmücken hier die Wände und auf
17 Bildschirmen laufen aktuelle Sport-
übertragungen. Hauptattraktion ist
jedoch die echt amerikanische Küche
mit Burgern, Chicken Wings und köst-
licher Ice Cream (Holsteiner Chaussee
402, Tel. 0 40/5 59 79 10). ○–○○

Das erwartet Sie
- Reitpferde und Ponys für alle Ansprüche, daneben bevölkern ein
Hund, sechs Katzen, drei Kaninchen
und 18 Meerschweinchen den Hof.
- Reitstunden einzeln oder in Gruppen, zusätzlich Theorieunterricht
und Lektionen in Tierpflege
- Unterrichtet werden Kinder ab
sechs Jahren, jüngere versuchen sich
schon mal auf einem Pony.
- Aufenthalt auch ohne Reitstunden:
Die Kinder können auf dem Hof mit
anpacken und dabei vieles lernen.
- Wochenendkurse und Ferienwochen (ohne Übernachtung) ergänzen
das Angebot.
- Auf Wunsch werden auch Kindergeburtstage ausgerichtet.

- **Information**
Reiterpark PieRa, Vielohweg 96,
22455 Hamburg-Schnelsen,
Tel. 0 40/5 59 38 31
- **Anfahrt:** Bus 21 Vielohwisch

■ **Zeitplanung:** von 1 Std. bis zu einem ganzen Tag; Wochenend-kurse; Ferienwochen
■ **Öffnungszeiten:** tgl. ab 9 Uhr; während der Schulzeit ab 15 Uhr

■ **Preise:** Longenstunde 13 €, in der Gruppe 11 €; Ponyreiten 30 Min. 5 €, Wochenendkurs 60 €, Ferienwochen inkl. Verpflegung 150 €, Kinderge-burtstag mit Verpflegung 20 € p. P.

Kinder und Natur

In der Erde graben, Gewässer erfor-schen, Tiere anfassen – zu solchen Aktivitäten finden Stadtkinder in ihrer Wohnumgebung kaum Gelegen-heit. Gut besucht sind daher die Zen-tren für Natur- und Umweltkunde in und um Hamburg. Das Haus der BUNDten Natur liegt mitten im dicht besiedelten Eppendorf; das Umwelt-zentrum Karlshöhe ist ein ehemaliger Gutshof in Hamburgs Osten, und der Erlebniswald Trappenkamp, eine re-gelrechte Wald-Schule für die ganze Familie, grenzt an das schleswig-hol-steinische Daldorf.

Haus der BUNDten Natur
■ reetgedecktes Häuschen im Kel-linghusenpark als Treffpunkt und Unterrichtsgebäude
■ Im Garten legen Kinder Beete an, lernen kompostieren und ernten; in der Küche können sie mit dem geernteten Gemüse selbst Speisen zubereiten.
■ Pflegemaßnahmen in Biotopen: Krötenzäune aufstellen, Nisthilfen bauen, im hauseigenen Labor Was-serqualitätsuntersuchungen durch-führen

■ umweltpädagogische Kurse für Kinder und Jugendliche: Pflanzen unterscheiden lernen, ihr Wachstum beobachten, Samen sammeln; Schä-den in der Natur erkennen, sinnvoll

Das **Hege-Café** ist ein beliebter Nachbarschaftstreff, der auch gerne von Müttern mit Kindern frequentiert wird. Hier bekommt man ein spätes Früh-stück, leckeren Käsekuchen, kleine Snacks wie Ofenkartoffeln und viele Kaffee- und Teespezialitäten (Hege-str. 68, Tel. 0 40/47 19 58 20). ○○

mit Wasser und anderen Natur-Ressourcen umgehen
■ naturkundliche Streifzüge durch den Park und die nähere Umgebung
■ Basteln mit Naturmaterialien
■ ökologische Kindergeburtstage am Wochenende

■ Information
Haus der BUNDten Natur,
Loehrsweg 13, 20249 Hamburg,
Tel. 0 40/4 60 34 32,
www.bundjugend-hamburg.de,
www.vorort.bund.net/hamburg
■ **Anfahrt:** U1, U3 Kellinghusenstr.
■ **Zeitplanung:** je nach Programm
■ **Öffnungszeiten:** Büro Mo 14–16, Mi 9.30–13 Uhr, Kurse Mo–Fr
■ **Preise:** je nach Programm

Hamburger Umweltzentrum
■ 9 ha großes Gelände, das alle typischen Elemente einer bäuerlich geprägten Natur- und Kulturlandschaft aufweist: Wäldchen, Weiden, ökologische Ackerflächen, Bauerngärten und Kleingewässer
■ Denkanstöße für einen nachhaltigen Umgang mit der Natur geben

Bei den regelmäßig stattfinden Hoffesten bieten viele Stände Bioprodukte und -speisen an. An Tagen ohne Aktionen sollte man sich ein **Picknick** mitbringen; auf dem Hofgelände stehen Tische und Bänke bereit. Im ehemaligen Stall soll in naher Zukunft ein Öko-Bistro eingerichtet werden.

u. a. die Streuobstwiese, die Pflanzenkläranlage und die Regenwassernutzungsanlage.
■ Im Solargarten kann man unter Anleitung mit Sonnenenergie experimentieren.
■ Mit Käscher, Becherlupen, Binokular und Chemiekoffer kommt man den Geheimnissen der Teiche auf die Spur.
■ Führungen informieren über die bedrohte Rasse der Rauhwolligen Pommerschen Landschafe.
■ Zusätzlich werden Kurse zur Wollverarbeitung angeboten; der Schwerpunkt liegt auf dem Filzen.
■ Abenteuerspielplatz für Freilandaktionen; abends wird häufig am Lagerfeuer Stockbrot gebacken.
■ botanische Lehrgänge und Kurse wie Töpfern oder Brotbacken im Lehmbackofen

■ Information
Hamburger Umweltzentrum,
Karlshöhe 60 d, 22175 Hamburg,
Tel. 0 40/6 00 38 60,
www.hamburger-umweltzentrum.de
■ **Anfahrt:** Bus 27 Umweltzentrum Karlshöhe, Bus 171 (ab U 1 Farmsen) Thomas-Mann-Straße, von dort ca. 5 Min. Fußweg
■ **Zeitplanung:** Rundgang 1–2 Std.
■ **Öffnungszeiten:** Mo–Fr 9–16 Uhr, das Freigelände ist durchgehend zugänglich.
■ **Preise:** mit Ausnahme besonderer Aktionen kein Eintritt für das Gelände; Kurse je nach Dauer und Materialbedarf

Erlebniswald Trappenkamp

■ Besucherzentrum »Waldhaus« mit Information und Anmeldung sowie großer Biotopausstellung zum Lebensraum Wald
■ Einblick in ein lebendes Ameisennest und einen Dachsbau
■ vielfältige Spielmöglichkeiten in der großen Holzspielhalle
■ verschiedene Erlebnispfade durch das Waldgelände; im Waldhaus ist ein Rallyebogen erhältlich.
■ begehbare Gehege mit Rot-, Dam-, Reh- und Schwarzwild, So und Fei 14 Uhr Wildschweinschaufütterung
■ Kleinkinderspielplatz, Ziegen-Streichelgehege
■ Abenteuer-Spielgelände für die Größeren mit Erdwällen, Höhlen, umgestürzten Bäumen und anderen Elementen der freien Landschaft
■ Schmetterlingsgarten mit vielen bunten Faltern und einem Metamorphosepfad, auf dem Holzskulpturen die unterschiedlichen Entwicklungsstadien eines Schmetterlings zeigen
■ Kreativkurse mit Naturmaterialien, waldkundliche Führungen, Kutschfahrten
■ Bei einer Nachtwanderung oder Frühpirsch kann man den Wald zu ungewohnten Tageszeiten erleben.

■ **Information**
Erlebniswald Trappenkamp, Waldpädagogisches Zentrum des Landes Schleswig-Holstein, 24635 Daldorf, Tel. 0 43 28/17 04 80, www.umwelt.schleswig-holstein.de, www.erlebniswald-trappenkamp.de

Die **Waldwirtschaft** serviert traditionelle schleswig-holsteinische Gerichte wie Rübenmus mit Kassler und Kochwurst. Daneben stehen viele Wildgerichte auf der Karte. Das Fleisch kommt aus der nahen Umgebung und wird mit vor Ort gesammelten Waldpilzen veredelt (Tel. 0 43 28/9 15). ○—○○

■ **Anfahrt:** B 404 nördlich von Bad Segeberg Ausfahrt Daldorf/Rickling, dann etwa 2 km bis Haupteingang
■ **Zeitplanung:** 2–3 Std. bis zu einem halben Tag
■ **Öffnungszeiten:** Freizeitgelände Mo–Do 8–19, Fr–So 9–19 Uhr, Waldhaus Nov.–Mitte März Mo–Do 8–17, Fr–So 10–17 Uhr, Mitte März–Okt. Mo–Do 8–18, Fr–So 10–18 Uhr
■ **Preise:** Freizeitgelände Mo–Do frei, Fr–So 2,50 €, Kinder 3–15 Jahre 2 €, Familien und Gruppen ermäßigt; Waldhaus Nov.–Mitte März 2 €, Kinder 1,50 €, übrige Zeit frei

Mädchenoase

Mädchen haben andere Ansprüche an ihre Spielumgebung als Jungen und sind daher spätestens mit Beginn der Pubertät seltener in öffentlichen Freiräumen anzutreffen – das legen zumindest neuere Studien nahe. Bei der Mädchenoase handelt es sich um ein Pilotprojekt, das bei der Freiraumgestaltung die spezifischen Spiel- und Bewegungsbedürfnisse von Mädchen einbezieht. Bei der Planung wurden Mädchen aus dem Quartier beteiligt.

Einige der Mädchen gehen als **Girls on Air** auf Sendung, nachdem sie vorher in ihrer Umgebung recherchiert haben. Man hört ihre Interviews, Umfragen und Hörspiele im Hamburger Radiosender FSK Freies Sender Kombinat (Radioprojekt Mo 16–18 Uhr).

Das erwartet Sie

■ In einem 700 m² großen, durch dichtes Gestrüpp geschützten Garten können Mädchen ab 6 Jahren und junge Frauen sich frei bewegen, spielen und Sport treiben.
■ Drei Kaninchen und zwei Hühner werden gefüttert und betreut.
■ Unter Anleitung der Betreuerinnen bauen die Mädchen im Garten Gemüse, Blumen und Kräuter an. Dabei lernen sie nicht nur viel über Pflanzen, sondern erfahren auch den Zusammenhalt in der Gruppe.

■ Bei unterschiedlichen Projekten erproben sie den Umgang mit Handwerkszeug und Technik. Dadurch wird das Selbstvertrauen gestärkt und die Chancengleichheit im späteren Berufsleben erhöht.
■ Ökologisches Verständnis wird durch die Pflege eines Feuchtbiotops gefördert.
■ In einem mit Kindermöbeln ausgerüsteten Spielhaus kann man auch unter Dach spielen.
■ Ein ausgedienter Eisenbahnwaggon dient als Raum für gemeinsame Unternehmungen: Tanzen, Karten spielen, Musik hören, Klönen …
■ Jeder Tag hat einen besonderen Programmpunkt, z. B. Mikroskopieren, Marmelade kochen, Gemüse ernten.
■ In der Küche im Waggon wird gekocht und gebacken.
■ Workshops und Ferienprogramme ergänzen das Programm.
■ Getränke und Kleinigkeiten zum Essen gibt es im Waggon.

■ **Information**
Mädchenoase e. V., Eifflerstr. 5–7, 22769 Hamburg,
Tel. 0 40/43 18 84 33,
www.dolledeerns.de
■ **Anfahrt:** Bus 3, 183 Sternbrücke
■ **Zeitplanung:** 3–4 Std.
■ **Öffnungszeiten:** Mo–Mi 14–18, Do 15–18 Uhr; Donnerstag ist Umwelt- und Techniktag.
■ **Preise:** kostenlos

Kinderspielwelten

»Mir ist soooo langweilig« – diesen Satz bekommen Eltern häufig an grauen Wintertagen oder verregneten Wochenenden zu hören, wenn die Kinder nicht ins Freie können und die Spielideen fürs Wohnzimmer langsam ausgehen. Indoorspielplätze schaffen hier Abhilfe – in großen Hallen mit fantasievollen Spielgeräten kann sich der Nachwuchs auch bei Hamburger Schietwetter nach Herzenslust austoben. Für die Eltern steht meist ein Café oder Restaurant zur Verfügung, von dem aus sie die Kinder im Auge behalten können.

Spielstadt Hamburg XXL

■ liebevoll gestaltete Kleinkinderpavillons mit Soft-Spielkissen, Schiebespiele und Küchenzeile aus Holz, Maltisch etc.

■ Ältere Kinder lädt der 10 m hohe Funpark zum Klettern, Rutschen und Erkunden ein.

■ Große Sprünge ermöglichen eine Trampolinanlage und zwei Hüpfburgen, davon eine mit Klettermöglichkeiten.

■ Über Netze und Kletterseile kann ein großes Flugzeug mit bespielbarem Cockpit bestiegen werden, dazu gehört ein 8 m hoher Tower.

■ Am Softball-Shooter messen die Kinder ihre Kräfte beim Ziel- und Weitschießen.

■ Für Geburtstagsfeiern stehen fünf unterschiedlich gestaltete Themenräume zur Verfügung: »Unterwasser«, »Gespenster«, »Märchen«, »Weltraum« und »Dschungel«.

■ Snacks und warme Speisen, Softgetränke, Kaffee, Kuchen und Eis gibt's im Spielstadt-Bistro.

■ Information

Spielstadt Hamburg XXL, Papenreye 26, 22453 Hamburg, Tel. 0 40/55 44 98 84, www.spielstadt-hamburg.de

Play and Breakfast heißt ein Angebot, bei dem die Kinder schon am Vormittag die Spielstadt erkunden, während die Erwachsenen im Bistro die leckeren Frühstücksvariationen genießen (Mo–Fr 9–12 Uhr, kostenfreier Eintritt für Erwachsene). Jeden Sonntag gibt es einen großen **Familienbrunch** (10–13 Uhr; 10,90 €).

■ **Anfahrt:** Bus 114 Spreenende, Metrobus 23 Bekstück oder Stavenhagenstraße
■ **Zeitplanung:** ca. 1/2 Tag
■ **Öffnungszeiten:** Mo–Fr 9.30–19, Sa, So 10–19 Uhr
■ **Preise:** Mo–Fr Kinder 5,90 €, Sa, So 6,90 €, Erw. Mo–Fr 9.30–12 Uhr frei, 12–19 Uhr 2,90 €, Sa, So 3,90 €, Familienkarte (nur Sa, So) 18 €

rabatzz!

■ Im riesigen Spiel- und Kletterlabyrinth gilt es, einen Sumpf zu überwinden und einen Höhlengang zu durchqueren. Mit den Fun-Shootern kann man sich lustige Softball-Schlachten liefern; anschließend geht es auf der Schlittenbahn wieder hinab.
■ Der Hochseilgarten »Sky Trail« bietet auf drei verschiedenen Levels (0,30 m, 3 m, 6 m) Gelegenheit, seine Schwindelfreiheit zu erproben; Körperbeherrschung erfordert die 14 m lange Boulderstrecke.
■ Richtig verausgaben kann man sich auf zwei Hüpfburgen und der großen Trampolinanlage.
■ Für Wasserspaß sorgt ein künstlicher Teich mit Schaufelradbooten, die man mit zwei Kurbeln in Gang bringen muss.

■ Auf Schumi-Fans warten Go-Karts, Elektro-Karts und eine Rennstrecke für ferngesteuerte Modellautos.
■ Jüngere Kinder vergnügen sich im Kleinkindbereich mit Bobbycar-Rennstrecke, Bällchenbad und riesigen Schaumstoffbausteinen.
■ umfangreiches Monatsprogramm mit Kinderschminken, Airbrush-Tattoos, Fußball- und Basketballturnieren, Torwandschießen etc.
■ Ü-18-Toben für Große und Lange Nacht für Kurze: Spielen bis zum Umfallen und dann ohne Eltern im rabatzz! übernachten
■ Im rabatzz!-Bistro gibt es lecker belegte Baguettes und eine große Auswahl warmer Gerichte von Chicken Nuggets über Pizza bis hin zu Nürnberger Rostbratwürstchen.

❗ Der von **rabatzz!** angebotene Stundentarif bietet eine ideale Möglichkeit zum schnellen Austoben zwischendurch (1. Stunde 3,50 €, jede weitere angefangene 1/2 Stunde 1,50 €).

Information

rabatzz!, Kieler Str. 571,
22525 Hamburg-Stellingen,
Tel. 0 40/54 70 96 90,
www.rabatzz.de

■ **Anfahrt:** Bus 4, 183, 281 ab
U 2 Hagenbecks Tierpark,
Bus 283 Wördemanns Weg
■ **Zeitplanung:** 1/2 Tag
■ **Öffnungszeiten:** Mo–Fr 13–19,
Sa, So 10–19 Uhr
■ **Preise:** Tageskarte Kinder 3–14
Jahre 7 €, Erwachsene und Jugend-
liche 4,70 €, Kinder unter 3 Jahren
3,90 €, Skytrail 4,20 €, Übernach-
tung 29,90 € inkl. Verpflegung

Indoo Spielwerk

■ Auf Klettermaxe warten ein Pira-
tenschiff und ein Vulkan, von dem
man auch hinunterrutschen kann.
■ An der 7,50 m hohen Kletterwand
kraxelt man unter Aufsicht, auch
Kurse werden angeboten.
■ Nach Herzenslust springen kann
man auf zwei Riesen-Hüpfburgen
und der 8er-Trampolinanlage.
■ Für sportliche Betätigung stehen
Tischtennis-Platten, eine Minigolf-
Bahn, eine Inline-Skatingfläche und
ein Fußballplatz zur Verfügung.
■ Geschicklichkeit ist an den Kicker-
tischen und beim Airhockey gefragt.
■ Für die Allerjüngsten gibt es neben
einem gesicherten Kleinkindbereich
zahlreiche Bobbycars und eine
münzbetriebene Mini-Kartbahn.
■ Sechs verschiedene Themenräume können für Geburtstagsparties
gemietet werden.

■ Im Indoo-Restaurant bekommt
man von Schnitzel mit Pommes über
Hot dog und Pizza bis zur Riesenbre-
zel alles, was Kinder gerne mögen.
Leckere Kuchen, Muffins, Brownies
und Donuts gibt's im Coffeeshop.

Information

INDOO Spielwerk,
Ewige Weide 1, 22926 Ahrensburg,
Tel. 0 41 02/20 09 00, www.indoo.de
■ **Anfahrt:** A 1 Richtung Lübeck
Ausfahrt Ahrensburg, in Ahrensburg
rechts auf Ostring abbiegen, diesem
bis zum Ende folgen. 1. Ampel rechts
in Kornkamp abbiegen, fast ans Ende
fahren, rechts in Ewige Weide
■ **Zeitplanung:** 1/2 Tag
■ **Öffnungszeiten:** tgl. 10–19 Uhr
■ **Preise:** Kinder 6,90 €, bis 2 Jahre
2,50 €, Erwachsene 5,50 €, ab
17 Uhr ermäßigter Eintritt

Fernando Spielarena

■ 3200 m² Fläche zum Spielen und
Toben, bei schönem Wetter auch im
Freien
■ liebevoll gestalteter Kleinkindbereich mit Spielhäuschen, Wipptieren
und Bällchenbädern

Im Eingangsbereich der Spielarena
gibt es einen rustikalen **Picknickgarten**
mit Tischen und Bänken aus Eichenholz.
Kinder stürzen sich hier mit Vorliebe
auf die Knusperdinos mit Pommes.
Man bekommt aber auch knackfrische
Salate und ausgezeichnete Steaks. ○

■ eigens für Kleinkinder geeignete Hüpfburg und Trampoline

■ Auf die Größeren warten ein riesiges Klettergerüst mit Krabbeltunneln und Rutschen, eine Hüpfburg, eine Trampolinanlage und in der Sportanlage eine 11 m hohe Kletterwand.

■ Fast alle Spielgeräte sind auch für Erwachsene zugelassen.

■ diverse Aerobic-, Kletter- u. a. Sportkurse

■ Treffsicherheit ist beim Indoor-Fußball und an der Softballwurfanlage gefragt.

■ Für ruhigere Betätigung stehen ein Internetcafé und mehrere Lerncomputer zur Verfügung.

■ Wenn die Sonne scheint, kann man auch draußen spielen: Es gibt ein Klettergerüst, Wasserboote und eine große Kart-Bahn, für Kleinkinder einen Sandspielplatz mit Bagger, Schaufeln, Eimern und Förmchen.

■ Auf der Rasenfläche stehen unter schattigen Bäumen zwei große, gemauerte Grills und Picknicktische.

■ **Information**
Fernando Spielarena c/o Shape Sport GmbH, Osttangente 200, 21423 Winsen (Luhe),
Tel. 0 41 71/78 90, www.fernando.de
■ **Anfahrt:** A 250 an der südlichen Ausfahrt Winsen-Ost
■ **Zeitplanung:** 3 Std.
■ **Öffnungszeiten:** Mo–Fr 14–19 Uhr, Sa, So und während der Ferien (Niedersachsen) 11–19 Uhr
■ **Preise:** Kinder 6,80 €, Erwachsene 3,20 €, Kleinkinder bis 2 Jahre 3 €, Senioren 2 €; unbegleitete Kinder mit Vollmacht der Eltern 10 €

Modell Renncenter

Das Renncenter ist nicht nur ein renommiertes Fachgeschäft für Modellrennbahnen, sondern besitzt mit dem Grayhound Raceway auch eine der längsten Holzrennbahnen Europas. Hier werden regelmäßig Publikumsrennen ausgetragen, die einem Formel 1-Event auf dem Nürburgring an Spannung in nichts nachstehen – und man hat dabei stets die gesamte Rennstrecke im Blick! Für Kindergeburtstage u. a. Festivitäten kann man die Bahn außerhalb der Geschäftszeiten auch mieten.

Das erwartet Sie

■ fünfspurige und 38 m lange Holz-
rennbahn mit drei Haarnadelkurven
und vier verschieden langen Geraden
■ Zur Auswahl stehen unterschiedlich gestaltete, amerikanische Modell-
rennwagen – alle kinderhandgroß.
■ Im Renneinsatz sind maximal fünf
»Fahrer«, ebenso viele »Streckenposten«, die kollidierte Rennwagen
wieder auf die Spur setzen, und
Zuschauer, die das Renngeschehen
gespannt verfolgen.
■ Eine Runde dauert ca. 3–6 Min.,
jeder Teilnehmer muss nacheinander
jedes eingesetzte Auto in jeder der
fünf Spuren bewegen.
■ Nach jedem Durchgang werden
Fahrer, Streckenposten und Zuschauer ausgewechselt.
■ Spannung bis zum selbst festge-
legten Spielende: Ein Computer zählt
die von jedem Spieler gefahrenen
Runden.

Im **Fahrerlager** kann man bei kalten Getränken und allerlei Knabberzeug
fachsimpeln und vom Experten wertvolle Insidertipps zu alten und neuen
Autorennbahnen einholen.

■ Der Sieger erhält einen Pokal,
alle anderen gehen mit Urkunden
nach Hause.

■ **Information**
Modell Renncenter, Braamkamp 32,
22297 Hamburg, Tel. 0 40/5 11 95 46,
www.renncenter-hamburg.de
■ **Anfahrt:** U1 Lattenkamp
■ **Zeitplanung:** 2–3 Std.
■ **Öffnungszeiten:** Mo, Fr 11–20,
Di, Do 11–19, Mi 14–19, Sa 11–15 Uhr
■ **Preise:** pro Person 3 € für 20 Min.;
Rennbahnmiete für Gruppen gestaf-
felt nach Dauer der Veranstaltung
und Anzahl der Personen

Miniatur Wunderland

Über 3,3 Millionen Besucher in nur
fünf Jahren: Das hätten sich die Mo-
delleisenbahnfans Frederik und Ger-
rit Braun nie träumen lassen, als sie
2001 in einem historischen Speicher
die größte digital gesteuerte Modelleisenbahnanlage der Welt eröffneten. Ihr Erfolgsgeheimnis: Sie und
ihre inzwischen 120 Mitarbeiter (darunter 50 Modellbauer) sind leiden-
schaftlich vernarrt in ihr Hobby. Viel

Witz, überschäumende Fantasie und
geniale Tüftelei stecken in der bereits
über 1000 m² großen Anlage, die
immer noch im Wachsen begriffen ist.

Das erwartet Sie

■ Unterschiedliche Landschaften
von den Alpen über die Nordseeküste bis Skandinavien und Amerika
wurden in ihren Charakteristika er-
fasst, einzelne Sehenswürdigkeiten

wie der Hamburger Michel und die Hafenanlagen auch in filigraner Kleinstarbeit nachgebildet.

■ Auf ca. 12 km Modelleisenbahn-schienen verkehren etwa 900 Züge.

■ 60 Computer steuern realistische Zugabläufe, fast 300 fahrende Autos und rund 500 000 Lichter.

Ein Stockwerk tiefer zeigt das Spielzeugmuseum **Die Dachboden-bande** im heimeligen Ambiente eines alten Speichers historische Spielsachen. Alte Puppen, Rennautos, Holzspielzeug, Bücher und Figuren stehen hier nicht nur einfach herum, sondern müssen teilweise erst in Truhen, Schubladen und Schachteln entdeckt werden (tgl. 10–18 Uhr, Erwachsene 6 €, Kinder 3 €; Abendführungen mit Taschen-lampe nach Vereinbarung, Tel. 01 72/3 29 32 50).

■ witzige Details: etwa 200 000 Figürchen von der Milka-Kuh am Berghang bis zum Schneemann beim Skispringen

■ Alle 15 Min. wechseln Tag und Nacht mit fließenden Übergängen.

■ Über die ganze Anlage verteilt gibt es ca. 50 Schalter, mit denen man selbst animierte Szenen und Effekte auslösen kann, z. B. einen Torschrei in der AOL-Arena oder ein blinkendes Leuchtfeuer im Leuchtturm.

■ Führungen von unterschiedlicher Länge gewähren einen Blick hinter die Kulissen.

■ Im MiWuLa-Shop kann man sich mit Modelleisenbahn-Zubehör ein-decken.

■ Für das leibliche Wohl sorgt eine Cafeteria mit Selbstbedienung.

■ **Information**
Miniatur Wunderland Hamburg GmbH, Kehrwieder 2, Block D, 20457 Hamburg, Tel. 0 40/3 00 68 00, www.miniatur-wunderland.de

■ **Anfahrt:** U 3 Baumwall, Metrobus 6 Auf dem Sande

■ **Zeitplanung:** ca. 2 Std., v. a. in den Ferien lange Warteschlangen, auf der Webseite ständig aktualisier-te Wartezeitenprognose

■ **Öffnungszeiten:** tgl. 9.30–18, Di 9.30–21, Sa 8–21, So 8.30–20 Uhr, an manchen Tagen verlängerte Öffnungszeiten (s. Internet)

■ **Preise:** Erwachsene 10 €, Kinder bis 16 Jahre 5 €, Kinder unter 1 m frei, Rabatte für Familien und Gruppen, Führungen je nach Dauer 2–15 €

Jamliner

Die Seitenfenster des schrill-bunten Jamliners sind übermalt, so dass man nicht hineinsehen kann. Der einstige HVV-Linienbus hat es aber in sich: Er transportiert ein komplettes Tonstudio mit spielfertig verkabelten Instrumenten und fungiert an fünf Tagen der Woche als Bandproberaum. Interessierte Jugendliche bekommen so die Chance, in ihrer Freizeit kreativ Musik zu machen.

Das erwartet Sie

■ Jugendliche finden sich zu einer (in der Regel fünfköpfigen) Band zusammen.
■ Ohne musikalische Vorkenntnisse werden Songs selbst getextet und komponiert.
■ Unter Anleitung von professionellen Musikern lernt man, ein Instrument zu spielen.
■ Häufig bilden sich feste Gruppen, die an konkreten Aufnahmeprojekten arbeiten; jedes Bandmitglied bekommt das Ergebnis auf CD.
■ Musiksessions der Band im Jamliner einmal pro Woche
■ einmal jährlich Jamliner-Fest mit Open-Air-Bühne an der Jugendmusikschule

■ Information

Jugendmusikschule, Mittelweg 42, 20148 Hamburg, Kontakt Jörg-Martin Wagner, Tel. 0 40/31 79 55 66, Thomas Himmel, Tel. 0 40/8 50 62 64, www.jamliner.com
■ **Anfahrt:** Standorte: Mo Osdorfer Born, Bornheide 57, Parkplatz Borncenter, Bus 21, 37 Achtern Born; Di St. Pauli, Hein-Köllisch-Platz, S 1, S 2, S 3 Reeperbahn; Mi Wilhelmsburg/Kirchdorf Süd, Marktplatz am Karl-Arnold-Ring, Bus 13, 34, 152 Kirchdorf Süd; Do Steilshoop, Einkaufszentrum Gropiusring, Bus 7, 118 César-Klein-Ring; Fr Jenfeld, Öjendorfer Damm, vor dem Jenfeld-Center, Bus 10, 27, 263 Jenfeld-Zentrum
■ **Zeitplanung:** 1 Std. pro Woche
■ **Öffnungszeiten:** freie Teilnahme Mo–Fr 15–18 Uhr möglich – spontan im Jamliner nachfragen; nicht während der Hamburger Schulferien
■ **Preise:** Teilnahme gratis

kissland

Einen wichtigen Beitrag zur kindlichen Entwicklung leisten Bewegungserfahrungen. Früher konnten diese in der Natur gesammelt werden, heute ist dies nur noch sehr eingeschränkt möglich. Um hier einen Ausgleich zu schaffen, richtete der TSG Bergedorf eine eigene Kindersportschule (KiSS) mit Angeboten für die ganze Familie ein. Für das Klein-

kindturnen wurde mit dem kissland ein eigener Hallenkomplex eingerichtet, in dem Kinder völlig gefahrlos krabbeln, rennen, klettern und rutschen können.

Das erwartet Sie
■ fantasievoll gestaltete Bewegungslandschaft mit Brücken, Bergen, Schaukeln, Hangelgeräten, Trampolinen, Treppen, Leitern etc.
■ Die Geräte sind sorgfältig abgesichert und wurden teilweise eigens für das kissland entwickelt.

Während Eltern im China-Restaurant **Lotos** gern geröstete Ente mit verschiedenen Gemüsen bestellen, suchen sich Kinder meist das gebackene Hühnerfleisch aus – wahlweise mit Reis oder Pommes. Die meisten Gerichte auf der Speisekarte sind auch als halbe Portion erhältlich (Hamburger Landstr. 38, Tel. 0 40/7 20 37 82). ○○

■ Alle sechs Monate (im Sommer und Winter) wird die Bewegungslandschaft umgebaut und durch neue Geräte ergänzt.
■ Bevor die 45-minütige Sportstunde beginnt, wärmen sich Eltern und Kinder in der separaten Sporthalle mit Bewegungsliedern auf.
■ Unter pädagogischer Anleitung »erobern« die Kinde dann die Bewegungslandschaft, neben der Motorik wird dabei auch das Sozialverhalten (Rücksichtnahme, Integration in die Gruppe) gefördert.
■ Mit ruhigeren Spielen und einem Abschiedslied klingt die Sportstunde aus.
■ Auch für Kinder und Jugendliche gibt es im kissland ein breites Kursangebot, darunter Trendsportarten wie Klettern, Beach-Volleyball, Lacrosse und Inline-Hockey.

■ **Information**
kissland, An der Wache 11,
21465 Wentorf, Tel. 040/72 97 78 87,
www.kissland.de,
www.tsg-bergedorf.de
■ **Anfahrt:** Bus 235 Höppnerallee oder Sandweg
■ **Zeitplanung:** 45–60 Min., je nach Kursangebot
■ **Öffnungszeiten:** Kleinkindkurse Mo–Fr zwischen 9 und 17.30 Uhr, Sa zwischen 9 und 12 Uhr
■ **Preise:** Schnupperstunde jederzeit kostenlos möglich, telefonische Voranmeldung empfohlen; Sa Teilnahme ohne Vereinszugehörigkeit möglich, 1 Std. ca. 10 €

Freizeitbäder

Schwimmen und gleichzeitig Spaß haben können kleine Wasserratten in den fantasievollen Poollandschaften von Hamburgs Freizeitbädern: Während die Erwachsenen auf der Sprudelliege relaxen, erklimmen sie Piratenschiffe, erkunden Grotten, lassen sich durch Strömungskanäle treiben oder sausen ultralange Wasserrutschen hinunter. Ob im Sommer oder an Regentagen – mit ihren abwechslungsreichen Einrichtungen schaffen die Spaßbäder ganzjährig Urlaubsatmosphäre.

MidSommerland
■ Badeparadies mit skandinavischem Flair; Felsformationen erinnern an die Schären.
■ Highlight ist die 35 m lange Wildwasserrutsche, die man in drei verschiedenen Geschwindigkeiten hinabsausen kann, immer wieder unterbrochen durch Hindernisse und Auffangmulden.
■ jeden Freitagabend ab 20 Uhr Starkrutschen (höchste Geschwindigkeit) mit Musik
■ Erlebnisbecken mit vielen Massagedüsen
■ Kleinkindbereich mit Regenschleier, Bodensprudel, Rutsche und Wasserlauf
■ im Freien ganzjährig beheizter Außenpool und Matschbereich mit Wasserpumpe
■ Kinderschwimmkurse, auch Babyschwimmen

■ Im Schwimmbad-Bistro kann man sich mit belegten Baguettes, knackigen Salaten und Burgern verpflegen.

■ Information
Bäderland Hamburg GmbH, Gotthelfweg 2, 21077 Hamburg, Tel. 0 40/763 18 27 oder 18 88 90, www.baederland.de
■ **Anfahrt:** Bus 142 Freizeitbad MidSommerland
■ **Zeitplanung:** 3 Std. und länger
■ **Öffnungszeiten:** tgl. 10–23 Uhr
■ **Preise:** Tageskarte Erwachsene 8,20 €, Kinder 4,10 €, 3 Std. Erwachsene 6 €, Kinder 3 €, Familienkarten

Taka-Tuka Kinderland im Freizeitbad Volksdorf
■ Südsee-Badelandschaft mit Palmen, Sandbänken, Kletternetzen und Piratenschiff

■ im Erlebnisbecken Minirutschen, kleine Gegenstromanlage, diverse Sprudler mit tollen Lichteffekten

■ Überraschungen von oben: »Wolkenregen« oder kalte Güsse aus der Palme

■ Vulkan mit Wasserfall und dahinter liegender Höhle

■ Spielzeug für die Allerjüngsten, z. B. Gießkannen und Bälle

■ Mehrzweck- und Nichtschwimmerbecken, kleiner Außen-Whirlpool

■ im Schwimmerbecken Sa, So auch Angebote für ältere Kinder, z. B. Laufmatte oder Fußballtor

■ Ein Café mit Plätzen innerhalb und außerhalb des Schwimmbereichs sorgt für Speis' und Trank.

Das nahe **Eiscafé Italia** ist der süße Treffpunkt nach dem Baden: Hier locken rund 20 Sorten original italienisches Eis, selbst gebackener Kuchen und köstliches Tiramisù (Im Alten Dorfe 23).

■ **Information**
Taka-Tuka Kinderland im Freizeitbad Volksdorf, Rockenhof, 22359 Hamburg, Tel. 0 40/18 88 90, www.baederland.de
■ **Anfahrt:** U 1 Volksdorf
■ **Zeitplanung:** 3 Std. und länger
■ **Öffnungszeiten:** Taka-Tuka Kinderland tgl. 9–20 Uhr, Freizeitbad Mo–Fr. 6.30–23, Sa, So 8–23 Uhr
■ **Preise:** Tageskarte Erwachsene 8 €, Kinder 4 €, 3 Std. 5,80 €, Kinder 2,90 €, Familienkarten; mit der

Multi-Card (Chipkarte, 2,50 € Pfand) Rabatte in allen Bäderland-Bädern, und zwar 10 % bei der Karte für 25 € und 18 % bei der Karte für 75 €

badlantic Freizeitbad Ahrensburg

■ Im Spieleland sitzt Käpt'n Blaubär Pfeife schmauchend vor seiner Hütte und schaut auf sein Schiff im 30 °C warmen Kinderbecken.

■ Wenn man kräftig pumpt, speit das Schiff Wasser; die Überraschungsdusche im Ausguck können nur Erwachsene betätigen.

■ Eine Eltern-Kind-Sauna mit gemäßigten Temperaturen führt die Kleinen an das Saunabaden heran.

■ Alle 30 Min. wird das Wellenbecken in Gang gesetzt, das zur Hälfte auch für Nichtschwimmer geeignet ist.

■ Sportbecken mit Sprunganlage, Warmwasser- und Babybecken

■ Außenbecken mit Schwalldusche, kleiner Rutsche und Strömungskanal

■ jeden Sa 15–17 Uhr Kinderanimation mit Ball- und Tauchspielen

■ Schwimmprüfungen schon für ganz kleine Wasserratten: »Küken«, »Nilpferd«, »Delphin«

■ **Information**
Reeshoop 60, 22926 Ahrensburg, Tel. 0 41 02/4 82 80, www.badlantic.de
■ **Anfahrt:** S 4, R 10 Ahrensburg, weiter mit Bus 476 bis Haltestelle Hallenbad
■ **Zeitplanung:** 3 Std. und länger

■ **Öffnungszeiten:** Hallenbad
Mo 12–20.15, Di–Do 6.30–21.45,
Fr 6.30–20.15, Sa, So 9–18.45 Uhr,
Freibad Mo 12–20, Di–Fr 6.30–20,
Sa, So 9–19 Uhr
■ **Preise:** Hallenbad Tageskarte
Erwachsene 8 €, Kinder 4 €,
3 Std. 6 €/3 €, Familienkarten;
Freibad Erwachsene 3 €, Kinder 2 €

Vom Schwimmbadbistro **Atlantis**
aus kann man durch große Glasfenster
das ganze Hallenbad überblicken. Für
Kinder gibt es spezielle Käpt'n Blaubär-
Gerichte, für die Großen Schleswig-
Holsteinisches wie Rübenmus mit
Kassler und Kohlwurst. ○

Kindertheater

Ob Puppen- oder Schauspielbühne:
Das Theater in seinen unterschiedlichen Erscheinungsformen schlägt
schon Kinder im Vorschulalter in den
Bann. Wenn der Vorhang aufgeht,
werden aus hyperaktiven Wildfängen
plötzlich aufmerksame Zuhörer.
Gutes Kindertheater ist dabei nicht
zwangsläufig kindlich und schon gar
nicht kindisch – es nimmt die Kinder
und ihre Probleme ernst und öffnet
sein Repertoire auch schwierigen
und prekären Themen.

Fundus-Theater
■ vielseitiges Spektrum an Theater-
formen zwischen Sprech- und Figu-
rentheater
■ Vertrautes wird aus neuer Pers-
pektive gezeigt, so wird z. B. ein
Märchen mit Kaffeetassen erzählt
oder ein bekanntes Bilderbuch als
Puppenspiel.
■ Eigenproduktionen zu allen
Aspekten des Kindseins; in der von
Schülern zusammengestellten

»Wunschrevue«, einer Szenencolla-
ge rund um das Erwachsenwerden,
kommen z. B. die Liste der verbote-
nen Dinge, die erste Liebe und eine
Übung im Traurigsein vor.
■ Das Gespräch mit dem Publikum
wird gesucht, z. B. in den Theater-
dialogen im Anschluss an die Vorstellung.
■ neue Spielformen auch außerhalb
des Theaters, z. B. »Club der Auto-
nomen Astronauten«

■ schöne Räume in einer ehemaligen Kaffee- und Tabakrösterei; gute Sicht durch ansteigende Sitzreihen
■ Im liebevoll ausgestatteten Foyer verspeist man an Wochentagen das mitgebrachte Pausenbrot; am Wochenende Verkauf von Gebäck, Kaffee, Tee und Säften.

Theaterneulingen beantwortet der Bastelbogen **Theater für Anfänger** grundlegende Fragen: Wie sieht es in einem Theater aus? Wie benimmt man sich während der Vorstellung? (für 3 € an der Kasse erhältlich).

■ **Information**
Fundus-Theater, Hasselbrookstr. 25, 22089 Hamburg,
Tel. 0 40/2 50 72 70,
www.fundus-theater.de
■ **Anfahrt:** S 1, S 11, Metrobus 25 Landwehr
■ **Zeitplanung:** 1 Std.
■ **Vorstellungen:** Mo–Fr 10 Uhr, Sa, So 16 Uhr, weitere Termine s. Internet
■ **Preise:** Erwachsene 6 €, Kinder 5 €, Sonderveranstaltungen und Premieren 8 €

Theater für Kinder
■ ältestes privates Kindertheater Deutschlands
■ Der Programmschwerpunkt liegt auf Stücken namhafter Kinderbuchautoren, wie Paul Maar, Otfried Preußler, James Krüss, Christine Nöstlinger und Astrid Lindgren.

■ Internationale Anerkennung haben die Operninszenierungen für Kinder gefunden; neben der »Kleinen Zauberflöte« steht derzeit die »Kleine Undine« auf dem Spielplan.
■ Eine Pioniertat des Theaters waren kindgerechte Bühnenfassungen klassischer Ballette, z. B. »Nussknacker und Mausekönig«, »Schwanensee«.
■ Neueste Experimente gelten dem Musiktheater: »Der kleine Mozart« verbindet Konzert und szenisches Spiel.
■ Im verglasten Bistro »Foyer« gibt es Donuts, Muffins und Brezeln für den kleinen Hunger.

■ **Information**
Theater für Kinder, Max-Brauer-Allee 76, 22765 Hamburg,
Tel. 0 40/38 25 38,
www.theater-fuer-kinder.de
■ **Anfahrt:** Bus 20, 115, 183 Gerichtstraße
■ **Zeitplanung:** 2 Std.
■ **Vorstellungen:** Fr 16 Uhr, Sa, So 14.30 Uhr, weitere Termine s. Internet
■ **Preise:** 11 €; ermäßigt 8,50 €

Hamburger Puppentheater e. V.
■ Unterschiedliche Bühnen aus Hamburg und Umgebung führen ihre besten Stücke für Kinder auf.
■ Bühne und Programm wechseln wöchentlich, um das breite Spektrum der Darstellungsmöglichkeiten zu demonstrieren: Handpuppe, Marionette, Tischfigur, Stabfigur, Schattenfigur etc.

■ Das Repertoire umfasst Märchen-stoffe wie den »Froschkönig« und moderne Kinderbuchklassiker wie »Michel aus Lönneberga«, aber auch aktuelle Themen wie »Der Urwald tickt nicht richtig«.
■ in den Sommerferien Programm in Planten und Blomen und an weiteren Spielorten
■ unregelmäßige Abendvorstell-ungen auch für Jugendliche und Erwachsene
■ Puppen- und Figurenbau-workshops, z. B. Gestaltung von Klappmaulpuppen

■ **Information**
Hamburger Puppentheater im Haus Flachsland, Bramfelder Str. 9, 22305 Hamburg, Tel. 0 40/23 93 45 44, www.hamburgerpuppentheater.de
■ **Anfahrt:** U 2, U 3, S 1, S 11 Barmbek
■ **Zeitplanung:** ca. 1 Std.
■ **Vorstellungen:** Sept.–April Mi 10 Uhr (Gruppen), So 11 und 15 Uhr
■ **Preise:** Erwachsene 5 €, Kinder 4 €; Workshops 30 €

Auf »Schweinereien« zu familien-freundlichen Preisen ist das Restaurant **Schweinske Barmbek** spezialisiert. Bei den Großen ist das »Fritz-Schwein« sehr gefragt, ein Riesenschnitzel mit Salat-beilage. Auf der Kinderkarte stehen u. a. Spaghetti Bolognese »Schwein-chen Schlau«. Kinderschnitzel »Miss Piggy« und »Schweinis«, Schweinskes Antwort auf den Hamburger (Barm-beker Markt 19, Tel. 0 40/29 15 30). ○

Mitmachlabor EMA

Dazu hätte Albert Einstein als Kind bestimmt auch Lust gehabt: Erfor-schen, ob ein Gegenstand auf dem Wasser schwimmt oder untergeht, ob ein Luftballon mit Wasser oder mit Luft gefüllt besser abdüst, oder ob Schokolade Strom leitet. Natur-wissenschaftliches »Experimentieren mit Albert« (EMA) soll aus Kindern aber keine kleinen Einsteins machen. Vielmehr geht es hier um genaues Beobachten, um die präzise Be-schreibung dessen, was man sieht – und um die Freude am gemeinsamen

Entdecken der belebten und unbelebten Natur. Daher werden die Kinder beim Forschen vom neugierigen Maulwurf Albert begleitet, der als Logo und Maskottchen dient.

❗ Ein wirklich netter Imbiss ist der kleine **Grill am Brink** mit seinen vier Tischen, wo man wie bei Muttern isst: z. B. selbst gemachte Frikadellen mit Kartoffelsalat oder knusprig gegrillte Hähnchen (Am Brink 5, Tel. 0 40/ 72 00 49 87, tgl. 11–22 Uhr).

Das erwartet Sie

■ Experimentierkurse, die naturwissenschaftlichen Fragestellungen mit einfachsten Mitteln auf den Grund gehen

■ In kleinen Gruppen von maximal 8 Teilnehmern werden Versuche aus den Bereichen Physik, Chemie und Biologie durchgeführt.

■ Die Kinder bauen Raketen, stellen einen Flummi her, gehen den Geheimnissen der Farben auf den Grund, fertigen selbst Streichhölzer an oder machen ein Feuer wie in der Steinzeit.

■ Auf Exkursionen werden die Bereiche Wald, Wiese und Bach erforscht.

■ Kurse für die Altersgruppen 5–7 Jahre und 7–10 Jahre

■ Die Unterrichtseinheiten bauen nicht aufeinander auf, daher kann man in alle Kurse jederzeit einsteigen; nach Vereinbarung ist eine Schnupperstunde möglich.

■ **Information**

Mitmachlabor EMA, Veranstaltungsort: Schule Ernst-Henning-Straße, Ernst-Henning-Str. 20, 21029 Hamburg; Kontakt: Kirsten Ohl, Hans-Matthiessen-Str. 6, 21029 Hamburg, Tel. 0 40/29 89 16 59, www.mitmachlabor-ema.de. EMA-Mitmachlabore gibt es auch nahe der Hamburger Stadtgrenze in Reinbek, Wentorf, Escheburg und Geesthacht, Auskunft bei Petra Wolthaus, Stargarder Weg 5, 21465 Reinbek, Tel. 0 40/73 67 87 51, www.experimentieren-mit-albert.de

■ **Anfahrt:** S 2, S 21 Bergedorf, von dort Bus 135 bis St. Michael-Kirche

■ **Zeitplanung:** 45 Min.–2 Std.

■ **Kurse:** nach Vereinbarung

■ **Preise:** je nach Gruppengröße und Unterrichtsdauer 11–14 € je Kind

Sport

Ob Sommer oder Winter, drinnen
oder draußen, allein oder mit der
Familie – für jeden gibt es das
passende Bewegungsprogramm.
Meist geht das auch ganz spontan.
Suchen Sie sich nach Ihrem Gusto
das Richtige aus, und los geht's …

Paddeln auf Hamburgs Wasserwegen

Paddel, Ruder, Riemen, Skull – nicht jeder kennt sich mit Booten aus, und doch braucht man gerade sie, um Hamburg richtig kennen zu lernen: Die grüne Millionenstadt mit dem Flussnetz der Alster und ihrer Nebenarme will von der Wasserseite her erkundet sein! Ruderboote, Kajaks, Kanadier, venezianische Gondeln und Tretboote in vielerlei Formen trifft man hier an. Bootsverleihe und Ausrüster helfen Neulingen gern. Hier schon mal die wichtigsten Begriffe: Beim Rudern heißt das Paddel »Riemen«. Paddelt man mit zwei Riemen, nennt man das »Skullen«. Im Kanusport benutzt man Doppelpaddel für Kajaks und Stechpaddel für Kanadier.

Fachsimpeln über Boots- u. a. Exkursionen kann man auch im Winterhalbjahr mit Experten und Outdoorfans beim allmonatlichen Stammtisch (jeden 1. Mi im Monat) in der **Zinnschmelze** auf dem Gelände des Museums der Arbeit – wenn das Wetter es erlaubt, draußen am Lagerfeuer, sonst am runden Tisch in der gemütlichen Kneipe (Maurienstr. 19, Tel. 0 40/20 97 89 39). ○

Kanu-Schnupperkurse bei Globetrotter

■ Bei mehrstündigen Bootstouren auf Hamburgs Kanälen kann man die unterschiedlichen Fahreigenschaften von Kajaks und Kanadiern testen.

■ Kundige Begleiter geben Hilfestellung beim Ein- und Ausstieg, unterweisen in Lenkung und Gebrauch des Bootes und der Paddel, erklären die verschiedenen Bootstypen.

■ Fortbewegen muss man sich mit eigener Kraft, eine Aufsicht ist jedoch stets dabei.

■ Schwimmwesten und wasserdichte Stautonnen werden gestellt.

■ Ein kleiner Imbiss zwischendurch ist im Preis inbegriffen.

■ **Information**
Globetrotter Ausrüstung
Denart & Lechhart, Wiesendamm 1, 22305 Hamburg, Tel. 0 40/29 12 23, www.globetrotter.de; Abfahrt der Boote vom nahen Anleger »Museum der Arbeit« am Osterbekkanal
■ **Anfahrt:** S 1, U 2, U 3 Barmbek
■ **Zeitplanung:** 2,5–3 Std.
■ **Zeiten:** April–Sept. Mi ab 18 Uhr
■ **Preise:** 18 €; Winter-Stammtisch 4 € mit Imbiss

Dornheim Bootsverleih

■ Zur Verfügung stehen mehr als 200 Mietboote, Schwimmwesten u. a. nützliches Zubehör.

■ Auf Wunsch bekommt man eine kostenlose Übersichtskarte für das Wasserwegenetz rund um die Außenalster.

■ Man hat die Wahl zwischen Einer- und Zweier-Kajaks, Kanus (Kanadiern) und Ruderbooten in verschiedenen Größen.

■ In den Mannschaftsbooten finden 6 bis 18 Personen Platz.

■ Wer es sicher und gemütlich liebt, leiht sich ein Tretboot – erhältlich auch als Schwan.

■ Eine Besonderheit ist die venezianische Gondel, die von einem Gondoliere gesteuert wird.

■ Deutsche und italienische Küche serviert das angeschlossene Restaurant »Zur Gondel« bei schönem Blick auf den Kanal von der gemütlichen Gaststube oder vom Biergarten neben dem Bootssteg aus.

■ **Information**
Dornheim Bootsverleih, Kaemmererufer 25, 22303 Hamburg,
Tel. 0 40/2 79 41 84,
www.bootsvermietung-dornheim.de
■ **Anfahrt:** Bus 172, 173 Großheidestraße; U 3, Bus 171, 261 Saarlandstraße
■ **Zeitplanung:** 1 Std. bis ganzer Tag
■ **Öffnungszeiten:** April–Sept., bei gutem Wetter auch Okt. tgl. 9–22 Uhr (Hauptsaison), sonst bis Sonnenuntergang
■ **Preise:** Einer-Kajak 7 €/Std., 6 Std.-Spartarif 28 €, Tagespreis 35 €; Tretboot bis 2 Pers. 9 €/36 €/ 45 €; Venezianische Gondel 2 Pers. mit Gondoliere 140 €/1,5 Std.

Bootsvermietung Stute
■ kleiner Privatanleger unmittelbar beim Café Hansa-Steg am östlichen Alsterufer
■ idealer Startpunkt für Bootstouren auf der Außenalster

Das grandiose Feuerwerk zum **Japanischen Kirschblütenfest** an einem Freitag Ende Mai (s. S. 245) genießt man am besten von einem Boot aus, mit dem man auf die Außenalster rudert. An diesem Tag haben die Hamburger Bootsverleiher Hochkonjunktur und arbeiten bis Mitternacht – wer ganz sicher gehen will, bucht sein Boot schon ein Jahr im Voraus.

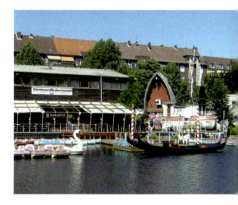

■ großartige Aussicht auf Hamburgs Stadtsilhouette mit allen Hauptkirchtürmen und die begrünten Ufer
■ Zum Verleih stehen Kajaks, Tret- und Ruderboote; auch 2 Segelboote können gegen Vorlage eines Segelscheins gemietet werden.
■ Auf Wunsch sind zudem Schwimmwesten erhältlich.
■ Der weiteste Blick über die Außenalster bietet sich vom »Café Hansa-Steg«. Unvergleichlich sind hier, mitten in der Stadt, die Sonnenunter-

gänge. Dazu genießt man Weißbier vom Fass; wer eine Kleinigkeit essen will, ist mit Krabben und Rührei gut bedient (Schöne Aussicht 20 a).

■ **Information**
Bootsvermietung Stute, Schöne Aussicht 20 a, 22301 Hamburg,

Tel. 0 40/2 20 00 30, www.cafehansasteg.de
■ **Anfahrt:** Bus 6 Averhoffstraße
■ **Zeitplanung:** mind. 1 Std.
■ **Öffnungszeiten:** Mai–Sept. Mo–Fr 12–19 Uhr, Sa, So ab 11 Uhr
■ **Preise:** Kanu, Ruder- oder Tretboot ab 12 €/Std.

Hart am Wind – Segelsport

An schönen Tagen mit frischem Wind schauen Spaziergänger an Alster und Elbe gern den wendigen Manövern der Segelboote zu. Die Außenalster ein überschaubares Segelrevier mit meist günstigen Windverhältnissen, das für viele Hamburg zudem verlockend nah vor der Haustür liegt. Für einen Törn auf der Elbe sollte man des regen internationalen Schiffsverkehrs wegen einige Erfahrung mitbringen – oder zur Sicherheit mit Skipper segeln.

Am Nordufer der Insel Kaltehofe liegt das Gastschiff **Zum Skipper** verankert; auf der Terrasse und auf dem Ponton bietet es auch Plätze im Freien, immer hübsch mit Blick aufs Wasser. Umgeben von Seemannsutensilien und Schiffsmodellen speist man hier Fischgerichte wie Matjes nach Hausfrauenart mit Bratkartoffeln oder Hamburger Pannfisch (Kaltehofe Hinterdeich, Wassertreppe 12, Tel. 0 40/63 60 56 56). ○○

Yachtschule Meridian
■ Spaßsegeln auf der Elbe mit Skipper; maximal drei Personen dürfen sich nach Anweisung an den Manövern beteiligen.
■ Schleusenfahrten mit dem Motorboot: attraktiver Ausflug und gutes Training auch für Segler
■ Nachtfahrten mit dem Motorboot im Hamburger Hafen – ebenfalls gut als Schulung für Segler geeignet
■ diverse Segelscheine mit Kursen auf der Elbe, z. B. Sportbootführerschein See

Information

Yachtschule Meridian, Billhorner Röhrendamm 92, 20539 Hamburg, Tel. 040/78 48 72, www.yachtschule-meridian.de; Bootsabfahrten ab Billwerder Bucht
- **Anfahrt:** Bus 120, 124, 130
- **Zeiten:** nach Vereinbarung
- **Preise:** 4 Std. Spaßsegeln pro Pers. 60 €; 2 Std. Schleusenfahrt 30 € (mind. 3, max. 6 Pers.); 2,5 Std. Nachtfahrt 30 € (max. 6 Pers.)

Segelschule Pieper

- 35 Segelboote an einem großzügigen Bootssteg an der Außenalster
- Vermietung von VB-Jollen für max. 4 und von Zugvögeln für max. 6 Personen gegen Vorlage eines gültigen Segelscheins
- Schnuppersegelstunden
- Trainingsstunden auf Funbooten (Laser, RS-Vision)
- diverse Sonderkurse, z. B. Kentertraining oder Segeln mit Spinnaker und Trapez
- Lehrgänge für 8–12-Jährige auf Optimistenjollen zum Erwerb des Jüngstensegelführerscheins

- Segelkurse für Erwachsene und 14- bis 18-Jährige zum Erwerb des Sportbootführerscheins Binnen unter Segel

Information

Segelschule Pieper, An der Alster, Atlantic-Steg, 20099 Hamburg, Tel. 0 40/24 75 78, www.segelschule-pieper.de
- **Anfahrt:** Bus 112 Ferdinandstor; S-/U-Bahn Hauptbahnhof
- **Zeiten:** April–Okt. ab 10 Uhr nach Vereinbarung
- **Preise:** VB-Jolle 15 €/Std., Zugvogel 18 €/Std.; Schnuppersegelstunde 30 €

Der erste Europäer, der das Kap der Guten Hoffnung umsegelte und sich nach Indien aufmachte, gab auch dem portugiesischen Restaurant **Vasco da Gama** seinen Namen: Hier isst man bevorzugt Gerichte aus dem Tontopf, wie Entenbrust in Portwein oder Fisch mit Kartoffeln (Lange Reihe 67, Tel. 0 40/2 80 33 05). ○○

Wasserski und Wakeboarden

Wasserski verlangt gute Körperbeherrschung: Je nach Disziplin gleitet man auf einem oder zwei Skiern über das Wasser. Beim klassischen Wasserski lässt man sich von einem Boot ziehen; preiswerter und umweltschonender sind fest installierte Liftanlagen. Beim Wakeboarden nutzt man die Heckwelle des Bootes bzw. den steilen Winkel der Schleppleine, wodurch große Beschleunigung für gewagte Sprünge erzielt wird.

Das erwartet Sie

■ 870 m Schlepplift-Strecke in Hamburgs zweitgrößtem See

■ Paarski, Monoski, Sprungski, Trickski und Wakeboards ermöglichen unterschiedliche Fahrmanöver.

In Kooperation mit WHG Wasserski bietet Matthias Loschke auch **Wakeboarden hinter dem Boot** an. Auf der ca. 8 km langen Elbe-Strecke zwischen Bullenhausen und Hoopte erzeugt er mit seinem 260-PS-Boot richtige Monsterwellen (ab Yachthafen Oortkaten, Infos unter Tel. 01 76/20 30 63 17).

■ Bei Geschwindigkeiten von bis zu 60 km/h flitzt man über das Wasser.

■ Anfänger werden fachmännisch eingewiesen; daneben gibt es Kurse für Anfänger und Profis.

■ Skier und Neoprenanzüge sind im Preis inbegriffen

■ Das Wasserski Restaurant bietet werktags einen Mittagstisch mit solider Hausmannskost und am Wochenende ein Frühstücksbuffet.

■ **Information**

WHG Wasserski GmbH, Am Neuländer Baggerteich 3, 21079 Hamburg, Tel. 0 40/3 03 85 80, www.wasserski-hamburg.de

■ **Anfahrt:** ab S-Bhf. Harburg Bus 149 Richtung Neuland/Over bis Opel Dello/Großmoorbogen

■ **Zeitplanung:** mindestens 1 Std.

■ **Öffnungszeiten:** April–Okt. Mo–Fr 12 Uhr bis Sonnenuntergang, Sa, So 10 Uhr bis Sonnenuntergang; bei gutem Wetter auch in der Wintersaison an Wochenenden geöffnet

■ **Preise:** je nach Temperatur und Wochentag, z. B. 1 Std. Mo–Fr bei bis zu 10 °C 9 €, bei 20 °C 15 €; Schüler/Studenten bis 14 Uhr 2 € weniger

Sport am Elbufer

Das Elbufer von Altona stromabwärts wird gern für Beachpartys und verschiedene sportliche Aktivitäten genutzt, z. B. von Radlern, Joggern oder Nordic Walkern. Darüber hinaus bietet es an einigen Stellen richtigen Sandstrand. Das Baden in der fast sauberen Elbe sollte man auf die ufernahen Zonen beschränken: Wegen des Schiffsverkehrs und des starken Sogs im Strom ist Vorsicht geboten, besonders in der Nähe von Anlegern.

Wittenbergen/Falkensteiner Ufer

▪ 1500 m langer Sandstrand stromabwärts ab Blankenese, entlang dem Falkensteiner Ufer/Rissener Ufer

▪ Einzelne Abschnitte sind durch Buhnen gegliedert; bei Niedrigwasser fallen sie z. T. trocken, sodass außerhalb der Badesaison Skateboarder mit Kite darüber »schweben« können. Bei Hochwasser sind sie zum Schwimmen geeignet (DLRG-Station in Wittenbergen, nahe Anleger).

▪ Einige höher gelegene, ebene Strandabschnitte bieten mit feinem, hellem Sand Gelegenheit für Spiele wie Beachvolleyball.

▪ vielseitiges Jogging- und Nordic-Walking-Gelände: Steigungen am steilen Elbhang, Waldpark Falkenstein, Sven-Simon-Park, Naturschutzgebiet Wittenbergener Heide sowie Elbuferweg, der z. T. durch Wald verläuft

▪ Das »Café Lütt Wittenbergen« (Rissener Ufer) beim Parkplatz am Anleger bietet Getränke und kleine Snacks zu besonders günstigen Preisen.

▪ Information

▪ **Anfahrt:** S 1, S 11 Blankenese und Bus 48 Falkentaler Weg; Bus 286 Falkenstein; Bus 189 Tinsdaler Kirchenweg (für Zugang zum Rissener

Ufer/Anleger Wittenbergen); Parkplatz am Anleger Wittenbergen: Zufahrt über Wittenbergener Weg

▪ **Öffnungszeiten:** ständig frei zugänglich

Övelgönne

▪ etwa 700 m langer Sandstrand, der sich vom Lüfterbauwerk des Neuen Elbtunnels (Anleger Neumühlen) stromabwärts erstreckt

▪ entlang dem Weg »Övelgönne« am Hochufer Fuß- und Radweg (kurze Schiebestrecke von 500 m)

▪ entlang der gesamten Uferzone heller Sand, teilweise künstlich aufgefahren

▪ abschnittsweise hölzerner Strandweg, der Spaziergänge nahe dem Wasser ermöglicht

▪ Im östlichen Abschnitt ist der Strand breiter, relativ eben und daher für Strandspiele wie Beachvolleyball geeignet; im mittleren und westlichen Abschnitt, etwa ab dem Kiosk »Strandperle« (Zugang über

Am westlichen Ende des Sand-
strands ist der Elbuferweg meist eine
breite Allee. Unterhalb der Elbchaussee
(Höhe Halbmondsweg) bietet am Hangfuß von Schröders Elbpark das Gasthaus **Zur Elbkate** mit großem Biergarten unter Bäumen kleine Gerichte, Eis
und kühle Getränke (Övelgönner Hohl-
weg 12, Tel. 0 40/8 80 37 66). ○—○○

Schulberg), ist er schmaler, und das
Ufer fällt steiler zur Elbe hin ab.

■ **Information**
■ **Anfahrt:** von Osten Bus 112,
HADAG-Fähre 62 Neumühlen; von
der Elbchaussee Bus 36 Liebermann-
straße, zu Fuß zum Strand über Him-
melsleiter oder Schulberg
■ **Öffnungszeiten:** ständig frei
zugänglich

Naturbäder und Seen

14 Natur-Badegewässer in und um
Hamburg bieten im Sommer eine
Alternative zu den städtischen Frei-
bädern. Der Innenstadt am nächsten
ist der Stadtparksee in der Nähe der
Großwohnsiedlung Jarrestadt und
der Bürohäuser der City Nord. Der
Eichbaumsee ist über die Marschen-
autobahn rasch erreichbar und ver-

steckt in einem Naturschutzgebiet
liegt der See des Sommerbads Volksdorf, der einst durch Torfabbau entstand.

Eichbaumsee
■ fast 1 km langer und 250 m breiter
Badesee mit breiten Sandstränden
im Norden und Osten
■ Der See wird stellenweise sehr
schnell tief, es gibt aber einen abge-
sperrten Bereich für Kinder.
■ weitläufige Liegewiesen mit vielen
Schatten spendenden Bäumen
■ In der Nähe der Badestellen gibt
es drei gut ausgeschilderte Parkplätze.
■ WC, Duschen, Kiosk und DLRG-
Wacht im Sommer
■ Grillplätze, Spielgeräte, Beach-
volleyballfelder
■ Rund um den See führt ein
schöner Spazierweg durch gepflegte
Parkanlagen.

Am Moorfleeter Deich, auf der Höhe
von Parkplatz 2 am Eichbaumsee, versorgt in einem alten Bauernhaus das
Restaurant **Zum Eichbaum** seine Gäste
mit den jeweiligen Produkten der Saison: Zur Weihnachtszeit kommen Gänse
auf den Tisch und im Frühling Spargel
mit Schinken. Während der Badesaison
genießt man auf der großen Terrasse
zum Kaffee auch köstliche hausgemachte Kuchen (Moorfleeter Deich 477,
Tel. 0 40/7 37 26 55, tgl. 12–21 Uhr). ○○

■ Der Boots- und Surfbetrieb sowie der Hundestrand wurden an die benachbarte Dove Elbe verlegt, sodass die Badenden am Eichbaumsee ungestört bleiben.

■ Information
■ **Anfahrt:** S 2, S 21 Mittlerer Landweg, ab dort Bus 321 Eichbaumsee; per Auto BAB 25, Ausfahrt Allermöhe
■ **Öffnungszeiten:** ständig frei zugänglich; Badeservice nur in der Sommersaison
■ **Preise:** kostenlos

Naturbad Stadtparksee
■ in den 1920er Jahren künstlich angelegter See, nahe bei dicht besiedelten Wohngebieten und gleichzeitig mitten im Grünen gelegen
■ 107 x 138 m großes Becken mit weiter Aussicht auf Bootsteich, Stadtparkwiese und Planetarium
■ Die Wasserqualität wird ausschließlich durch natürliche Frischwasserzufuhr geregelt.
■ Rasenflächen und Terrassen umschließen das Becken an drei Seiten, eine niedrige Mauer trennt das Bad vom Bootsverkehr (außerhalb des Bades in der Nähe Ruderboot- und Kajak-Verleih).
■ Tischtennisplatten, Beachvolleyballfeld, Spielplatz; am Kiosk Verleih von Strandliegen
■ »Schumachers Biergarten« grenzt unmittelbar ans Bad und ist während und nach der Badezeit beliebter Treffpunkt rund ums »Wünschherz«, durch das jeder seine geheimen

Wünsche direkt ins Universum schicken kann (Südring 5 b).

■ Information
Naturbad Stadtparksee,
Südring 5b, 22303 Hamburg,
Tel 0 40/18 88 90,
www.baederland.de
■ **Anfahrt:** U 3 Saarlandstraße
■ **Zeitplanung:** 2–3 Std.
■ **Öffnungszeiten:** Mai–Sept. tgl. 11–20 Uhr, bei schönem Wetter bis 21 Uhr
■ **Preise:** Erwachsene 2,50 €, Kinder 1,30 €, Familienkarten

Sommerbad Volksdorf
■ natürlicher Badesee mit Sandstrand auf einem 45 000 m² großen, naturgeschützten Wald- und Wiesengelände
■ Einziges FKK-Bad in Hamburg, gepachtet und bewirtschaftet vom Hamburger Bund für Freikörperkultur: Mitglieder (Vereinsmotto: »Wir sind nackt und sagen DU«) besitzen

Schlüssel und haben ganzjährig Zugang, Nichtmitglieder sind von Juni bis August willkommen, auch gern bekleidet.

■ Eine Pflanzenkläranlage reinigt das Seewasser, daher gute Wasserqualität und Sichttiefe.

■ Wasserrutsche, 1 m- und 3 m-Sprungbrett, beaufsichtigter Nichtschwimmerbereich

■ Spielplatz, Tischtennis, Boule, Tennis- und Beachvolleyballplätze

■ Zum Vereinsangebot gehören auch Fitness- und Yogakurse sowie Bogenschießen.

■ ganzjährig betriebene Sauna

■ von Juni bis August Restaurantbetrieb mit warmer Küche

■ **Information**
Sommerbad Volksdorf, Moorbekweg 100, 22359 Hamburg, Tel. 0 40/6 03 47 30
■ **Anfahrt:** U 1 Buchenkamp, 10 Min. Fußweg; Bus 375 Moorreder
■ **Zeitplanung:** 3–4 Std.
■ **Öffnungszeiten:** für Mitglieder ständig geöffnet, Nichtmitglieder Juni–Aug. tgl. 10.30–18.15 Uhr
■ **Preise:** Nichtmitglieder Erwachsene 3 €, Kinder 1,50 €, Mitglieder 13 €/Monat, Familie 17 €/Monat

Sportschwimmen in der Halle

In manchen Schwimmbädern ist das Geradeausschwimmen nicht einfach, weil viele Gäste zum Spaßbaden da sind und nicht unbedingt zum sportlichen Training. Umgekehrt kommen die sportlichen Schwimmer, die zügig ihre Bahnen ziehen wollen, den übrigen Badegästen manchmal schmerzhaft in die Quere. In einigen Bädern hat man sich daher etwas einfallen lassen, um eher fitnessorientierten Besuchern mehr Raum zu geben.

Kaifu-Bad

■ schöne Schwimmhalle in prächtigem Gründerzeitbau von 1895
■ Im ganzjährig beheizten 25 m-Außenbecken ist eine Schnellschwimmbahn abgeteilt.
■ 50 m-Bahnen und Sprunganlage (1 m, 3 m, 5 m und 10 m) im Freibad
■ Montag und Mittwoch Aquajogging: Laufbewegungen im tiefen Wasser mit Auftriebsgürtel
■ Frühschwimmclub für eher trainingsorientierte Gäste

Im mit schlichten Holzmöbeln ausgestatteten Gastraum des **Dilara** kommt türkische Mittelmeerküche auf den Tisch. Do und Fr ist Frischfischtag: Dorade, Loup de Mer oder Steinbeißer werden im Ganzen gegrillt und mit Mittelmeergemüse und Röstkartoffeln nach Art des Hauses serviert (Weidenstieg 24, Tel. 0 40/4 91 39 92). ○○

- Kurse in Kraul-, Delfin- und Rückenschwimmen
- zweimal wöchentlich offenes Triathlon-Training
- tgl. Aqua-Cycling: Radfahren im Wasser auf Spezialgeräten
- dienstags Schnuppertauchen und Scuba-Fit-Gerätetraining in Kooperation mit dem Barakuda-Tauchcenter (nur nach vorheriger Anmeldung unter Tel. 0 40/54 48 44)
- Sprunganlage mit 1 m-, 3 m-, 5 m-, 7,50 m- und 10 m-Turm
- Restaurant mit Getränken, kleinen Snacks und Kuchen im verglasten Raum neben dem großen Becken

■ Information
Kaifu-Bad, Hohe Weide 15, 20259 Hamburg, Tel. 0 40/18 88 90, www.baederland.de
- **Anfahrt:** U 2 Christuskirche
- **Zeitplanung:** 1–2 Std.
- **Öffnungszeiten:** Mo–Fr 9–24 Uhr, Sa, So 10–23 Uhr; Frühschwimmclub Mo–Fr 6.30–9 und 20–24 Uhr, Sa, So 8–10 und 20–23 Uhr; Freibad Mai–Sept. Mo–Fr 9–21 Uhr, Sa, So 10–21 Uhr
- **Preise:** Tageskarte Erwachsene 4,40 €, Kinder 2,20 €; Familienkarte; Sonderpreise für Frühschwimmer

Alster-Schwimmhalle
- Im 50 m-Becken sind immer mindestens zwei Bahnen für Schnellschwimmer reserviert.
- zusätzliche Bahn für Rückenschwimmer, donnerstags auch für Flossenschwimmer

Zur Alster-Schwimmhalle gehört ein modernes **Fitness-Studio,** das individuelle Trainingsmöglichkeiten speziell für Schwimmsportler bietet. Es kann von allen Badegästen genutzt werden, die eine 3-Stunden-Karte bzw. Sauna-Karte gelöst haben.

■ Information
Alster-Schwimmhalle, Sechslingspforte, Eingang Ifflandstraße, 22087 Hamburg, Tel. 0 40/18 88 90, www.baederland.de
- **Anfahrt:** U 1, U 2, Bus 35, 36 Lübecker Straße
- **Zeitplanung:** 1–2 Std.
- **Öffnungszeiten:** Mo–Fr 6.30–23, Sa, So 8–23 Uhr
- **Preise:** Erwachsene 1,5 Std. 5 €, Kinder 2,50 €; 3 Std. 5,80 € bzw. 2,90 €; Familienkarten

Yoga

Das erwartet Sie

■ Yogakurse für Kinder (Altersstufen 4–7 und 8–12 Jahre), Senioren, Anfänger und Fortgeschrittene
■ spezielle Yogastunden zur Bewältigung von Stress-, Rücken- und Gelenkproblemen
■ neben Körper- und Atemübungen auch Meditation und Entspannung
■ Tipps für eine ausgewogene Ernährung
■ Wochenend-Seminare und Aktionstage zu unterschiedlichen Gesundheitsthemen

»Yoga im täglichen Leben« ist ein ganzheitliches System auf der Basis des Hatha-Yoga, das im Alltag angewandt werden kann und soll. Es ist für alle Altersstufen geeignet und gibt auch untrainierten Personen die Möglichkeit zur Yogapraxis.

❗ Information
»Yoga im täglichen Leben«, International Sri Deep Madhavananda Ashram e. V., Mühlendamm 78–80, 22087 Hamburg, Tel. 0 40/5 11 90 74, www.yogaimtaeglichenleben.de
■ **Anfahrt:** U 2 Uhlandstraße
■ **Zeitplanung:** ca. 2 Std.
■ **Öffnungszeiten:** diverse Kurse in der Zeit von 7–22 Uhr
■ **Preise:** Probestunde kostenlos, Einzelstunde 9 €, Monatsbeitrag 32 €; Ermäßigungen

Ayurveda ist im Restaurant **Osho Ayu-Leela** Programm: Die indischen Gerichte sind nicht nur gesund – sie schmecken dank ihrer ausgewogenen Würze auch einfach göttlich (Mundsburger Damm 41, Tel. 0 40/2 29 81 09). ○○

sportspaß e. V.

1977 von einigen Freizeit-Volleyballern gegründet, mauserte sich sportspaß bis heute zum größten Freizeitsportverein Deutschlands. Das Geheimnis seines Erfolges: Sport wird hier in erster Linie zum Vergnügen getrieben, ganz ohne Leistungsdruck. sportspaß betreibt keine »Vereinsmeierei«, sondern bietet schlicht und einfach Dienstleistungen gegen

Geld – angesichts der Fülle von Angeboten zu beispiellos niedrigen Beiträgen. Und die Mitgliedschaft ist so flexibel, dass man problemlos aus- und wieder einsteigen kann.

Das erwartet Sie

■ über 1000 Sport-, Tanz- und Entspannungangebote. Die Palette reicht von Aerobic und Flamenco über Inline-Skaten und Rhönrad-Turnen bis zu Tango Argentino, Yoga und Zen-Gymnastik.
■ Nordic Walking-, Walking-, Lauf- und Wandertreffs
■ vier eigene Sportcenter mit Fitness-Studios und Saunen, dazu 80 angemietete Sportstätten im gesamten Stadtgebiet
■ sportliche Betätigung ohne Wettkämpfe und Leistungsdruck
■ frei wählbare Angebote statt verpflichtender Trainingszeiten
■ einmaliges kostenloses Probetraining gegen Vorlage des Personalausweises jederzeit möglich

■ Den Hunger des sportlichen Publikums am Berliner Tor stillt das »Rauschen Gourmet Bistro« mit deutschen und italienischen Gerichten auf der Basis saisonaler Zutaten.

■ **Information**
sportspaß e. V., Westphalensweg 11, 20099 Hamburg, Tel 0 40/4 10 93 70; hier Geschäftsstelle und Sportcenter Berliner Tor; weitere Sportcenter Mexikoring 7, 22297 Hamburg, Tel. 0 40/6 31 66 06; Paul-Nevermann-Platz 13, 22765 Hamburg, Tel. 0 40/39 80 88 80; Holsteinischer Kamp 87, 22081 Hamburg, Tel. 0 40/29 16 61; www.sportspass.de
■ **Öffnungszeiten:** alle Sportcenter Mo–Fr 9.45–22.30, Sa 9.45–19.30, So 9.45–22 Uhr (Mexikoring So nur bis 19.30 Uhr)
■ **Preise:** monatl. 8,25 €, Kinder bis 16 Jahre 4,25 €, Fitnessstudios und Saunen 15 € einmalige Aufnahmegebühr und Monatsbeitrag 26,50 €

Inline-Skaten und Skateboarden

Inline-Skaten ist eine vielseitige Sportart: geeignet für drinnen und draußen, für Jung und Alt, Singles oder die ganze Familie, für Basketball- oder Hockeyfans. Fachmännisches Training für jedermann – auch für Anfänger – bietet die Hamburger Inline-Skating Schule; Könner mischen sich unter die Skateboard-

fahrer und BMX-Radler im I-Punkt Skateland.

Hamburger Inline-Skating Schule

■ Kurse und gesonderte Trainingszeiten für alle Altersstufen
■ Anfänger- und Aufbaukurse, spezielle Schulungen: Bergab-Skaten,

Rückwärtslaufen, Drehungen, Tricks, Marathon, Skisportfitness auf Inlinern

■ Die Trainingskonzepte wurden von Sportwissenschaftlern der Hamburger Universität entwickelt.

■ Am Trainingsort (zwei Hallen der Universität, im Sommer auch im Freien) sind stets kompetente Lehrkräfte anwesend, die Tipps und Ratschläge erteilen.

■ Inline-Hockey- und Inline-Basketball-Training

■ Rückenschule auf Rollen

■ Events und Veranstaltungen auf Skates

Schlicht und modern ist das Ambiente im **Vapiano,** durch dessen Fensterfront man die Flaneure auf der Rothenbaumchaussee beobachten kann. Am Eingang werden Chipkarten ausgegeben, mit denen man sich zum Pasta-, Pizza- oder Salatbuffet begibt. Die Speisen werden vor den Augen der Gäste frisch zubereitet und auf der Karte addiert; auch Sonderwünsche erfüllen die Köche sofort (Rothenbaumchaussee 76, Tel. 0 40/36 11 17 80). ○○

■ **Öffnungszeiten:** tgl. ca. 3 Std. Übungszeit in der Halle; die Termine werden semesterweise festgelegt

■ **Preise:** Schnupperstunde kostenlos, Gastmitgliedschaft mit freier Wahl aller Trainingsmöglichkeiten 18 €/Monat, Kinder 10 €; Familien (1 Erwachsener, 1 Kind) 25 €/Monat

I-Punkt Skateland

■ 1500 m² Skatefläche in der Halle mit Halfpipe, Miniramp, Bowl, Handrails, diversen Quarterpipes und Banks

■ 1800 m² Außenfläche mit Doublewall und Channel, Dirtparcours und Jumpramps

■ zugelassen außer für Inliner auch für BMX-Räder und Skateboards; Skateboarder machen den größten Anteil der Besucher aus

■ Sonderzeiten für Kids, Ältere und Mädchen

■ **Information**
HIS Hamburger Inline-Skating Schule e. V., Mollerstr. 2 (Halleneingang Turmstr. 2), 20148 Hamburg, Tel. 0 40/4 28 38 36 05, www.inline-skating-schule.de

■ **Anfahrt:** U1 Hallerstraße

■ **Zeitplanung:** 1–2 Std.

- Aufenthaltsraum mit Videos, am Wochenende Live-DJs
- mehrmals jährlich Sportveranstaltungen, Shows, Contests
- kleines Bistro mit preiswerten Snacks, Süßigkeiten und Getränken

Information

I-Punkt Skateland, Spaldingstr. 131, 20097 Hamburg, Tel. 0 40/23 44 58
- **Anfahrt:** S 1, S 11, S 2, S 21, Bus 154, 160, 161 Berliner Tor
- **Zeitplanung:** halber Tag
- **Öffnungszeiten:** Mo–Fr 15–20, Sa, So und in den Schulferien 13–20 Uhr; Sa keine BMX-Fahrer zugelassen; jeden 1. Mo im Monat ab 18 Uhr nur für Mädchen; Mi ab 20 Uhr und Fr ab 21 Uhr für Erwachsene
- **Preise:** Mo–Do frei, Fr–So 2 € bis 17 Jahre, 3 € ab 18 Jahre, 4 € BMX-Fahrer

Klettern

Bei Klettern denkt man zunächst an die steilen Berghänge der Alpen, doch seit es künstliche Klettergärten gibt, lässt sich der Sport auch gut im Flachland trainieren. Während der Deutsche Alpenverein in Hamburg ein modernes, großes Indoor-Kletterzentrum zur Verfügung hat, kann man im HOGA Hochseilgarten im Wald von Geesthacht sein Gleichgewichtsgefühl und seine körperliche Geschicklichkeit an der frischen Luft testen und verbessern.

DAV-Kletterzentrum Hamburg

- 2000 m² Kletterfläche in zwei Hallen, davon 570 m² Außenkletterfläche
- ca. 300 Routen der Schwierigkeitsgrade 2 bis 10 an Beton- und Natursteinwänden
- Überhänge, Kamine, Piaz-Risse und ca. 1500 Griffstrukturen
- viel Platz zum Bouldern
- Möglichkeit, im Vorstieg selbst mobile Sicherungen wie Klemmkeile zu legen

❗ Vom DAV-Kletterzentrum führt ein kurzer Spaziergang entlang dem Schillingsbach mit seinen vielseitigen Biotopen zum Restaurant **Adria**. Hier wird man mit leckeren Balkanspezialitäten verwöhnt – im Sommer auch draußen auf der Gartenterrasse (Julius-Vosseler-Str. 77, Tel. 0 40/5 60 42 48). ◐◐

■ Schnupperkurse, Kletterkurse für Anfänger und Fortgeschrittene
■ Ausrüstungsverleih (Schuhe, Express-Schlingen, Gurt, Seil)

■ **Information**
DAV-Kletterzentrum Hamburg, Döhrnstr. 4, 22529 Hamburg, Tel. 0 40/60 08 88 66, www.kletterzentrum-hamburg.de; www.alpenverein-hamburg.de
■ **Anfahrt:** Bus 22, 39, 281, 391 Oddernskamp (zwei Stationen ab U 2 Hagenbecks Tierpark)
■ **Zeitplanung:** 2–3 Std.
■ **Öffnungszeiten:** Mo–Sa 10–23, So 10–22 Uhr
■ **Preise:** Tageskarte Erwachsene 13 €, Kinder 8 €, Ermäßigungen für DAV-Mitglieder; 2 Std. Schnupperkurs (inkl. Trainer, Eintritt, Gurt) 35 €

HOGA Hochseilgarten
■ 8000 m² großes Waldgelände zwischen Geestrand und Elbufer
■ fünf Kletterstrecken mit verschiedenen Schwierigkeitsgraden und Kletterhöhen: Der Kinder-Hochseilgarten ist maximal 2,40 m hoch; die

vier Strecken für Erwachsene haben die Levels 1–1,5 m, 4 m und 8 m. Bei den beiden Letzteren gibt es fünf Ausstiegsmöglichkeiten.
■ insgesamt 100 Teilstrecken, an deren Ende sich immer eine Ausruhplattform befindet
■ Die Plattformen sind durch Hängebrücken, Drahtseile, Schwebebalken, Schaukeln und Seilbahnen miteinander verbunden.
■ Vor dem Betreten des Parcours wird mit einer Aufsichtsperson zunächst das Sichern mit Gurt, Seil und Karabinern geübt.
■ Auf dem Gelände werden nur Getränke verkauft; ein Picknick ist mitzubringen.
■ Auf der Terrasse des nahen Restaurants »Krümmler Hof« hat man die Elbe im Blick; passend dazu gibt's für die Großen »Störtebekers Piratenplatte« – Zander, Lachs und Steinbeißer –, während die Kleinen sich »Krümmelmonsters Lieblingstaler« – Kartoffelpuffer mit Apfelmus – schmecken lassen (Elbuferstr. 72).

Information

HOGA Hochseilgarten, Elbuferstraße gegenüber Nr. 48 (Stadtwerke), Postanschrift Dünebergerstr. 83, 21502 Geesthacht, Tel. 0 41 52/8 07 30, www.hoga-hochseilgarten.de

■ **Anfahrt:** ab ZOB Geesthacht Bus 231 Pumpspeicherwerk
■ **Zeitplanung:** mind. 3 Std.
■ **Öffnungszeiten:** März–Nov. Di–So ab 10 Uhr, letzter Einlass 17 Uhr
■ **Preise:** Erwachsene 15 €, Kinder bis 10 Jahre 10 €, 11–16 Jahre 12 €

American Football

Martialisch erscheinen die Spieler des American Football mit ihrem Schulter- und Brustpolster unter dem Trikot und dem Helm mit Gesichtsmaske. Im Gegensatz dazu sehen die – überwiegend weiblichen – Cheerleader mit ihren schicken Röckchen, passendem Oberteil und Pompons an den Händen sehr ansprechend aus. Im eigenen Stadion der Hamburg Blue Devils zelebrieren diese beiden sportlichen Teams gemeinsam mit Musikern und Unterhaltungskünstlern sowie Zuschauern jeden Alters die äußerst unterhaltsame Show des American Football.

Das erwartet Sie

■ Einlass fürs Publikum zwei Stunden vor Spielbeginn
■ Musikgruppen, meist Hamburger Nachwuchsbands, sorgen für Unterhaltung.
■ Auf kleine Zuschauer warten ein Kindervarieté mit Kleinkünstlern und Zauberer sowie eine Hüpfburg.
■ Das Einlaufen der Spieler wird von den Fans stürmisch gefeiert.

■ Am Spielfeldrand bringen die tänzerischen und akrobatischen Kunststücke der Cheerleader Publikum und Spieler in Fahrt.
■ Die Gesamtspielzeit von 4 x 12 Min. wird nach einzelnen Spielzügen immer wieder für 10–15 Minuten unterbrochen, weswegen die Veranstaltung bis zu 3 Std. dauern kann. In den Pausen gibt es Musik zum Mitsingen oder Showeinlagen.
■ Schöne Geste der Fans: Nach Spielende wird der beste Spieler der eigenen und der gegnerischen Mannschaft gewählt.
■ Mehrere Getränkestände, Grills und Imbisse sorgen für das leibliche Wohl.

Das **Training** der Blue Devils ist öffentlich, und Fans sind dabei immer gerne gesehen. Es findet auf der Hockey-Anlage Hemmingstedter Weg in Hamburg-Osdorf statt, jeweils Di und Do ab 18.30 Uhr. Mit etwas Glück kann man auch ein Autogramm ergattern.

■ **Information**
Hamburg Blue Devils, eVendi-Arena, Memellandallee 7, 22769 Hamburg, Tel. o 40/ 85 15 88 05, www.h-b-d.de
■ **Anfahrt:** Bus 183, 283 Langenfelder Straße, S 2, S 21 Diebsteich
■ **Zeitplanung:** 5–6 Std.
■ **Öffnungszeiten:** 8–10 Spiele in der Saison von April–Okt.; Platzöffnung Sa ab 14 Uhr bei Spielbeginn 16 Uhr
■ **Preise:** Stehplatz 6,50 €, Sitzplatz 12–16,40 €

Indoor Kart

An der Straße Nedderfeld reihen sich Hamburgs Auto- und Motorradgeschäfte – genau der richtige Standort für eine Kartbahn. Wer einmal seine Fahrgeschicklichkeit auf einer Rennstrecke testen möchte, kann das in einer Riesenhalle auf einem ruhigen Hinterhof der Automeile tun.

Das erwartet Sie

■ 6000 m² große Halle mit 600 m langer Rennstrecke
■ Ein spezieller Rennasphalt sorgt für gute Bodenhaftung; das Bandensystem gleicht kleine Fahrfehler aus.
■ 40 Karts, darunter auch Kinderkarts in drei verschiedenen Größen und Doppelsitzer
■ Alle Fahrzeuge sind mit Katalysator und einem Rundum-Rammschutz ausgestattet.
■ Einweisung und Überwachung durch Streckenpersonal
■ Veranstaltung von Team- und Einzelrennen
■ Fun-Raum mit Spielgeräten, darunter ein Ferrari-Simulator
■ Vom Bistro mit kleinem Snack- und Getränkeangebot überblickt man das aktuelle Renngeschehen.

■ **Information**
Einsath Speed & Fun Karting GmbH, Nedderfeld 94, 22529 Hamburg, Tel. o 40/48 00 23 23, www.kartbahn-hamburg.de
■ **Anfahrt:** Bus 281 Nedderfeld Ost
■ **Zeitplanung:** ca. 1 Std.
■ **Öffnungszeiten:** Mo–Fr 11–23, Sa 9–24, So 9–23 Uhr
■ **Preise:** 10 Min. 12 €, 20 Min. 20 €, 30 Min. 25 €; Kinder 10 Min. 10 €; Doppelsitzer Erwachsener und Kind 12 Min. oder zwei Erwachsene 10 Min. 16 €; Schutzhandschuhe, Schutzhaube jeweils 2 €

Midnight Basketball

Die Idee Midnight Basketball stammt aus den USA: Um für Jugendliche mit wenig Geld kostenlose Freizeitmöglichkeiten zu schaffen, wurden in den späten Abendstunden leer stehende Sporthallen geöffnet. Engagierte Sportlehrer ermöglichen es seit 1996 auch Hamburger Jugendlichen, in der Nacht von Freitag auf Samstag Basketball zu spielen und ihre Freizeit so aktiv und mit Spaß zu gestalten.

Das erwartet Sie

■ zwei Stunden Basketball in der Stunde vor und nach Mitternacht
■ vorwiegend männliche Jugendliche unterschiedlichster Nationalität zwischen 18 und 22 Jahren
■ Im Hintergrund läuft Hip-Hop-Musik oder andere Musik-CDs, die die Spieler mitbringen.
■ Ausgebildete Trainer verraten Tipps und Tricks.
■ Mitmachen ganz spontan; Zuschauen und Zuhören – kein Problem!
■ Von Zeit zu Zeit finden Basketball-turniere statt.

■ **Information**
Straßensozialarbeit Horn, Schule Hermannstal, Hermannstal 82, 22119 Hamburg, Tel. 0 40/6 55 14 74, www.straso-horn.de
■ **Anfahrt:** U3 Legienstraße
■ **Zeitplanung:** 2 Std.
■ **Öffnungszeiten:** Fr 23–1 Uhr
■ **Preise:** kostenlos

Beim nahen **Döner-Treff** kann man sich mit türkischen Snacks stärken; der blitzsaubere, allzeit helle Imbiss bietet von 7 bis 1 Uhr nahezu Rundumversorgung (Billstedter Hauptstr. 15–18). ○

Bowling

Man braucht 2, 4 oder bei Mannschaftsspielen bis zu 5 Spieler an einer Bahn; die 60 Fuß-Holzbahn (18,30 m) ist 1,07 m breit, an ihrem Ende sind 10 Pins (Kegel) in einem gleichseitigen Dreieck aufgestellt. Nach einem Vier-Schritt-Anlauf rollt der Spieler eine Kugel mit drei Grifflöchern in die Bahn, um so viele Pins wie möglich zu Fall zu bringen; er hat pro Runde (Frame) zwei Würfe. Eine Spielrunde erstreckt sich jeweils über zehn Frames.

Das erwartet Sie

■ eine der größten Bowlinghallen Europas mit 44 Bahnen
■ Ballrücklauf, Aufstellung der Pins, Punktzählung laufen automatisch.
■ Bowlingkugeln von unterschiedlicher Schwere (6–16 engl. Pfund) stehen kostenlos zur Verfügung.
■ Der polierte Fußboden des Anlaufs erfordert Bowlingschuhe; sie können gegen Gebühr ausgeliehen werden.
■ Turniere und Meisterschaften, auch eine Hausliga ist in Planung.

Breakfast Bowling heißt ein Angebot, bei dem man von 10–11 Uhr frühstücken und anschließend bowlen kann. Im Preis von 14,50 € sind das Frühstücksbuffet, zwei Spiele und Leihschuhe inbegriffen.

■ an jedem Wochenende Moonlight-Bowling mit Verlosung bzw. Disko-Bowling mit tollen Lichteffekten
■ Restaurant mit umfangreicher Speisekarte, jeden Sonntag Frühstücksbuffet

■ **Information**
Gilde Bowling forty-four,
Baurstr. 2 (im Othmarschen Park beim UCI-Kino), 22605 Hamburg,
Tel. 88 12 85 55,
www.gildebowling.de
■ **Anfahrt:** Bus 1, 150, 250 AK Altona
■ **Zeitplanung:** 2 Std.
■ **Öffnungszeiten:** Mo–Do 14–1 Uhr, Fr 14 Uhr–open end, Sa 11 Uhr–open end, So 10 Uhr–open end; Fr Moonlight- und Sa Disko-Bowling jeweils ab 23 Uhr
■ **Preise:** gestaffelt nach Tageszeit und Wochentag: Mo–Do 10–17 Uhr pro Spiel und Person 2,80 €, danach 3,80 €; Fr 2,80 €/4,10 €; Sa, So bis 14 Uhr 2,60 €, 14–17 Uhr 3,50 €, danach Sa 4,10 €, So 3,80 €; Leihschuhe 1,60 €

Nordic Walking Park Alstertal

Nordic Walker bevorzugen weiche Wege: Der Boden federt beim Gehen schön unter den Füßen, und die Stöcke klappern weniger. Für ernsthafte Walker ist es weiterhin praktisch zu wissen, wie lang die Wegstrecken sind, und Anspruchsvolle wünschen sich auch ein paar Steigungen. All diese Anforderungen – und noch einige mehr – erfüllt der Nordic Walking Park Alstertal.

Das erwartet Sie

■ 10 verschiedene Laufstrecken mit einer Gesamtlänge von über 20 km zwischen Klein-Borstel und dem

Golfplatz Treudelberg, bei Dunkelheit nur stellenweise beleuchtet

■ Auf schweren Granitsteinen sind 27 Wegpunkte markiert, mit deren Hilfe Besitzer eines GPS-Empfängers ihre Touren optimal vorbereiten und auswerten können.

■ Die Sand- oder Kieswege folgen dem Verlauf des ebenen, landschaftlich sehr abwechslungsreichen Alsterwanderwegs; im mittleren Teil gibt es einige Steigungen.

■ Die Strecke ist frei zugänglich; für das Golfplatzgelände besorgt man sich am Sportcenter im Hotel Treudelberg kostenlos eine Münze, mit der sich die Pforte Richtung Golfplatz öffnen lässt.

■ Die Initiatoren des Nordic Walking Parks, Fa. Globetrotter und Hotel Treudelberg, bieten auch Kurse und Beratung.

■ An allen Startpunkten befindet sich zumindest ein Restaurant.

■ **Information**

Steigenberger Hotel Treudelberg, Lemsahler Landstr. 45, 22397 Hamburg, Sportcounter Tel. 0 40/60 82 25 00,

www.treudelberg.com; Globetrotter, Wiesendamm 1, 22305 Hamburg, Tel. 0 40/29 12 23, www.globetrotter.de

■ **Anfahrt:** Startpunkt Klein-Borstel: U 1 Klein Borstel, 600 m Fußweg; Startpunkt Wellingsbüttel: S 1 Wellingsbüttel, 1000 m Fußweg; Startpunkt Treudelberg: Bus 176, 276 Treudelberg

■ **Öffnungszeiten:** ständig frei zugänglich

■ **Preise:** kostenlos

Boule

Boule, das Spiel mit Metallkugeln, die einer kleineren Zielkugel möglichst nahe kommen sollen, hat viele Varianten. Durchgesetzt hat sich das Pétanque, bei dem die Spieler ihre

Kugeln aus dem Stand rollen oder werfen. Eine unkomplizierte Sportart für draußen: Jeder einigermaßen ebene, feste Sandplatz ist geeignet. Zum Boule-Training in der Wintersaison steht die HRC-Boulehalle allen Interessenten offen.

Das erwartet Sie

■ Sandfläche mit zehn Spielbahnen in einer ehemaligen Schulturnhalle mit schönen Bogenfenstern

■ zwei weitere Bahnen auf dem Schulhof

■ Neulinge sind willkommen, werden gern eingewiesen und erhalten Probekugeln.

■ Die Sportkleidung kann ruhig salopp sein, um Verletzungen zu vermeiden, darf jedoch nicht barfuß gespielt werden.

■ Vom freundlichen Bistro aus kann man das Geschehen in der Halle überblicken; neben Getränken gibt

es kleine Snacks wie belegte Brote, Quiche und – natürlich – Bouletten.

■ **Information**

HRC-Boulehalle Hamburg, Langenhorner Chaussee 142, 22415 Hamburg, Tel. 01 74/ 1 44 95 02 (während der Hallen-Öffnungszeiten), www.boulehalle-hamburg.de; für Spiele draußen: www.petanque-nord.de

■ **Anfahrt:** Bus 292 Wischhöfen, U 1 Langenhorn Markt

■ **Zeitplanung:** 2 Std. und mehr

■ **Öffnungszeiten:** Okt.–Ostern Mo, Mi, Do 18–23 Uhr, Fr 18–open end, Sa 14–24, So 14–22 Uhr

■ **Preise:** Erwachsene 5 €, Jugendliche bis 18 Jahre in Begleitung frei

Golf jenseits der Golfplätze

Golf ist in Hamburg populär: Mehr als 30 000 Menschen spielen hier auf rund 40 Anlagen. Doch nicht jeder schätzt das Drumherum mit Polohemden, Karohosen und teuren Clubmitgliedschaften. Der Spaß am Sport steht bei den Crossgolfern im Vordergrund, die auf Kleiderordnung und

Handicaps verzichten. Auch die Betreiber der Golf Lounge haben mit herrschenden Konventionen gebrochen – es gibt keine Aufnahmegebühr oder Range Fee; stattdessen zahlen die Gäste per Ball. Die niedrigen Preise sind auch für Jugendliche erschwinglich.

Üblicherweise wählen die Crossgolfer als letztes Loch eine Bar oder einen entsprechend gemütlichen Ort, wo man nach dem Spiel noch zusammensitzt und das gelungene Event feiert.

Crossgolf

■ Crossgolfer kennen weder Spielregeln noch Kleidervorschriften – jeder trägt, was er möchte.

■ Die Ausstattung ist unaufwändig und besteht meist aus gebrauchten Golfschlägern und ausgedienten

Natural Born Golfers,
Neuer Kamp 9, 20359 Hamburg,
Tel. 0 40/8 51 29 85,
www.naturalborngolfers.com

■ **Anfahrt:** Der Spielort wird individuell per E-Mail mitgeteilt, um öffentliches Aufsehen zu vermeiden.

■ **Zeitplanung:** 2–8 Std., je nach Lust der Teilnehmer

■ **Zeiten:** in der Regel am Wochenende, genaue Termine werden per E-Mail übermittelt.

■ **Preise:** kostenlos; bei Turnieren 25 € Startgeld; die Crossgolfer finanzieren sich über freiwillige Spenden.

Golf Lounge Driving Range

■ 30 wettergeschützte Abschlagplätze auf drei Stockwerken eines nach Osten offenen Stahlgebäudes

■ 175 m langer Fairway mit drei Zielgrüns und diversen anderen Zielmöglichkeiten.

■ neben dem Fairway Putting Green mit Übungsbunker und Pitching-Area

■ Es gibt weder Range Fees noch Mitgliedschaften; stattdessen bekommt man am Empfang eine personalisierte Chipkarte, von der Bälle, Trainerstunden und Leihschläger abgebucht werden.

■ Golfunterricht für Einsteiger und Fortgeschrittene, Einzel- und Gruppentraining

■ samstags und montags spezielles Pilates-Training für Golfer

■ kleine Coffee Bar mit Getränken und Snacks, die auf Wunsch auch an den Abschlag serviert werden

Golfbällen. Eigens für Crossgolf wurden Bälle erfunden, die sich nach einigen Tagen im Wasser auflösen.

■ Gespielt wird querfeldein, z. B. in stillgelegten Industrieanlagen, auf Baustellen oder im Hafen, nur Golfplätze sind ausgenommen.

■ Das Ziel wählt man sich selbst: ob Container, Baggerschaufeln oder Autowracks – erlaubt ist, was gefällt.

■ Jeder Spieler schlägt seine drei individuell markierten Bälle wenn möglich bis zum Ziel. Der Sieger wird jedoch nicht nach Punkten, sondern nach Kategorien wie »Hardest Try« oder »Best Entertainment« gekürt.

■ Spontan mitmachen kann jeder; wer nicht golfen kann, bekommt kostenlos Unterricht von Mitspielern.

■ **Information**
Golf Lounge Driving Range, Billwerder Neuer Deich 40, 20539 Hamburg, Tel. 0 40/81 97 87 90,
www.golflounge.info
■ **Anfahrt:** Bus 120 Richtung Zoll-
vereinstraße bis Billhorner Röhrendamm, S 1, S 21 Rothenburgsort,
von dort 10 Min. Fußweg
■ **Zeitplanung:** 1–2 Std.

■ **Öffnungszeiten:** Mo–Fr 7–22,
Sa, So 7–20 Uhr, Gastro- und Emp-
fangsbereich ab 9 Uhr
■ **Preise:** GuestCard 8 € für 50 Bälle,
personalisierte FriendCard ab 25 €
für 175 Bälle; All-you-can-play-Tages-
karte Mo–Fr 12 €, Sa, So 18 €; Leihschläger 2 €, ganzer Schlägersatz
8 €; Einsteigerkurs 2 Std. 29 €, Platz-
reifekurs 8 x 2 Std. 199 €

Eichenhof Reit- und Fahrstall

Der Eichenhof Reit- und Fahrstall liegt
in Duvenstedt nahe der Stadtgrenze.
Wo in Hamburgs Nordosten zahlreiche Naturschutzgebiete in das an-
grenzende Schleswig-Holstein über-
gehen, bieten sich Reitern besonders
abwechslungsreiche Ausritte durch

Moorlandschaft, ausgedehnte Wälder, Felder und Wiesen. Auch Kutschfahrten sind hier möglich.

Das erwartet Sie
■ Ausritte und Pferdeverleih an
Reiter mit guten Reitkenntnissen/
Reiterpass
■ 20 x 40 m große Reithalle und
überdachter Reitplatz
■ Als Ausreitgelände dienen auch
Duvenstedter Brook, Naturschutz-
gebiet Wittmoor, Rader Wald oder
Tangstedter Forst.
■ Reitstunden auf Ponys und Pferden
für Erwachsene und Kinder ab 7 Jahre
■ Gruppen- und Einzelunterricht
■ Voltigiergruppen
■ Ponyführen am Hof oder in der
umliegenden Landschaft
■ Kutschfahrten für 12–18 Personen
■ Snacks und Getränke serviert
die Gaststube »Schimmelreiter« mit
Fenstern auf die Reithalle (Mo–Fr
ab 16/17, Sa ab 11, So ab 13 Uhr).

■ **Information**
Eichenhof Reit- und Fahrstall,
Puckaffer Weg 14 b, 22397 Hamburg,
Tel. 0 40/6 07 08 66,
www.reitstall-eichenhof.de
■ **Anfahrt:** Bus 176, 276, 478 Lohe
■ **Öffnungszeiten:** tgl. n. V.

■ **Preise:** Ausritte 60 Min. 15 €,
Kinder 12 €; Ponyführen 30 Min. 6 €
selbst geführt, 9 € bei Führung durch
Reitstall-Personal; Kutschfahrten pro
Std. 50 €; Reitstunde an der Longe
30 Min. Einzelunterricht 16 €, Kinder
14 €, Gruppenunterrricht 15 €/12 €

Fallschirmspringen

Im freien Fall der Erde entgegen-
rasen, dann am geöffneten Fallschirm
langsam niederschweben: Diese Erfahrung war früher jenen vorbehalten, die nach theoretischer und prak-
tischer Ausbildung eine Sprunglizenz
erworben haben. Bei einem Tandemsprung kann der alte Menschheits-
traum vom Fliegen jedoch für jedermann Wirklichkeit werden.

Das erwartet Sie

■ Ein erfahrener Sprunglehrer berei-
tet in einer 20-minütigen Einweisung
auf den Sprung vor.
■ Von einer Cessna Grand-Caravan
wird man anschließend in ca. 15 Min.
auf 4000 m Höhe geflogen.
■ Nach dem Absprung folgen 50 Sek.
freier Fall, wobei man eine Geschwindigkeit von 200 km/h erreicht.
■ In etwa 1500 m Höhe öffnet der
Tandemmaster den Fallschirm, an
dem man ca. 5–7 Min. bei schönem
Rundumblick schwebt, bevor man
sanft wieder auf dem Boden landet.
■ Auf Wunsch ist ein Kameramann
beim Tandemsprung dabei und sorgt
mit atemberaubenden Freifall-Auf-
nahmen für bleibende Erinnerungen.
■ Beim Sprung sollte man Sport-
schuhe und bequeme Kleidung tragen; Overall, Helm und Sprungbrille
werden gestellt.
■ Wer Feuer gefangen hat, kann das
Fallschirmspringen erlernen.

■ **Information**
Albatros Skyworld, Flugplatz
Hartenholm, 24640 Hasenmoor,
Tel. 0 41 95/ 9 97 70,
www.my-skyworld.de

Im mit alten Möbeln eingerichteten Gastraum des Restaurants **Schaapskroog** wird Holsteiner Küche serviert. Das berühmte Sauerfleisch gibt es hier in vier Varianten: von der Lammkeule, vom Kaninchen, Schwein oder Wild (Schafhaus-Bark, Tel. 0 45 58/6 00, Do–Di 11–14.30 und ab 17.30 Uhr). ∞

■ **Anfahrt:** BAB 7 Ausfahrt Bad Bramstedt, von dort ausgeschildert
■ **Zeitplanung:** 2–3 Std., Anmeldung 1 Woche vorher empfohlen, aber auch Kurzentschlossene haben Chancen.
■ **Sprungbetrieb:** April–Okt. Di–So 9–21 Uhr bzw. Sonnenuntergang
■ **Preise:** Einzelsprung Mo–Fr 185 €, Sa, So 199 €, Videoaufnahme 95 €

Schlittschuhlaufen

Die zugefrorene Außenalster, auf der Zehntausende Schlittschuh laufen und sich an Glühweinständen und Würstchenbuden mitten auf dem Eis aufwärmen, kennen manche nur vom Hörensagen: Immer seltener werden die Winter mit lang anhaltenden starken Frösten, bei denen sich die offenen Gewässer in natürliche Eisbahnen verwandeln. Doch zum Glück besitzt Hamburg auch künstliche Eisbahnen wie jene in den Großen Wallanlagen.

Das erwartet Sie
■ Europas größte Freilufteisbahn mit 4300 m² Fläche
■ Neben der »großen Runde« ist meist Platz für Spiele und Figurenlaufen am Rand.
■ Musikbegleitung am Sonntagvormittag; Diskomusik in der letzten Laufzeit; jeweils 20 Min. Musik nach Wahl aus Automaten gegen Münzeinwurf
■ Anfängerkurse im Schlittschuhlaufen
■ Schlittschuhverleih, Schleifservice
■ Maskenball am Ende der Saison
■ Kiosk-Imbiss und Bistro mit Snacks und warmen Gerichten im Empfangsgebäude

▶ Information
Kunsteisbahn Große Wallanlagen, Holstenwall 30, 20355 Hamburg, Tel. 0 40/3 17 47 39, www.eisbahn-wallanlagen.de, www.eisbahn.info
■ **Anfahrt:** Bus 112 Handwerkskammer, U 2 Messehallen, U 3 St. Pauli
■ **Zeitplanung:** 2 Std.
■ **Öffnungszeiten:** Mitte Okt.–Mitte März tgl. vier Laufzeiten: 10–12, 13–15, 16–18, 20–22 Uhr
■ **Preise:** Erwachsene 3,10 €, Kinder bis 13 Jahre 2,05 €, Wochenend-Familienkarte 7,50 €; Leih-Schlittschuhe pro Laufzeit 4 €, Schleifservice 2 €

Wellness

Völlig ausgepowert? Schlechtes Wetter? Schlecht drauf? Dann ist es Zeit, etwas für sich zu tun. Es gibt so viele wundervolle Möglichkeiten zur Entspannung. Ob Sie sich im Thermalwasser aalen, eine Massage genießen oder fernöstliche Entspannungstechniken ausprobieren wollen – Sie werden sich danach bestimmt wieder pudelwohl fühlen.

Nivea Haus

Blaue Dose, weißer Schriftzug: In Hamburg begann vor fast 100 Jahren die Erfolgsgeschichte der preiswerten, schneeweißen Hautcreme, die 2006 gemeinsam mit einer großen Palette weiterer Nivea-Produkte einen eigenen Flagshipstore erhielt: das Nivea Haus am Jungfernstieg. Inmitten der hektischen Hamburger Innenstadt stellt es eine Oase der Ruhe dar, denn es ist zugleich Day Spa: Hier schüttelt man bei Massagen, Bädern und Kosmetikbehandlungen kurzzeitig den Alltag ab – nach bewährter Nivea-Manier: Die Preise sind moderat, diverse Beratungen sogar kostenlos.

Das erwartet Sie
■ Styling-Bereich für Haare und Gesicht vor dem Hintergrund projizierter Meereswellen
■ Schaum- und Ölmassagen sowie Sommerregendusche im elegant gekachelten Raum »Brandung«
■ Shiatsu-Massage und hawaiianische Lomi-Lomi-Massage im Raum »Ebbe und Flut«

Zum »7. Himmel« im Obergeschoss gehört auch ein verglaster Ruhebereich, in dem man vor oder nach einer Kosmetikbehandlung bei einem Tässchen Kaffee und entspannender Musik den herrlichen **Blick auf die Binnenalster** genießen kann.

■ Haut- und Haaranalyse in der niveablauen Forschungskugel
■ Öl- und Aromabäder im »7. Himmel«, dem verglasten Obergeschoss. Die Fensterfront bietet einen weiten Ausblick auf Binnenalster und Jungfernstieg, ohne dass ein Einblick von draussen möglich wäre.
■ die gesamte Nivea-Produktpalette, präsentiert in urlaubslockerer Strandatmosphäre
■ In der modernen Café-Bar im Erdgeschoss werden Kaffeespezialitäten, Tee und kalte Getränke serviert.

■ Information
Nivea Haus, Jungfernstieg 51, 20354 Hamburg, Tel. 0 40/82 22 47 40, www.NIVEA.de/haus
■ **Anfahrt:** U 1, U 2, S 1, S 2, S 3 Jungfernstieg, U 2, Bus 4, 5, 36, 109 Gänsemarkt
■ **Zeitplanung:** 15–90 Min.
■ **Öffnungszeiten:** Mo–Sa 10–20 Uhr
■ **Preise:** je nach Behandlung 9–69 €

Natural Bodycare Center

Das Wellness-Zentrum des Marriott Hotels befindet sich im zweiten Untergeschoss – aber keineswegs in einem dunklen Keller, der auf Kunstlicht angewiesen wäre. Tageshelligkeit strömt durch große Glasscheiben in den hohen Raum des Pools. Es gibt sogar eine kleine hölzerne Terrasse neben einem plätschernden Teich; dort rankt Efeu an den Wänden, und auf den Liegen blickt man in aller Ruhe in Hamburgs Himmel.

Das erwartet Sie

■ Thalasso-Körperbehandlungen (Meersalzpeelings, Algen-Körpermasken u. a.)
■ Okkaido-Bäder bei Temperaturen von 38–45 °C mit zusätzlicher Sauerstoff- und Kohlensäure-Zufuhr
■ Massagen mit entspannenden oder anregenden Ingredienzen, z. B. Hot Chocolate
■ siamesische Kräuterstempel-Massagen
■ Beautybehandlungen, Maniküre, Fußpflege

■ großzügiger Pool im Zentrum der Wellness-Anlage
■ Ruhezone im Freien oder innen mit Blick auf Pool und Außenbereich

■ Information
Natural Bodycare Center im Marriott Hamburg, ABC-Str. 52, 20354 Hamburg, Tel. 0 40/34 34 77
■ **Anfahrt:** U 2 Gänsemarkt
■ **Zeitplanung:** mindestens 30 Min.
■ **Öffnungszeiten:** Mo–Sa 9.30–20, So 12–18 Uhr
■ **Preise:** Eintritt 15 €, Anwendungen je nach Art und Zeitaufwand, Massage 30 Min. ab 40 €

In der noblen Einkaufspassage Hanse-Viertel lockt neben diversen Cafés und Restaurants auch ein **Hummerstand:** Zu Austern, Langusten, Hummern und anderen Meeresfrüchten genießen die Kunden hier gern ein - Gläschen Prosecco oder Champagner (Große Bleichen/Poststr. 36). ○○

Raffles Amrita Spa

Das Raffles Amrita Spa gehört zu einer internationalen Gruppe von Wellness-Zentren, die sich strengen Qualitätskriterien unterwerfen und Wellness sehr umfassend begreifen. Gesunde Ernährung, Entspannung von Körper und Seele, physische Kräftigung und Kosmetik nach neuesten medizinischen Erkenntnissen bietet dieser Jungbrunnen im Raffles Hotel Vier Jahreszeiten, der zu den »Leading Spas of the World« zählt.

Vor dem Hoteleingang liegt die **Jahreszeiten-Terrasse** vor Anker, ein schwimmendes Café-Restaurant auf einem Ponton. Kleine, leichte Snacks wie Salate oder Bagels mit Frischkäse und Lachs überwiegen, aber auch Bratwurst mit Speckkartoffelsalat findet man auf der Karte (Tel. 0 40/34 94 33 44). ∞

Das erwartet Sie

■ umfangreiche Palette östlicher und westlicher Massagetechniken
■ Körperbehandlungen vom Peeling über Moorpackungen bis zur Thalassotherapie
■ auf den Klienten abgestimmtes Personal Training, u. a. Yoga, Pilates, Konditionstraining, Selbstverteidigung, Meditation, Feldenkrais
■ Schönheitspflege mit MBR-Produkten auf der Basis hoch dosierter Hightech-Wirkstoffe
■ Wellness-Pakete von zwei Stunden bis zu einem Tag, auf Wunsch mit Tageszimmer oder Übernachtung im Raffles Hotel Vier Jahreszeiten
■ leichte, euro-asiatische Spa-Küche im Hotelrestaurant »Doc Cheng's«

■ Information

Raffles Amrita Spa, im Raffles Hotel Vier Jahreszeiten, Neuer Jungfernstieg 9–14, 20354 Hamburg, Tel. 0 40/34 94 31 90; für Arrangements mit Hotelzimmer Tel. 0 40/ 34 94 31 51, www.raffles-hvj.de, www.leadingspasoftheworld.com
■ **Anfahrt:** U2 Gänsemarkt, S1, S2, S3, U1, U2 Jungfernstieg
■ **Zeitplanung:** Tagesgästen steht der Spa-Bereich bei Anwendungen ab 1 Std. und 25 Min. zur Verfügung
■ **Öffnungszeiten:** Mo–Fr 6.30 bis 22.30, Sa, So 7–21 Uhr
■ **Preise:** je nach Behandlung, im Durchschnitt ca. 100 € pro Stunde

Club Olympus Spa & Fitness

Wer in der Nähe der hektischen Mönckebergstraße arbeitet, wünscht sich in der Mittagspause oder nach der Arbeit vielleicht ein bisschen Ruhe. Einen entspannenden Kurzurlaub für Körper und Geist kann man sich im Club Olympus im Fünf-Sterne-Hotel Park Hyatt gönnen. Der Name lässt zunächst Leistungssport assoziieren, aber die großzügige Anlage punktet nicht nur mit Fitness-Geräten, sondern besitzt neben einem der größten Hotelpools der Stadt auch das Beauty & Body Spa für Entspannung und Schönheit.

Das erwartet Sie

- 1000 m² großer, exklusiver Wellness-Bereich mit 20 x 7 m großem Schwimmbecken und Whirlpool
- türkisches Dampfbad, finnische Sauna und Sanarium (50 °C) mit speziellen Licht- und Klangeffekten
- Fitness-Raum mit modernsten Geräten, Aerobic- und Pilateskurse
- fernöstliche Massagen wie etwa Tuina-Massage, Yoga, Tai Chi, Chi Gong
- Kosmetikbehandlungen mit Produkten von Decléor
- dreimal wöchentlich Aqua-Fitness

■ Information

Club Olympus Spa & Fitness, Bugenhagenstr. 8, 20095 Hamburg, Tel. 0 40/33 32 17 36, www.hamburg.park.hyatt.com
- **Anfahrt:** Bus Hbf.-Mönckebergstr.
- **Zeitplanung:** mindestens 1 Std.
- **Öffnungszeiten:** Mo–Fr 6.30 bis 22.30, Sa, So 7–22 Uhr
- **Preise:** Tageskarte 30 €

Wellness umfasst auch eine gesunde Ernährung: Spezialität des Hotel-Restaurants **Apples** sind frische saisonale Gerichte, bei denen regionale Produkte eine wichtige Rolle spielen. Zubereitet werden sie vor den Augen der Gäste in der offenen Showküche (Tel. 0 40/33 32 12 34). ○○

Energy Clinic und P.I.A. Athlethicum

Das gediegene Kempinski Hotel Atlantic bietet in seinem schlossähnlichen Gebäude an der Außenalster zwei sehr exklusive Wohlfühl-Konzepte: Die sportlich-medizinische Variante ist das P.I.A. Athleticum – helle, minimalistisch gestylte Trainingsräume mit Alsterblick im Hochparterre. Im 5. Stock sowie in einem Meditations- und Behandlungsraum im Dachgeschoss aktiviert die Energy Clinic verschüttete Energiepotenziale nach Erkenntnissen aus fernöstlicher Medizin und Philosophie.

Das erwartet Sie

- im P.I.A. Athlethicum innovatives Zirkeltraining aus Pilates, Gyrotonic und Yoga
- Einzeltraining oder kleine Gruppen von maximal 8 Personen
- in der Energy Clinic 5-Elemente-Lifestyle-Check zur Ermittlung des persönlichen Energieprofils
- Tiefenentspannungsprogramme wie die natürliche Relaxation (Shen Qi)
- mehr als 15 verschiedene Massagen, darunter die besonders

■ Information
Kempinski Hotel Atlantic, An der
Alster 72–79, 20099 Hamburg;
Energy Clinic Tel. 0 40/2 88 88 46,
www.energyclinic.com;
P.I.A. Athlethicum (Eingang Ecke
Alstertwiete), Tel. 0 40/28 80 48 89,
www.athlethicum.de

■ Anfahrt: U-/S-Bahn Hauptbahnhof, Bus 112 Ferdinandstor, 5 Min.
Fußweg bis Holzdamm

■ Zeitplanung: mindestens 40 Min.

■ Öffnungszeiten: P.I.A. Athleticum
tgl. 6–23 Uhr (nur nach Voranmeldung); Energy Clinic Mo–Sa 7–22,
So 8–20 Uhr

■ Preise: P.I.A. Athleticum: Probetraining 50 €/Std., Energy Clinic:
90 Min. Instant Rejuvenation mit
Pool- und Saunabenutzung ab 88 €;
Rabatte bei Nutzung beider Studios

wirkungsvollen 4- bis 10-Hand-
Synchronmassagen
■ Kosmetikbehandlung mit aus-
schließlich natürlichen Präparaten
■ Das gediegene Hotel-Restaurant
»Atlantic« schafft den Spagat
zwischen junger »wilder Küche«
und bewährter Tradition.

Beautyfarm Steigenberger Hotel Treudelberg

Ein 18-Loch-Golfplatz, Tennisplätze
und ein Nordic-Walking-Park gleich
hinter dem Haus: Das Steigenberger
Hotel Treudelberg hat eine betont
sportliche Note und liegt zwischen
einer Alsterschlaufe und dem lang
gestreckten Kupferteich in Hamburgs
grünem Nordosten. Gästen der Beautyfarm stehen auch die Einrichtungen
des angeschlossenen Country Club
offen: Mit Fitness-Zentrum, Schwimmbad und Saunen hat er großstädti-
sche Dimensionen, ist aber eingebettet in herrliche Natur.

Das erwartet Sie
■ Pool mit Gegenstromanlage und
Tageslicht
■ schöner Saunabereich mit Türkischem Dampfbad, Finnischer Sauna
und Biosauna (50 °C)
■ im Fitness-Bereich professionelles
Training mit modernsten Geräten
■ individuell abgestimmte Schön-
heitsprogramme für Körper und
Gesicht
■ klassische Massagen, Ayurveda-
und Shiatsumassagen, Hot Stone-
Behandlungen

- Friseursalon mit Nagelstudio
- Beauty-Packages mit und ohne Hotelübernachtung
- Für den großen und kleinen Hunger sorgt das rustikale Clubrestaurant mit schöner Sommerterrasse.

Information
Steigenberger Hotel Treudelberg Golf & Country Club Hamburg, Lemsahler Landstr. 45, 22397 Hamburg, Tel. 0 40/60 82 20,
Beauty Farm Tel. 0 40/60 82 25 10, www.treudelberg.com
- **Anfahrt:** Bus 276 Treudelberg
- **Zeitplanung:** mindestens 20 Min.
- **Öffnungszeiten:** Country Club 6–22 Uhr (für Tagesgäste ab 9 Uhr),

Beautyfarm Termine nach Vereinbarung
- **Preise:** Tageskarte Country Club 20 €, Massagen ab 21 €, Beautytag mit diversen Behandlungen inkl. Country-Club-Besuch 190 €

> Noch nie **Golf** gespielt? In fünfstündigen Gruppen-Anfängerkursen nutzt man unter fachlicher Anleitung die Driving Range und den Pitch & Putt-Kurzplatz und hat eine unbegrenzte Anzahl von Übungsbällen zur Verfügung, dazu gibt es ein Essen im Clubrestaurant und ein Abschlussturnier (95 €, Tel. 0 40/60 82 25 00).

Steigenberger Day Spa Hamburg

Auf der Fleetinsel zwischen Alster- und Herrengrabenfleet, im Herzen der City, liegt das Fünf-Sterne-Hotel Steigenberger Hamburg. Die Wohlfühl- und Sportanlagen befinden sich dort, wo man die teuersten und exquisitesten Lofts der Stadt hätte einrichten können: im 5. und 6. Geschoss. Ausblicke, von denen man nur schwärmen kann! Nordwärts schaut man über Fleet und Dächer bis zur Binnenalster, südwärts zum Hafen, bei klarer Sicht reicht der Blick bis zu den Harburger Bergen. Trainiert wird hinter gläsernen Schiebetüren oder bei gutem Wetter draußen auf der Terrasse.

Das erwartet Sie
- sehr großzügig bemessene, schlicht-aparte Behandlungsräume und Ruhezonen

■ Ayurvedabehandlungen durch eine indische Massage-Therapeutin
■ breites Spektrum an Massagen und kosmetischer Pflege
■ Panoramasauna mit Hafenausblick, Dampfbad, Kneipp-Zone, Wohlfühl-Schwebeliege
■ Personal Training mit modernsten Technologien und Trainingsmethoden

Gehobene europäische Küche in stilvoll-schlichtem Ambiente bietet das **Rialto:** Immer frisches Brot und Frischkäse zur Vorspeise, fein abgeschmeckte Suppen und hausgemachte Pasta genießt man hier in einem historischen Lagerhaus mit Blick aufs Fleet (Michaelisbrücke 3, Tel. 0 40/36 43 42). ○○

■ Ein Highlight ist die Privat Spa-Suite, die u. a. ein King-Size-Wasserbett mit integriertem Solarium und eine Licht- und Klangwellen-Erlebnisbadewanne bietet.

■ **Information**
Steigenberger Day SPA Hamburg, Heiligengeistbrücke 4, 20459 Hamburg, Tel. 0 40/36 80 62 75, www.dayspa.hamburg.steigenberger.de
■ **Anfahrt:** S 1, S 2, S 3 Stadthausbrücke
■ **Zeitplanung:** ca. 3 Std.
■ **Öffnungszeiten:** Mo–Sa 9–22, So 9–21 Uhr
■ **Preise:** Tageskarte für Sauna und Fitness 25 €; Massagen ab 25 Min. 35 €; private SPA-Suite ab 2 Std. für zwei Personen 165 €

Le SPA – Wasserkult

Wellenförmig schwingen die Linien der Balkone vor der Fassade des Hotels Le Royal Meridien; auf Segelboote oder Schwäne der Außenalster schauen die Gäste von dort. Im ganzen Hotel, vom verglasten Restaurant »Le Ciel« unter dem Dach bis hinunter zum Wellness-Zentrum Le SPA im Parterre nimmt die Gestaltung immer wieder Bezug auf das Wasser. Der Pool selbst präsentiert sich wie eine minimalistische Rauminstallation: zwei Wandfriese zum Thema Schwimmen, schlichte Säulen und dann das wirkungsvoll positionierte Oberlicht

– entweder trommelt Hamburger Regen darauf oder Sonne, Mond und Sterne scheinen hindurch.

Das erwartet Sie

■ 450 m² großer Wellness-Bereich mit luxuriösem Ambiente
■ ansprechend gestalteter Poolbereich mit Whirlpool, Saunen, Dampfbad, Solarium
■ kleine, aber im Detail liebevoll gestaltete Kosmetik- und Massagekabinen
■ »Massagen aus aller Welt«, z. B. Zulu-Treatment (Schlammpackungs-

massage mit Kaffeegranulat), Lomi Lomi, Scalp Shiatsu (Shiatsu-Kopfmassage)

■ Beautybehandlungen mit Produkten von »La Mer« auf der Basis hoch wirksamer Meeresschlickextrakte

■ Fitness-Raum mit modernster Technik, z. B. WaterPower-Rudergerät, mit dem man rudernd Brandungsrauschen erzeugt

■ **Information**
Le SPA im Le Royal Meridien Hamburg, An der Alster 52–56, 20099 Hamburg, Tel. 0 40/ 21 00 10 40; www.cityspa.de, www.hamburg.lemeridien.com

■ **Anfahrt:** Bus 6 Gurlittstraße, von dort etwa 250 m Fußweg
■ **Zeitplanung:** 2 Std.
■ **Öffnungszeiten:** Mo–Fr 7–22, Sa, So 8–21 Uhr
■ **Preise:** Tageskarte 25 €, Massagen ab 20 Min. 35 €

Ein gläserner Lift schwebt hinauf zum Design-Restaurant **Le Ciel** in der 9. Etage: Bei herrlichem Blick auf die Außenalster genießt man hier französische und norddeutsche Spezialitäten wie Salzwiesenlamm mit Bärlauchkruste (Tel. 0 40/21 00 10 70). ○○–○○○

Elyseum Wellness & Spa

Das Hotel Grand Elysee eröffnete 2006 seinen großzügigen Erweiterungsbau; dabei wurde auch dem Wellness-Bereich im ersten Obergeschoss eine bedeutende Fläche eingeräumt. Der Pool mit Tageslichteinfall, die Ruheplätze und der kleine Fitness-Raum liegen zwischen einer Terrasse am Innenhof und der Außenterrasse mit Blick ins Grüne zur Moorweide. Ein verglaster Pavillon dient als Ruheoase.

Das erwartet Sie
■ großes Schwimmbad (28 °C) mit wechselnden Lichteffekten, Whirlpool, Wellness-Wanne mit Massagedüsen

- Saunen mit Erlebnisdusche und Eisgrotte
- Dampfbad mit Hamamtisch für Seifenschaummassagen
- breit gefächertes Massage- und Beautyprogramm
- Solarium, UV-freies Bräunen in der Sonnen-Dusche
- An bestimmten Tagen steht im Elyseum Mitternachtssauna auf dem Programm. Kerzenlicht und Musik sorgen für Atmosphäre, es werden kleine Snacks gereicht und stündlich finden Überraschungsaufgüsse statt (Termine im Internet).
- frische Säfte und gesunde Snacks an der Wellness-Bar

Im Tropengarten der Hotelhalle serviert das »Piazza Romana« italienische und norddeutsche Speisen.

■ Information

Elyseum Wellness & Spa, im Grand Elysee Hamburg, Rothenbaumchaussee 10, 20148 Hamburg, Tel. 0 40/41 41 27 35, www.elysee.de
- **Anfahrt:** Bahnhof Dammtor
- **Zeitplanung:** 2–3 Std.
- **Öffnungszeiten:** tgl. 6.30 bis 22.30 Uhr
- **Preise:** Schwimmen und Saunen Tageskarte 20 €, Kind 6–12 Jahre 10 €; Massagen ab 30 Min. 29 €, Verwöhntag ab 127 €

Mandarin Body & Soul

Schlichtes und schrilles Design mit einem Hauch Fernost im Stadtteil St. Pauli, nur 100 m von der Reeperbahn entfernt: Das east Hotel, ein Bau des Chicagoer Stararchitekten Jordan Mozer, gewann 2005 bei den European Design Awards den zweiten Platz. Zauberhaft gestaltet wurde auch der Wellness-Bereich im

3. Stock des Gebäudes, das eine historische Eisengießerei mit modernen Anbauten verbindet: Von der runden Sauna tritt man hinaus an die frische Luft der begrünten Dachterrasse, und relaxen lässt es sich auf Kissenbergen, schlichten Liegen und Sesseln – in der Ruheoase von amerikanischen Dimensionen.

Zum angesagten Szenetreff hat sich **Yakshi's Bar** im east Hotel entwickelt – dank ausgefallener Cocktails und einer Einrichtung, deren ungewöhnliche Elemente ein eigenes Leben zu führen scheinen (Tel. 0 40/30 99 30). ○○

Das erwartet Sie

- stilvoll gestalteter Saunabereich. Der ungewöhnlich große Ruheraum öffnet sich zur Dachterrasse.
- Massagen (u. a. Hot Stone), Anti-Stress und Anti-Aging
- Kosmetikbehandlungen mit exklusiven Jean-D'Arcel-Produkten

■ Dedon Island: begrünter Innenhof mit gemütlichen Loungemöbeln
■ Golfsimulator mit Putting Green
■ Auf der Dachterrasse im Sommer offene Yoga-Kurse (Di 18.30–20 Uhr)
■ Szene-Restaurant »east« im Kellergewölbe der ehemaligen Gießerei mit europäisch-asiatischer Küche

■ **Information**
Mandarin Body & Soul, east Hotel, Simon-von-Utrecht-Str. 31, 20359

Hamburg, Tel. 0 40/30 99 32 05, www.east-hamburg.de, Yogakurse: www.carpediem.com/urbanyoga
■ **Anfahrt:** U 3, Bus 36, 37, 112 St. Pauli
■ **Zeitplanung:** 2 Std.
■ **Öffnungszeiten:** So–Do 10–21, Fr, Sa 9–21 Uhr
■ **Preise:** klassische Massage 30 Min. 40 €, Hot Stone-Massage 60 Min. 69 €, Yoga-Lektion 15 €

SIDE Spa im SIDE Hotel

Orange zeigt das Areal für Fitness an, und blaues Mosaik suggeriert im Poolbereich Wasserwelten.

Das erwartet Sie
■ herkömmliche Wellness-Angebote in ultramodernem Ambiente
■ breites Spektrum exotischer Massagen, z. B. Thaimassage, hawaiianische Massage (Lomi Lomi)

Minimalistische Formen, leuchtende Farben, konsequent runde oder eckige Möbel, Lichtinstallationen statt Lampen: Das SIDE Hotel ist Anlaufpunkt für Design-Vernarrte. Schlichte Formen und ein erfrischend buntes Styling kennzeichnen auch den Wellness-Bereich im Untergeschoss: In sonnigem Gelb leuchten Empfang und Behandlungsräume; frisches Hellgrün markiert den Dusch- und Umkleidebereich; energiegeladenes

Durchgestylt dinieren kann man im **fusion,** dem Bar-Restaurant des SIDE Hotels: Das Trend-Lokal bietet leichte euro-asiatische Küche und eine Sushi-Bar, Gourmet-Abendessen, preiswerten Lunch und ein opulentes Frühstücksbuffet. Donnerstag- bis Samstagabend legen angesagte DJs auf und machen das »fusion« zum Treffpunkt der Hamburger Szene (Tel. 0 40/30 99 90). ∞

■ spezielle Massagen für werdende Mütter mit Bellybutton-Produkten
■ für Eilige 15-minütige Kurzzeit-massagen
■ Beautybehandlungen mit Ole Henriksen-Produkten, der Kult-Kos-metik aus Hollywood
■ Für einen anschließenden Lauf um die Alster oder ein Gerätetraining stehen auf Wunsch Personal Trainer zur Verfügung.

■ **Information**
SIDE Hotel, Drehbahn 49, 20354 Hamburg, Tel. 0 40/30 99 90, www.side-hamburg.de
■ **Anfahrt:** U 2 Gänsemarkt, Bus 4, 5, 34, 36, 109 Stephansplatz
■ **Zeitplanung:** 15 Min. bis 1 Tag
■ **Öffnungszeiten:** tgl. 6–23 Uhr
■ **Preise:** 15 Min. Massage ab 15 €, Ganztagsnutzung des Pools mit Spa Package ab 130 €

Grand SPA Resort A-ROSA Travemünde

Das erwartet Sie
■ 400 m² Innen- und Außenpool mit Meerwasser
■ Farbtherapie und Liquidsound-System im Entspannungspool
■ Saunalandschaft mit Eisgrotte
■ breites Spektrum an Thalasso-Anwendungen, z. B. Algenpackungen
■ umfangreiches Beauty-Angebot, z. T. mit hauseigenen Produkten
■ 80 m² Spa-Suiten mit eigener Sauna, Whirlpool, Ruheraum, Fit-ness-Geräten und Außenterrasse
■ Yogaraum mit Außenterrasse und 440 m² Fitness-Raum mit Ostseeblick

Beim Grand SPA Resort A-ROSA handelt es sich um ein denkmalge-schütztes Kurhaus mit Blick auf die Ostsee, das – liebevoll um zeitge-mäße Elemente ergänzt – nun neue Maßstäbe für Travemündes Kurtra-dition setzt. Neben dem angenehmen Seeklima macht sich das noble Well-ness-Hotel vor allem die heilende Kraft des Meeres zunutze.

■ **Information**
Grand SPA Resort A-ROSA Trave-münde, Außenallee 10, 23570 Trave-münde, Tel. 0 45 02/3 07 06 32, www.a-rosa.de
■ **Anfahrt:** auf der B 75 Richtung Travemünde Zentrum, dann der Be-schilderung folgen

- **Zeitplanung:** ab 4 Std.
- **Öffnungszeiten:** Day Spa 10 bis 18 Uhr, Behandlungen 9–19 Uhr; Fitness- und Wellness-Bereich für Hotelgäste 6–21 Uhr, im Winter kürzer
- **Preise:** Day Spa 4 Std. 39 €, ganzer Tag 59 €, Voranmeldung dringend empfohlen; Private Spa Suite halber Tag 200 € pro Person

Kaffeebar Lichtblick nennt sich ein ungewöhnliches Konzept, das ein Café mit einem Geschäft für Stil-Leuchten kombiniert. Der Gast wird hier mit hausgemachten Kuchen und Snacks aus der leichten Küche verwöhnt (Vorderreihe 23, Tel. 0 45 02/7 76 04). ◯◯

MeridianSpa

MeridianSpa heißt ein äußerst erfolgreiches Konzept, das unter einem Dach Fitness, Wellness- und Bodycare-Behandlungen bietet: Gegenwärtig besuchen ca. 27 000 eingeschriebene Mitglieder die fünf Niederlassungen in Berlin und Hamburg, hinzu kommen zahlreiche Tagesgäste und Schnupper-Mitglieder. Der Wandsbeker Spa ist mit einer Fläche von 15 000 m² auf sechs Ebenen der größte, der City-Spa punktet mit seiner zentralen Innenstadtlage und der neue Spa im Alstertal lockt mit dem luxuriösen AMAYANA-Bodycare-Bereich.

MeridianSpa Alstertal
- großer, glasüberdachter Rundpool
- großzügige Thermenlandschaft mit sechs verschiedenen Saunen, Eisbrunnen, Erlebnisduschen und Kaminecke
- 1000 m² große Dachterrasse mit beheiztem Außenpool, Außensauna und balinesischem Teehaus

- im luxuriösen AMAYANA Day Spa neben Beauty-Behandlungen und klassischen Massagen breite Palette an Ayurveda-Anwendungen
- tgl. Kinderbetreuung für Kinder von 1 bis 8 Jahren
- Di 10–17 Uhr Kinderbadetag für Kinder ab 3 Jahre
- Poolbar mit kleinen Snacks und warmen Gerichten

■ Information
MeridianSpa Alstertal, Heegbarg 6, 22391 Hamburg, Tel. 0 40/65 89 14 50, www.meridianspa.de

Italienurlaub-Ambiente kann man im nahen **La Casetta** genießen: Pasta und Pizza schmecken hier wie in den letzten Sommerferien, aber auch die Fleischmedaillons mit Kartoffelgratin sind hervorragend (Rolfinckstr. 19, Tel. 0 40/5 36 21 49). ◯◯

- **Anfahrt:** S 1, S 11 Poppenbüttel, Bus 24 Alstertal-Einkaufszentrum
- **Zeitplanung:** 2–3 Std.
- **Öffnungszeiten:** Mo, Mi 7–23, Di, Do, Fr 9–23, Sa, So 9–22 Uhr
- **Preise:** diverse Tageskarten ab 12 €; Kinder 3–11 Jahre 7 €; Mehrfachkarten ab 120 €

MeridianSpa Wandsbek

- naturnahes Interieur mit viel Holz, Springbrunnen und echten Pflanzen
- großflächiges, organisch geformtes Badebecken mit Fortsetzung auf der Außenterrasse
- diverse Saunen im Außen- und Innenbereich, darunter eine Damensauna
- Ruheraum mit orientalischem Dekor, weitläufige Ruheempore
- Gesichts- und Körperbehandlungen, klassische Massagen
- über 180 Fitness- und Wellness-Kurse pro Woche
- tgl. Kinderbetreuung für Kinder von 1 bis 8 Jahren
- Poolrestaurant im Eingangsbereich, das kleine Snacks und wechselnde Tagesgerichte serviert

Bei aller Offenheit für Lifestyle-Moden hält man in der MeridianSpa-Zentrale auf Tradition: **Alte Trainingsgeräte** wie die schweren Eisenhanteln, an denen schon die Brüder Klitschko ihre Muskelpakete stählten, werden liebevoll gepflegt und können von gut trainierten Gästen benutzt werden.

- **Information**

MeridianSpa Wandsbek, Wandsbeker Zollstr. 87–89, 22041 Hamburg, Tel. 0 40/65 89 10 50, www.meridianspa.de
- **Anfahrt:** U 1 Wandsbek-Markt und Bus 262 Holzmühlenstraße
- **Zeitplanung:** 2–3 Std.
- **Öffnungszeiten:** Mo, Mi, Fr 9–23, Di, Do 7–23, Sa, So 9–22 Uhr
- **Preise:** s. MeridianSpa Alstertal

MeridianSpa City

- 11 m-Pool mit angenehmer Wassertemperatur, in dem auch Aquakurse stattfinden
- Saunalandschaft mit Finnischer Sauna, Eukalyptussauna und bioenergetischem Warmluftbad, Dampfbad und Whirlpool
- Als Ruhezone dient ein liebevoll angelegter Japanischer Garten mit Blick auf die Michaeliskirche.

◼ breite Palette an Massagen und Kosmetikbehandlungen

◼ Das Angebot richtet sich vor allem an Berufstätige in der Innenstadt, daher auch keine Kinderbetreuung

◼ Poolbar mit kleinen Snacks und warmen Gerichten

◼ **Information**
MeridianSpa City, Schaarsteinweg 6, 20549 Hamburg,
Tel. 0 40/65 89 11 00,
www.meridianspa.de
◼ **Anfahrt:** U 1 Baumwall
◼ **Zeitplanung:** 2–3 Std.
◼ **Öffnungszeiten:** Mo–Fr 7–23, Sa, So 9–22 Uhr
◼ **Preise:** s. MeridianSpa Alstertal

Kaifu-Lodge

Das schon lange bestehende Hallen- und Freibad am Kaiser-Friedrich-Ufer teilen sich das städtische bäderland (Kaifu-Bad, s. S. 78) und der trendige Fitness- und Wellness-Club Kaifu-Lodge. Der Club besitzt einen separaten Eingang und für sein inzwischen weit übers Schwimmen und Trimmen hinausgehendes Angebot eigene Räumlichkeiten. Der Wellness-Welle trug die Kaifu-Lodge mit einem neuen Beauty- und Massage-Bereich Rechnung. Auch Tagesgäste können sich hier gegen moderate Gebühr von sechs in sehr unterschiedlichen Techniken geschulten Masseuren und Therapeuten behandeln lassen.

Das erwartet Sie

◼ 2 Indoor-Pools, ganzjährig beheizter Außenpool, im Sommer weiterer 50 m-Pool im Freien

◼ 4 finnische Saunen, Dampfbad, Kälteraum, Kneippzone

◼ großer Ruheraum, gemütliches Kaminzimmer

◼ Ayurveda-Anwendungen und unterschiedliche Massagen von der Sportmassage über Hot Stone bis zur Akupressur

◼ Wellspirit-Kurse: Yogatechniken, Pilates, Tai Chi, Qi Gong, Feldenkrais, Zen-Gymnastik

◼ zweimal jährlich Wellspirit Event: Tag der offenen Tür mit Besuch der

Anlage und Vorstellung des Kursangebots, anschließend heiße Party
■ Gesichtsbehandlungen, Maniküre und Fingernagelmodellage
■ Restaurant mit internationaler Küche (18–1 Uhr, 11/12–18 Uhr nur Salate). Beliebt ist der sonntägliche Brunch, der von Hamburger Top-DJs mit guter Musik begleitet wird.

■ **Information**
Kaifu-Lodge, Bundesstr. 107, 20144 Hamburg, Tel. 0 40/40 12 81, www.kaifu-lodge.de
■ **Anfahrt:** U2, 3 Schlump, Bus 4, 181 Schlankreye
■ **Zeitplanung:** je nach Kurs

■ **Öffnungszeiten:** Mo, Fr 8–23 Uhr, Di–Do 7–23 Uhr, Sa, So 8–22 Uhr
■ **Preise:** Massagen 18–69 €, Tageskarte Saunen, Spa und Pools 15,50 €, mit Fitness 18 €

Salztherme Lüneburg

Salz aus Lüneburg wurde im Mittelalter im gesamten Ostseeraum gehandelt; es verschaffte der Hansestadt Macht und Reichtum. Sein Hauptverwendungszweck war das Einpökeln von Heringen, die damals als Fastenspeise galten. Heute wird der kostbare Bodenschatz vorwiegend für Kurzwecke genutzt: Im Kurgarten rieselt Sole über die Reisigpackungen eines hohen Gradierwerks und reichert die Luft mit Salzpartikeln an – eine Wohltat vor allem für Menschen mit Atemwegserkrankungen. Auch in der Salztherme auf dem Kurgelände, kurz SALÜ genannt, entfaltet warmes Solewasser seine heilende Wirkung auf den Organismus.

Das erwartet Sie
■ in der Badewelt Sole-Innenbecken mit Wellengang, Entspannungsbecken mit Unterwassermusik und Außenbecken mit Strömungskanal
■ in der mediterran gestalteten Saunawelt acht Saunen mit wechselnden Spezialaufgüssen; getrennte Herren- und Damen-Saunatage in der sog. Kleinen Sauna
■ jeden 1. Fr im Monat Mitternachtssauna und FKK-Schwimmen in der Badewelt
■ in der Wellness-Welt Floatarium (Starksolebad) und Rasulbad; Thalasso-Anwendungen und Naturmoorpackungen auf dem Wärme-Wasserbett

■ regenerierende Kosmetikbehandlungen, unterschiedliche Teil- und
Ganzkörpermassagen
■ in der Vitalwelt Kursprogramm für
alle Altersstufen, bei dem die Bewegung im Wasser eine große Rolle
spielt (z. B. Aqua-Fit, Aqua-Jogging)
■ Mittelmeerküche im Restaurant
»Mediterrano«

■ Information
SALÜ, Salztherme Lüneburg,
Uelzener Str. 1–5, 21335 Lüneburg,
Tel. 0 41 31/72 32 22,
www.kurzentrum.de
■ **Anfahrt:** ab Lüneburg Bhf. mit
Bus 5011 oder 5003 bis Haltestelle
Kurzentrum
■ **Zeitplanung:** 2–3 Std.

Der gesalzene Tag nennt sich ein
Gruppenangebot, das einen »salzigen«
Rundgang durch die historische Stadt,
ein Mittagessen, eine Führung durch
das Deutsche Salzmuseum und einen
Besuch in der Salztherme umfasst
(p. P. 27 €, Infos bei Lüneburg Stadtmarketing GmbH, Tel. 0 41 31/2 07 66 20).

■ **Öffnungszeiten:** Mo–Sa 10–23,
So 8–21 Uhr
■ **Preise:** 2 Std. 7,70 €, 4 Std.
10,50 €, Tageskarte 12,20 €,
Kinder 4,90 €/5,60 €/8 €,
Sa, So z. T. höhere Preise; Saunazu-
schlag 3,10 €; Wellness-Pakete mit
Baden, Saunen, Massage ab 28 €

bäderland

»Hamburg macht blau« ist das viel
sagende Motto von »bäderland«. Das
Unternehmen betreibt 25 Hamburger
Badeanstalten von ganz unterschiedlicher Art: Frei- und Hallenbäder mit
einer Riesenpalette von Angeboten
für jedes Alter und für alle Könnens-
stufen vom Nichtschwimmer bis zum
Leistungssportler. Auch auf den Well-
ness-Trend hat bäderland schon früh
reagiert. Einige Bäder sind durch ihre
Architektur und ihr ungewöhnliches
Ambiente geradezu prädestiniert,
Wellness in großem Umfang anzu-
bieten, so etwa die Bartholomäus-
Therme und besonders das Holthusenbad. Im Bondenwald-Bad können
Familien Badespaß und Wellness
kombinieren.

Bartholomäus-Therme
■ repräsentatives Gründerzeitge-
bäude mit nostalgischem Interieur
■ elegante Thermenhalle mit
25 m-Becken, am Wochenende
»Candlelight-Therme« mit stimmungs-
voller Unterwasser- und Kerzenbe-
leuchtung
■ gepflegter Saunabereich mit
Finnischer Sauna, Römischem Bad,
Türkischem Dampfbad, Blütenbad
und Erlebnisduschen

- **Zeitplanung:** 2–3 Std.
- **Öffnungszeiten:** Sept.–April Mo 15–23, Di–Fr 10–23, So 10–22, Mai–Aug. Mo 15–22, Di–Fr 10–22, Sa, So 10–20 Uhr, Candlelight-Therme Okt.–April Fr ab 19.30, Sa ab 18.30 Uhr; Sauna Do Frauentag
- **Preise:** Therme 9 €, Di–Fr vor 13 Uhr 6,90 €, Sauna (inkl. Therme nach 12 Uhr) 14,70 €, Di–Fr vor 13 Uhr 12,80 €, Pfundiges Schwimmen 11,50 €, Mitternachtssauna ab 21 Uhr 17,50 €

- in der kalten Jahreszeit jeden 1. Sa im Monat Mitternachtssauna
- Massagen in der angeschlossenen Praxis für physikalische Therapie
- Zutritt haben nur Erwachsene; daher herrscht im ganzen Bad angenehme Ruhe.
- An der Poolbar kann man sich mit kleinen Snacks stärken.

- **Information**
Bartholomäus-Therme, Bartholomäusstr. 95, 22083 Hamburg, Tel. 0 40/18 88 90, www.baederland.de
- **Anfahrt:** U 2 Mundsburg, U 3 Saarlandstraße, Bus 172, 173 Bachstraße und Schumannstraße

Schwergewichtige sind samstags von 10 bis 12 Uhr unter sich: **Pfundiges Schwimmen** heißt die eigens für sie eingerichtete Badezeit mit Schwimmen, Wasserfitness und Gesundheitstipps.

Bondenwald

- Hallenbad mit Kleinkinderbereich, 106 m-Rutschanlage und Massagedüsen
- im Freibad Strömungskreisel, Sprunganlage und Matschspielplatz
- Sauna-Welt mit Finnischer Sauna, Feuersauna und Dampfbad; großzügiger Ruheraum mit Kamin, japanisch inspirierter Saunagarten
- jeden letzten Sa im Monat Mitternachtssauna; tgl. Spezialaufgüsse
- angeschlossene Massagepraxis (Tel. 57 14 94 30)
- Aqua-Fitness-Kurse, u. a. »Auftrieb für den Rücken« und »Hydro-Power« mit Gewichten
- offenes Triathlon-Training
- »Rent a Lane« heißt ein neues Angebot, bei dem man sich allein oder zu zweit für eine halbe Stunde seine eigene Bahn mieten und völlig ungestört von anderen schwimmen kann.
- Das Schwimmbad-Restaurant serviert Snacks und wechselnde Tagesgerichte.

■ **Information**

Bondenwald, Friedrich-Ebert-Str. 71,
22459 Hamburg, Tel. 0 40/18 88 90,
www.baederland.de
■ **Anfahrt:** U 2, Bus 5, 23, 24, 391
Niendorf-Markt
■ **Zeitplanung:** 2–3 Std.
■ **Öffnungszeiten:** Mo–Fr 9–22 Uhr,
Frühschwimmer mit MultiCard
Mo–Fr auch 7–9 Uhr; Sa, So 8–22 Uhr,
Sauna So–Mi 9–22, Do–Sa 9–23 Uhr,
Di Frauentag, Rent a Lane Sa, So
16–19 Uhr
■ **Preise:** Erwachsene 8 €, Kinder
4 €, reduzierte Eintritte für 1,5 und
3 Std., Sauna 14,70 €, Kinder 7,60 €,
Rent a Lane 8,40 €, zu zweit 14,20 €,
inkl. 1,5 Std. Badaufenthalt

Holthusenbad

■ aufwändig restaurierte Jugendstil-
Therme mit schönem altem Terrazzo-
boden und nostalgischen Kabinen
■ Innenpool mit Wellengenerator,
ganzjährig beheizter Außenpool

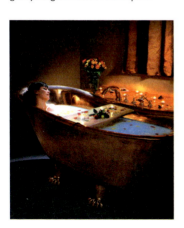

Ein Highlight ist das **Salzfloatarium**
in Form einer riesigen Muschel. In der
warmen Sole mit einem Salzgehalt,
der höher ist als der des Toten Meeres,
schwebt der Körper wie schwerelos.

■ jeden Fr ab 20 Uhr Candlelight-
Therme
■ breit gefächertes Angebot an
Aqua-Fitness
■ Saunabereich mit Finnischer
Sauna, Dampfbad, Steinsauna,
Eukalyptus-, Aroma- und Vitalbad
■ im Wellness Spa Beauty- und
Pflegebäder, Soft Packs (Packungen
im Wasser-Wärmebett) sowie Nass-
und Trockenmassagen
■ Unter dem Motto »Zeit zu zweit«
kann man sich in der Spa Suite
gemeinsam verwöhnen lassen.
■ Bistro mit kleinen Snacks und
wechselnden Tagesgerichten

■ **Information**

Holthusenbad, Goernestr. 21,
20249 Hamburg, Tel. 0 40/18 88 90,
www.baederland.de
■ **Anfahrt:** U 1, U 3, Bus 20, 22, 25,
118 Kellinghusenstr.
■ **Zeitplanung:** 2–3 Std.
■ **Öffnungszeiten:** tgl. 9–23,
Mai–Aug. 9–22 Uhr;
Sauna Mo, Mi Frauentag
■ **Preise:** Tageskarte 9 €, Kinder
6,80 €, reduzierte Eintritte für
1,5 und 3 Std.; Massagen ab 30 Min.
26 €, Bäder 25–29 €, Soft Packs
ab 18 €, Salz-Floating 30 Min. 27 €

ARRIBA Erlebnisbad

Gleich hinter der Stadtgrenze bekommt die Hamburger Bäderlandschaft schleswig-holsteinische Konkurrenz: Im modernen ARRIBA Erlebnisbad in Norderstedt sorgen gleich 14 Becken mit über 2500 m² Wasserfläche für das Wohlbefinden der Gäste im nassen Element. In der vielfältigen Saunalandschaft kann man drinnen und draußen relaxen, unabhängig vom Badebetrieb; umgekehrt steht Saunagästen auch das Badegelände zur Verfügung: Das Sauna-Dorf – angesichts der Größe der Anlage keine übertriebene Bezeichnung – ist über eine Brücke mit dem Erlebnisbad verbunden.

Das erwartet Sie

■ im Innenbereich Biolichtsauna, 70 °C- und 90 °C-Sauna, Dampfbad, großer, lichtdurchfluteter Ruheraum
■ Massagen von konventionell bis exotisch, z. B. tibetische Klangmassage durch eine Reiki-Meisterin
■ Blockhaussauna und finnische Erdsauna (100 °C) im Außenbereich, Whirlpool, Felsgrotten, Ruhebereich mit Strandkörben und künstlichem Bachlauf
■ Thermalbad mit Sprudelliegen und Schwallbrausen; im Außenbereich Solebad
■ Erlebnisbad mit Rutschanlage, Strömungskanal, Hangelnetzen und Wasserfall
■ Sportbecken mit 25 m-Becken und Sprunganlage
■ Für Stärkung sorgen die Saunabar und ein Café am Erlebnisbecken.

■ Information

ARRIBA Erlebnisbad, Am Hallenbad 14, 22850 Norderstedt,
Tel. 040/521 98 40,
www.arriba-erlebnisbad.de
■ **Anfahrt:** Die Straße »Am Hallenbad« zweigt von der B 433 (Ulzburger Straße) 500 m nördlich der Kreuzung mit der B 432 (Segeberger Chaussee) ab; U 1 Garstedt, von dort Bus 178, 393 bis ARRIBA-Bad
■ **Zeitplanung:** 3 Std.
■ **Öffnungszeiten:** Erlebnisbad, Thermalbereich Mo–Mi 11–22, Do, Fr 11–23, Sa, So 9–22 Uhr, Sauna-Dorf Mo–Mi 11–22, Do 11–23, Fr 9–23, Sa, So 9–22 Uhr
■ **Preise:** Tageskarte Erlebnisbad 8,50 €, Kinder 3,50 €; günstigere Tarife zu besonderen Zeiten, z. B. 1 Std. Schnuppertarif Mo, Fr 3,50 €, Kinder 2,50 €, Familienkarten; Sauna 4 Std. 12 €, Kinder 9,50 €, Tageskarte 14,40 €, Kinder 11,50 €

Vom Schwimmbad geht es hinüber zum **Reiterhof Immenhorst:** Hier kann der große Hunger u. a. mit frischem Zander oder Finkenwerder Scholle bekämpft werden; das Frischgemüse dazu kommt durchweg aus der näheren Umgebung (Immenhorst 22, 22850 Norderstedt, Tel. 0 40/52 98 31 67). ○○

Das Hamam in Hamburg

Die Tradition des Hamam, des reinigenden, regenerierenden Bades, wird in der Türkei schon seit Hunderten von Jahren gepflegt. Seit 2003 kann man auch in Hamburg osmanische Badekultur genießen; in einem Badetempel wie aus 1001 Nacht wird hier bei angenehmer Wärme und gedämpftem Licht der Alltag mit viel Seifenschaum und Wasser einfach weggespült. Bei den nicht gerade sonnenverwöhnten Hanseaten fand der von Cuskun und Selma Costur führte Hamam begeisterten Anklang; im Lauf des Jahres 2007 eröffnet das Ehepaar daher ein zweites, doppelt so großes Badehaus im einstigen Hafenkrankenhaus: das Hamam Hafen Hamburg.

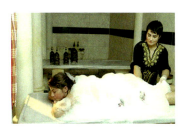

Das erwartet Sie

■ Zur Begrüßung wird ein Willkommenstee gereicht.
■ Mit dem *pestemal*, dem türkischen Badetuch, bekleidet betritt man den mit Marmor gefliesten Badesaal.
■ Zunächst gießt man sich mit kupfernen Schalen warmes Wasser über Arme, Beine, Bauch und Rücken, dann legt man sich auf ein beheiztes Marmorpodest *(göbektasi* = Nabelstein)*, damit sich die Muskeln entspannen und die Hautporen öffnen.
■ Zu jedem Hamam-Besuch gehört ein Körper-Peeling mit einem speziellen Handschuh *(kese)*, dabei werden durch kräftiges Rubbeln die obersten Hautschichten entfernt.
■ Den Höhepunkt der Hamam-Prozedur bildet die klassische Seifenschaummassage, die durch eine Kopfwaschung ergänzt werden kann.
■ Der Schaum wird zum Schluss mit kaltem Wasser abgespült.
■ Entspannung und wohliges Schlaffsein genießt man danach im Ruheraum auf weichen Bänken und Kissen bei einem Glas Tee oder einer Wasserpfeife; auf Wunsch werden auch frisch zubereitete türkische Spezialitäten serviert.

■ **Information**
Das Hamam in Hamburg,
Feldstr. 39, 20357 Hamburg,
Tel. 0 40/41 35 91 12,
www.das-hamam.de
■ **Anfahrt:** U 3 Feldstraße
■ **Zeitplanung:** 2–3 Std.
■ **Öffnungszeiten:** nur nach Terminvereinbarung Mo–Fr 10–22, Sa, So 11–22 Uhr; Mo, Di, Mi Damenbadetag, an den übrigen Tagen gemischtes Bad
■ **Preise:** Verwöhn-Packages von 25 € bis 150 €

Floatarium

Je höher die Salzkonzentration im Wasser, desto größer der Auftrieb: Bei einem Bad im Toten Meer kann man nur unter größten Schwierigkeiten ertrinken, dafür aber in aller Ruhe Zeitung lesen. Viele Hotels am Ufer des abflusslosen Sees bieten dies nicht nur als Urlaubsgag an, sondern auch als wirksame Heilbehandlung. Wer sich eine Kur am Toten Meer nicht leisten kann, findet im Floatarium vergleichbare Bedingungen.

Das erwartet Sie
■ eine riesige Wanne, in der man bequem mit ausgebreiteten Armen liegen kann, gefüllt mit 10 %-iger, körperwarmer Salzlösung

Entspannt ist die Atmosphäre auch im Restaurant **Schanzenstern** in der einstigen Montblanc-Füllhalterfabrik: Die mit dem Bio-Siegel prämierte Küche ist überwiegend vegetarisch, macht aber auch Zugeständnisse an Fleischesser (Bartelsstr. 12, Tel. 0 40/43 24 04 09). ○

■ Bei geschlossenem Wannendach schwebt man auf dem Rücken liegend schwerelos im Salzwasser.
■ angenehme Entlastung der Wirbelsäule und des Bewegungsapparates, Anregung des Stoffwechsels
■ Stressabbau durch Ausschaltung sämtlicher Außenreize; auf Wunsch kann leise Musik eingespielt werden.
■ Nach einer Stunde wird man über eine Gegensprechanlage durch das Badepersonal sanft in die Wirklichkeit zurückgeholt.

■ Information
Floatarium Hamburg,
Schanzenstr. 10 (Eingang durch das Geschäft »artworx« oder den Hinterhof), 20357 Hamburg,
Tel. 0 40/43 09 54 08,
www.floatarium.org
■ **Anfahrt:** Bus 3 Neuer Pferdemarkt, S 11, S 21, S 31, U 3, Bus 181 Sternschanze
■ **Zeitplanung:** 1,5 Std.
■ **Öffnungszeiten:** Termine nur nach Vereinbarung
■ **Preise:** 45 €/Std.

Oasis im Aspria Alstertal

Der elegante Familien-, Sport- und Freizeitclub Aspria Alstertal in Hummelsbüttel steht nur seinen Mitgliedern offen – mit einer Ausnahme: Der Wellnessbereich »Oasis« im selben Haus kann auch von Tagesgästen genutzt werden. Oasis dient damit als Aushängeschild für den Qualitätsstandard der übrigen Dienstleistungen des Clubs – das verpflichtet. Bei der großen Palette an Anwendungen kommen neben perfekter Kundenbetreuung internationales Expertenwissen und eine ganzheitliche Sichtweise zum Tragen.

Das erwartet Sie

■ breites Massageangebot, u. a. Tuina-, Shiatsu-, Aroma-Massage und La Stone-Therapie
■ Ayurveda-Anwendungen vom Stirnölguss bis zur Ganzkörperölmassage
■ naturheilkundliche Verfahren wie Akupunktur, Osteopathie und Cranio-Sakrale Körperarbeit, Massage nach Breuss und Dorn zur Lagekorrektur der Wirbel und Gelenke
■ Ernährungsberatung nach den 5 Elementen der Traditionellen Chinesischen Medizin
■ medizinische Gesundheitschecks
■ kosmetische Behandlungen von der Gesichtspflege über Maniküre und Pediküre bis zur Depilation
■ im Rahmen bestimmter Beauty-Arrangements auch Nutzung der Saunaeinrichtungen möglich

■ Restaurant mit fettarmer, vitaminschonend zubereiteter Wellness-Küche

■ **Information**
Oasis, Rehagen 20, 22339 Hamburg, Tel. 0 40/52 01 90 60, www.aspria.com
■ **Anfahrt:** Bus 24 Brillkamp, von dort 300 m Fußweg
■ **Zeitplanung:** je nach Anwendung
■ **Öffnungszeiten:** Mo–Fr 10–20, Sa, So 10–19 Uhr
■ **Preise:** Massage ab 30 Min. 33 €, Beauty-Arrangements 49–245 €

Cocon Day Spa

Das Cocon Day Spa liegt im ersten Stock einer durch Gänge und Gärten angenehm aufgeteilten Wohn- und Atelierhausanlage – ein Ambiente, das vom Großstadtlärm unberührt bleibt. Von zwei lichtdurchfluteten Behandlungsräumen schaut man auf einen Spielplatz und den modernen Centre Court. Der dritte Raum mit Dusche und Spezialwanne kommt gut ohne Tageslicht aus. Das Interieur ist von sportlicher Eleganz – raffiniert einfach, geradlinig, klar. Es lässt vorausahnen, wie sich mit körperlichem Wohlsein innere Ruhe und Abgeklärtheit einstellen werden: Kosmetik ist hier weit mehr als oberflächliche Behandlung.

Das erwartet Sie
- römisches Dampfbad
- Brandungsbadewanne mit Algen und Meersalz
- vielseitige Thalasso-Behandlungen, z. B. Salzpeeling, Meerschaumwaschung, Algenschlamm- und Meerschlickpackung

Seit Jahrzehnten serviert Familie Besch im nahen **Funk-Eck-Café** opulente Frühstücksvariationen – das belohnen die Mitarbeiter des NDR-Rundfunkhauses und Büromenschen aus der Umgebung mit Kundentreue.
Die Gerichte des Mittagstischs sind der Jahreszeit angepasst, die hausgemachten Torten verspeist man bei gutem Wetter auch im Freien (Rothenbaumchaussee 137, Tel. 0 40/44 14 74). ○○

- »wash and go«: intensive Kurzzeitbehandlungen für Körper und Gesicht
- neben klassischen Gesichts- und Ganzkörperbehandlungen und Massagen auch mehrstündige Beauty-Pakete
- Kosmetikbehandlungen mit hochwertigen Caudalie-Produkten auf der Basis von Traubenkernöl

■ **Information**
Cocon Day Spa, Rothenbaumchaussee 76 d (Zugang auch vom Turmweg 29), 20148 Hamburg, Tel. 040/41 35 47 37, www.cocon-day-spa.de
- **Anfahrt:** U 1, Bus 34, 115 Hallerstraße
- **Zeitplanung:** Day Spa-Paket ab 3 Std.
- **Öffnungszeiten:** Mo–Fr 10–18 Uhr
- **Preise:** wash and go 75 €, thalgOcean (römisches Dampfbad, Meersalzpeeling, Brandungswannenbad, Massage) 95 €, Massagen 60 € (50 Min.) bis 110 € (100 Min.)

Alster Kosmetik

Der Neue Wall ist Hamburgs eleganteste Einkaufsstraße, schon der Name lässt Qualität erwarten. In der schmalen Straße mit den exklusiven Schaufensterauslagen übersieht man leicht, dass manche der Geschäftshäuser wahre Schmuckstücke sind – so z. B. Nr. 18, das Hildebrandt-haus. Auf Jugendstilfliesen schreitet man durch den gewölbten Eingang, in der Vorhalle plätschert ein Wandbrunnen. Im Hochparterre liegt das Reich von Susann Klein: Kosmetikstudio, Wellness-Oase und eine Kosmetik-Schule verbergen sich hinter dem Namen »Alster Kosmetik«.

Das erwartet Sie

■ individuell abgestimmte Hautbe-
handlungsprogramme mit wertvollen
Wirkstoffen; vorab Diagnose mit
Hightech-Geräten und chinesische
Gesichtsdiagnose auf der Basis der
Fünf Elemente

■ moderne Hautverbesserungs-
technik, z. B. Enzym-Peelings, Mikro-
derm-Abrasion (sanftes Abschleifen
der oberen Hautschichten mit Hilfe
von Mikrokristallen)

■ Muskelstraffung mit Unterdruck-
Massage

■ Licht- und Sauerstoffbehandlun-
gen, Einarbeitung spezieller Intensiv-
Pflegeprodukte mit Ultraschall

Hanseatisch-unauffällig und, wie
Alster Kosmetik, im Hochparterre gelegen: das **Café Engelchen** für einen
kleinen Imbiss oder ein Tässchen Kaffee
zwischendurch. Man achte auf die
Hausnummer 18 und den hübschen
Jugendstil-Eingang (Mo–Sa 10–19 Uhr).

■ Aromaöl- und Kräuterstempel-
Massagen, Hot Stone-Therapie

■ ayurvedische Massagen und
Gesichtsbehandlungen

■ Make-up, Farb- und Stilberatung,
Beauty-Day-Programme

■ **Information**
Alster Kosmetik Susann Klein,
Neuer Wall 18, 20354 Hamburg,
Tel. 0 40/3 58 99 88,
www.alster-kosmetik.de

■ **Anfahrt:** U 1, U 2, S 1, S 2, S 3
Jungfernstieg

■ **Zeitplanung:** Beauty Day ab
3 Std.

■ **Öffnungszeiten:** Mo–Fr 10–19,
Sa 10–16 Uhr

■ **Preise:** Massage ab 60 €
(60 Min.), Beauty Day ab 139 €

Wellnesspraxis Joe Eden

Wellness beginnt hier bereits mit
dem Standort: Das Viertel um die
Eimsbütteler Straße bildet mit vielen
historischen Bauten, Kopfsteinpflas-
ter und alten Bäumen ein seltenes

Idyll in der Millionenstadt Hamburg.
Die Praxis von Joe Eden fügt sich in
dieses Umfeld bestens ein: Ihre Be-
handlungstische stehen in den hohen, stuckverzierten Räumen eines

früheren Milchgeschäfts. Joe Edens Freude an Dingen mit Geschichte prägt das gemütliche Ambiente seiner Praxis, daneben weiß die große Stammkundschaft auch seine fundierte Ausbildung zum Kosmetiker in Frankreich und seine bei einem Ayurveda-Meister in Indien erworbenen Kenntnisse zu schätzen.

Das erwartet Sie

■ pflegende Bäder, Packungen und Peelings
■ Mini- (15 Min.), Teil- (30 Min.) und Ganzkörper-Massagen (60 Min.), Fußreflexzonen-Massagen (40 Min.)

Sie sind ein paar Minuten zu früh zum Massagetermin erschienen? Dann rasch in die **M&S-Bäckerei** nebenan auf einen Kaffee oder Käsekuchen. Hier kommen alle Leckereien frisch aus der Backstube (Eimsbütteler Str. 123)!

■ ayurvedische Spezialmassagen, auch simultan von zwei Therapeuten durchgeführt
■ fachkundige Kosmetikbehandlungen, denen eine Hautdiagnose vorangeht
■ Myolifting: schmerzfreies und nicht chirurgisches Softlifting durch Elektrostimulation
■ Maniküre, Pediküre, Epilation, Make-up und Hairstyling
■ einstündige Schminkkurse

■ **Information**
Wellnesspraxis Joe Eden, Eimsbütteler Str. 123, 22769 Hamburg, Tel. 0 40/43 29 18 99, www.joe-eden.de
■ **Anfahrt:** Bus 20 Alsenplatz, U 2 Emilienstraße
■ **Zeitplanung:** ab 30 Min.
■ **Öffnungszeiten:** Di–Sa 10–20 Uhr, Termine nach Vereinbarung
■ **Preise:** Mini-Massage 15 €, Ayurveda-Massagen ab 30 Min. 35 €

Apparate-Wellness

In manchen Einkaufszentren können sich fuß- und rückenmüde Passanten gegen Einwurf einer Münze ein paar Minuten Wohlergehen auf Shiatsu-Sesseln oder anderen Entspannungsmöbeln kaufen. Darüber hinaus haben Tüftler ganz erstaunliche Geräte entwickelt, die dem Körper guttun – und wegen des vergleichsweise geringen Preises auch dem Portemonnaie. Rückenprobleme zählen zu den häufigsten Übeln, und manch einer vertraut diese nicht so gern den Händen eines Masseurs an, sondern lieber einer therapeutischen Wohlfühlliege, die den Rücken wärmt und dehnt, wie im Salon Jade. Eine Art Zirkeltraining auf acht verschiedenen Bewegungsliegen offeriert das Gesundheitsstudio Valida.

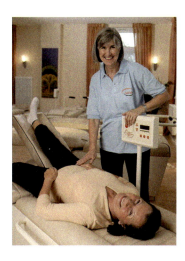

Gesundheitsstudio Valida

■ acht Bewegungsliegen, die ohne Kraftaufwand bestimmte Muskelgruppen trainieren
■ Bodyforming und Lymphdränage auf der Basis elektrischer Muskelstimulation
■ Laufbänder und Venenwalker (Beinmanschetten zur Eindämmung von Cellulite und Venenleiden)
■ Rollen- und Bandmassagen zur Stoffwechselanregung und Gewebestraffung
■ Bodywrapping und Tiefenwärme zur Entgiftung und Entschlackung
■ Thalassoanwendungen, z. B. Algenkuren im Wärmebett bei 42 °C
■ kosmetische Behandlungen, Anregungen zu gesunder Lebensführung
■ Stilecht amerikanisch essen von Sandwiches bis zum leckeren Burger kann man anschließend in »Murphy's Roadhouse« (Saseler Markt 1).

■ **Information**
Valida, Stratenbarg 2, 22393 Hamburg-Sasel, Tel. 0 40/41 48 02 94, www.valida.info
■ **Anfahrt:** Bus 24 Sasel, Markt
■ **Zeitplanung:** ca. 1 Std. für eine Runde Bewegungsliegen
■ **Öffnungszeiten:** Mo–Do 9–13, 15–19, Fr 9–13, 14–18 Uhr und n. V.
■ **Preise:** Shiatsu-Liege 6 €, Bewegungsliege 13 €, Mehrfachkarten

Wellness-Salon Jade

■ 40-minütiges automatisches Programm auf der Massageliege: Rollen aus Jadestein werden auf 60 °C erhitzt und über einen Zeitraum von 30 Min. in Führungsschienen links und rechts der Wirbelsäule auf und ab geführt. An bestimmten Akupunkturpunkten bleiben sie je 2 Min. stehen.
■ während der letzten 10 Min. freie Wahl der Massagerollen-Bewegung
■ Auf Wunsch gibt es zusätzliche jadebestückte Heizelemente zum Auflegen; auch Bauch- und Seitenlage auf der Liege und Behandlung weiterer Körperpartien möglich

Nach einem aus Asien stammenden Treatment darf es auch asiatische Küche sein: Im **Phuket** kann man die scharfen Currys mit echtem thailändischen Bier neutralisieren, und das frische Gemüse lässt Vegetarierherzen höher schlagen (Adolph-Schönfelder-Str. 33, Tel. 0 40/29 82 33 80). ∞

■ **Information**
Wellness-Salon Jade, Barmbeker
Markt 31, 22081 Hamburg,
Tel. 0 40/20 00 48 23,
www.massagesalon-jade.de
■ **Anfahrt:** U 2 Dehnhaide

■ **Zeitplanung:** 40 Min.
■ **Öffnungszeiten:** Mo–Fr 10–19,
Sa 10–18 Uhr
■ **Preise:** 9 €, Zehnerkarte 65 €, für
Neueinsteiger ist die erste 40-minüti-
ge Behandlung kostenlos.

Bewegung und Entspannung Astrid & Claudia

Was die einen magisch anzieht –
schick gestylte Wellness-Oasen und
modernst ausgestattete Fitness-Zent-
ren – schreckt andere allein schon
durch schiere Größe und Publikums-
andrang ab. Die Entspannungstraine-
rinnen Astrid Wieczorke und Claudia
Banas entdeckten hier eine Markt-
lücke: das kleine, persönliche Wellness-Zentrum ohne Schnickschnack.
Bei Astrid & Claudia kann man seinem Körper in kleiner Runde oder
einzeln etwas Gutes tun, ohne dafür
tief ins Portemonnaie greifen zu müssen. Schon das kleine Langenhorner
Häuschen mit einladendem Trai-
nings- und Massageraum und netter
Klönecke hat Wohlfühl-Qualität.

In einem reetgedeckten ehemaligen
Bauernhaus ganz in der Nähe ist das
Restaurant **Wattkorn** untergebracht.
Hier verwöhnt der Hamburger Starkoch
Michael Wollenberg seine Gäste mit
Kreationen der deutschen und asiati-
schen Küche (Tangstedter Landstr. 230,
Tel. 0 40/5 20 37 97). ○○

Das erwartet Sie

■ Entspannungstechniken wie Auto-
genes Training oder progressive
Muskelentspannung nach Jacobsen
■ Bewegungs-Yoga: Yoga ohne
spirituelle Komponente
■ Bauch-Beine-Po-Gymnastik,
Pilates-Training
■ Rücken- und Ganzkörper-Entspan-
nungsmassagen
■ familiäres Ambiente durch Klein-
gruppen von maximal 6 Personen;
auch Einzeltraining möglich
■ jeden Samstag Verwöhntag. Man
lernt verschiedene Entspannungstechniken kennen; ein Mittags-Snack
und Getränke sind inklusive.

■ **Information**
Bewegung und Entspannung
Astrid & Claudia, Immenhöven 21 a,
22417 Hamburg, Tel. 0 40/52 73 91 19
■ **Anfahrt:** U 1 Langenhorn-Nord
■ **Zeitplanung:** je nach Programm
■ **Öffnungszeiten:** Mo–Fr 10–21 Uhr
■ **Preise:** Monatsbeitrag 29 € bei
1 Std. wöchentlichem Training, 39 €
für alle Kurse; Verwöhntag 65 € für
Mitglieder, 75 € für Nichtmitglieder

Ausflüge

Ob Sie einen halben oder einen ganzen Tag Zeit haben, hier finden sie jede Menge Anregungen, sich mit oder ohne Familie, per Auto oder mit öffentlichen Verkehrsmitteln auf den Weg zu machen – egal ob Ihnen nun der Sinn nach Natur oder Kultur, gemütlichem Stadtbummel, abenteuerlichen Entdeckungsreisen oder einfach einem Spaziergang, einer Wanderung oder einer Radtour steht.

Stadtrundgang durch Hamburg

Hamburg hat sich immer wieder gewandelt und neuen Zeiten angepasst, gleichzeitig ist die Hansestadt stolz auf ihre Traditionen. Auf spannende Kontraste zwischen Vergangenheit und Moderne stößt man eigentlich überall: So entsteht in unmittelbarer Nachbarschaft zur Speicherstadt die futuristische HafenCity, und beim Shopping bildet etwa die neue Europa Passage das Gegenstück zu bewährten Top-Adressen wie dem aufwändig modernisierten Alsterhaus.

■ **Anfahrt:** S 1, S 2, S 3 Stadthausbrücke, Bus 37 St. Michaeliskirche
■ **Zeitplanung:** ganzer Tag
■ **geeignet für:** alle, die Hamburgs Stadtentwicklung über die Jahrhunderte hinweg verfolgen möchten

Michel und Hafen

Der 132 m hohe Turm der Hauptkirche **St. Michaelis,** liebevoll Michel genannt, ist das Wahrzeichen Hamburgs. Von der Aussichtsplattform auf 82 m Höhe bietet sich ein grandioser Rundblick über Elbe, Hafen und Stadt. Nach Bränden und Kriegsschäden wurde der prachtvolle barocke Innenraum der protestantischen Kirche im Stil von 1762 rekonstruiert. Auf den geschwungenen Emporen und im Kirchenschiff finden 2500 Personen Platz. Hinter dem Michel liegt im Hinterhof des Hauses Krayenkamp Nr. 10 ein Stück Alt-Hamburg verborgen: In den **Krameramtswohnungen** waren seit dem 17. Jh. die Witwen von Hamburger Kleinhändlern untergebracht. Eine der Wohnungen mit Mobiliar aus der Zeit um 1850 kann besichtigt werden.

Auf einem Pfad um die letzte Bastion des Hamburger Stadtwalls, auf der heute die Jugendherberge steht, gelangt man zu Aussichtsterrassen oberhalb der **Landungsbrücken** mit großartigem Panoramablick über den Schiffsverkehr auf der Norderelbe. Am Nordufer stehen das fast 100-jährige Landungsbrücken-Empfangsgebäude und der Kuppelbau des **Alten**

■ **Hamburg Tourismus GmbH**
Steinstr. 7, 20095 Hamburg,
Tel. 0 40/30 05 13 00,
www.hamburg-tourismus.de

■ **HighFlyer**
Deichtorstr. 1–2, 20095 Hamburg,
Tel. 0 40/30 08 69 69,
www.highflyer-hamburg.de
■ **Öffnungszeiten:** tgl. 10–22 Uhr, wetterabhängig – vorher anrufen!
■ **Preise:** Erwachsene 15 €, Kinder 12–18 Jahre 10 €, 3–12 Jahre 8 €

Elbtunnels (s. S. 128). Im riesigen Trockendock auf der anderen Elbseite und den Schwimmdocks im Strom werden Ozeanriesen wieder auf Vordermann gebracht. Diese Szenerie genießt man auch auf der Kersten-Miles-Brücke und dem Höhenpfad **Bei der Erholung,** wobei man das das Seewetteramt und das Tropeninstitut passiert. Der Uferstraße unten kann man gut bis zum **Fischmarkt** folgen, wo jeden Sonntagmorgen Originale wie der lautstarke Aale-Dieter ihre Ware anpreisen.

St. Pauli

Die Promenade endet abrupt an der Davidstraße, gegenüber prangt das Schild der Kneipe »Zur Scharfen Ecke«: Hier beginnt eine andere Welt. Im Brauviertel, auf der Fläche der ehemaligen Holsten-Brauerei, wachsen Hochhäuser empor, die an Höhe dem Michel Paroli bieten, während sich auf der anderen Straßenseite die alten, einfachen Häuser von St. Pauli ducken. Ein winziger Teil davon gehört zum so genannten Sperrbezirk: Die wenigen, tagsüber eher müde wirkenden kopfsteingepflasterten Gässchen beleben sich zwischen 20 und 6 Uhr mit Prostituierten, die auf Kundschaft warten. Auch die mit Sichtblenden verschlossene **Herbertstraße** liegt hier – nur zugelassen für Männer ab 18 Jahren.

Die Backsteinfassade der berühmten Polizeistation **Davidwache** blickt auf die **Reeperbahn,** wo vor 200 Jahren Reeps (Seile) gedreht wurden. Tagsüber eine Durchfahrtstraße, wandelt sie sich nachts zur Flaniermeile mit Kneipen, Diskos und Vergnügungsstätten für Gäste aus Hamburg und aus aller Welt. Bis 1868 gelangten die Hamburger durch das **Millerntor** nach St. Pauli. Heute dehnen sich auf dem Gelände der Stadtbefestigung von 1625 die gepflegten **Wallanlagen** aus.

Einkaufstempel und Alsterblicke

Das **hamburgmuseum** (s. S. 46) auf einer der früheren Bastionen lädt zu einer Reise durch die Stadtgeschichte ein. Auf die Barockzeit beschränken sich die in den 1960er Jahren rekonstruierten Gebäude der Carl-Toepfer-Stiftung in der Peter- und Neanderstraße, darunter das original erhaltene **Beylingstift** mit der Johannes Brahms-Gedenkstätte. Moderne Bürogebäude und Bürgerhäuser aus der Zeit um 1900 säumen den **Großneumarkt,** den nette Kneipen und Restaurants mit reellen Preisen zur beliebten Ausgehadresse machen.

In den **Großen Bleichen** taucht man in das Einkaufsviertel der City ein. Hinter Fassaden des 19./20. Jhs. verstecken sich oftmals Büros und Ladenpassagen, z. B. das mondäne Hanseviertel oder das Kaufmannshaus. Der **Neue Wall** glänzt mit exklusiven Modegeschäften und Flagshipstores, und am Alsterfleet lädt der **Alsterwanderweg** zum Flanieren am Wasser ein. An der Schleusenbrücke gelangt man zum Rathausmarkt: städtischer Festplatz oder einfach nur Treffpunkt vor dem prunkvollen **Rathaus** von 1897 (s. S. 10). Die runde Treppe an der Kleinen Alster verleitet zur Verschnaufpause, ebenso am Ufer vis-à-vis die Kaffeehaustische unter den venezianisch anmutenden **Alsterarkaden.** Sie wurden nach dem Großem Brand von 1842 errichtet und gehören zu den beliebtesten Postkartenmotiven der Stadt.

Nur ein paar Schritte sind es von hier zum **Jungfernstieg,** dem Damm, mit dem im 13. Jh. die Alster aufgestaut wurde. Er bescherte den Hamburgern das herrliche Seenensemble mitten in der Stadt. Die Binnenalster wurde im 17. Jh. beim Bau der Stadtmauern und durch die Lombardsbrücke von der größeren Außenalster getrennt. Der Jungfernstieg ist beliebte Flaniermeile oder Rastplatz für Einkaufsmüde auf der Wasserseite, wo die Alsterdampfer abfahren.

Altstadt

Zum Blick auf die Binnenalster laden viele Restaurants ein, das älteste ist der Alsterpavillon, die neuesten liegen in der **Europa Passage,** der größten Shopping-Mall der Hamburger Innenstadt. Durch diesen Konsumpalast gelangt man vom Jungfernstieg geradewegs in Hamburgs Einkaufsmeile **Mönckebergstraße.**

In wenigen Schritten erreicht man von hier das Kontorhausviertel, einen backsteinernen Bürohauskomplex aus den 1920er Jahren. Sein Aushängeschild ist Fritz Högers markantes **Chilehaus,** dessen Silhouette an einen Ozeanriesen erinnert. Den besten Überblick über das Ensemble gewährt der **HighFlyer,** ein Fesselballon, der hier, genau an der Grenze zwischen Altstadt und Hafen, 150 m hoch im Himmel schwebt.

Die Trostbrücke quert das Nikolaifleet am ältesten Hafenbecken der Stadt; nahebei führt im Turm der kriegszerstörten **Nikolaikirche** ein Lift zu einer Aussichtsplattform in 75 m Höhe. In der **Deichstraße** wird man ins 18. Jh. versetzt: Hier reihen sich stattliche Kaufmannshäuser, in denen Kontor, Speicher und Wohnung unter einem Dach vereint waren. Eine Pause in einem der Restaurants ist Hamburger Tradition.

Speicherstadt

In den prächtigen Backsteinbauten der Speicherstadt wurden 100 Jahre lang Importwaren zollfrei gelagert. Seit 2002 aus dem Freihafen ausgegliedert, beherbergen sie nun Ateliers, Museen und schicke Büros. Eine elegante Fußgängerbrücke schwingt sich über den Zollkanal und führt zwischen den Speichern und den Neubauten der HafenCity zum Sandtorhafen – ein Modell des städtebaulichen Großprojekts steht im nahen **Kesselhaus** (s. S. 21). Hafen und Stadt, Alt und Neu verschmelzen am Ende dieses Stegs; Paradebeispiel ist die **Elbphilharmonie,** die als gläserner Aufbau auf Kaispeicher A gesetzt werden soll. Vom Sandtorhöft starten viertelstündlich **HADAG-Fähren** der Linie 62 zu Elbfahrten, bei denen man am Hamburger Stadtpanorama und der modernen Architektur der Hafenkante vorbeigleitet.

Wo's was zu essen gibt

■ **Punto Medio**
Europa Passage, Ballindamm 40, Tel. 0 40/30 38 32 60.
Restaurant im 2. Obergeschoss der Europa Passage, durch dessen 40 m lange Glasfront man einen traumhaften Blick auf Jungfernstieg und Binnenalster genießt. Dazu gibt es mediterrane Küche mit raffinierten Zutaten-Kombinationen und ein umfangreiches Kaffeeangebot. ○○

■ **Alt Hamburger Aalspeicher**
Deichstr. 43, Tel. 0 40/36 29 90.
Alte Gemälde, Antiquitäten und Raffgardinen prägen das Ambiente des Lokals in der historischen Deichstraße. Frischen oder geräucherten Aal u. a. Fischgerichte bekommt man hier in vielfältigen Zubereitungen; und natürlich gibt es auch Hamburger Aalsuppe, in die zwar Backobst, aber eigentlich kein Aal gehört. ○○

Hafentour per Fahrrad

Ein Gebiet von 75 km² nimmt Hamburgs Hafen ein, das sind 10 % der Gesamtfläche des Stadtstaats. Bei »Hafen« denkt man an Wasser und Schiffe, aber genauso wichtig sind die Einrichtungen auf der Landseite – nicht nur Kaianlagen, Lagerschuppen, Werften und Fabriken, sondern auch Straßen, Eisenbahntrassen, Zollämter, Lotsenstationen, Feuerwehren u. v. a. m. Obendrein warten entlang des Weges viele Überraschungen, wie Angelstellen, Picknickplätze im Grünen und schöne Ausblicke.

■ **Anfahrt:** S 1, S 2, S 3, U 3 Landungsbrücken
■ **Zeitplanung:** 1/2 Tag oder länger. Die Radstrecke beträgt ca. 26 km.
■ **geeignet für:** alle, die sicher Rad fahren, Kinder ab ca. 10 Jahre

Durch den Alten Elbtunnel

Der Alte Elbtunnel stellte bei seiner Eröffnung 1911 als erste Flussunterquerung des Kontinents eine technische Sensation dar. In den beiden Kopfbauten nördlich und südlich der Norderelbe befördern mächtige Fahrkörbe Pkws zur über 20 m tief gelegenen Tunnelsohle hinunter. Motive aus Hafen und Geschichte zieren die Wände des Kuppelbaus; die 426,5 m langen Tunnelröhren sind mit Meeresgetier-Keramiken dekoriert.

Am Südausgang auf der Insel Steinwerder betritt man das **Freihafengelände** nahe dem Haupteingang der Werft von Blohm & Voss und ihrem riesigen Trockendock Elbe 17. Am Elbufer genießt man einen großartigen Panoramablick auf den Schiffsverkehr im Elbstrom, die Landungsbrücken und die City mit dem Michel. Noch ein wenig näher ist man der Stadt bei einem Schlenker zum **Theater im Hafen** (Spielort des Musicals »König der Löwen«, s. S. 32).

■ **Hafenmuseum im Aufbau**
Kopfbau 50 a, Australiastraße, 20457 Hamburg, Tel 0 40/73 09 11 84
■ **Öffnungszeiten:** Ostern–Ende Okt. Di–Fr 14–18, Sa, So 10–18 Uhr, Hafenerkundung für Kinder So 11 Uhr
■ **Preise:** Erwachsene 2 €, freier Eintritt für Kinder bis 18 Jahre sowie Eltern mit Kindern So 10–13 Uhr

■ **Ballinstadt**
Veddeler Bogen 2 b, 20539 Hamburg, Tel. 0 40/8 53 33 50, www.ballinstadt.de
■ **Öffnungszeiten:** Die Eröffnung ist für den 4. Juli 2007 geplant, aktuelle Infos s. Webseite
■ **Preise:** s. Internet

Zum Köhlbrand

Vom Theater aus geht es auf dem Ellerholzdamm südwärts. Aufpassen heißt es am Reiherdamm – hier muss man die Unterführung unter der Ellerholzbrücke finden, die zur Wasserschutzpolizei am **Travehafen** führt. Wo heute Binnenschiffe im flachen Hafenbecken dümpeln, sollen in naher Zukunft Container gelagert werden. Noch aber kann man auf einem Sandpfad am Roeloffsufer entlangradeln und sich im Grünen unter Bäumen wie in einer Sommerfrische fühlen, während jenseits der Bahnschienen der Rossdamm allmählich in die Anfahrt zur ca. 4 km langen Köhlbrandbrücke übergeht.

Die Weiterfahrt über Breslauer Straße und Rossweg führt an modernen Lagerhallen, Brachland und gewaltigen Schrott-Lagerplätzen vorbei; stets hat man dabei Hafenbecken, Verladebrücken und Containerschiffe im Blick. Um den **Köhlbrand** zu erreichen, passiert man den Zollausgang und sucht sich am Köhlbranddeich ein Plätzchen zur Ausschau. Vielleicht schippert gerade ein Ozeanriese vorbei; jenseits liegen die modernen Containeranlagen des Burchardkai-Terminals. Man kann im Kanal angeln, am Deich oder im angrenzenden Wäldchen picknicken, fast schon unter der 53 m hohen **Köhlbrandbrücke.**

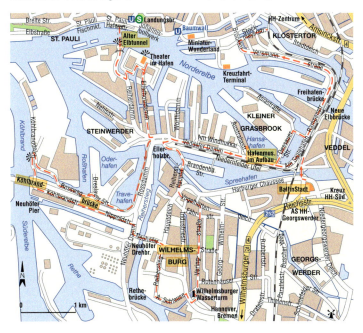

Insel Wilhelmsburg

Am Neuhöfer Pier nehmen Riesensilos Getreide, Ölsaaten und ähnliche Güter auf, die mit Elevatoren aus dem Schiffsinneren gesaugt werden. Über die Nippoldstraße gelangt man südwärts zur Neuhöfer Drehbrücke und überquert den Kanal Reiherstieg. Karges Wiesengelände und Containerstellplätze begleiten den Reiherstieg-Hauptdeich nach Süden. Noch! Denn Hamburgs größter Stadtteil Wilhelmsburg blickt grünen Zeiten entgegen: 2013 soll auf der Elbinsel eine internationale Gartenbauausstellung stattfinden, bei der die soziale Stadtteilentwicklung im Mittelpunkt steht. Alleen und Parks zieren das Multi-Kulti-Arbeiterviertel allerdings schon heute. Über die Zollstelle am Reiherstieg-Hauptdeich fährt man wieder in den Freihafen ein.

Hafenmuseum im Aufbau

Was im Kaischuppen 50 des Hafenmuseums an historischen Utensilien gelagert wird, ist ein Universum für sich: Arbeits- und Umschlagegeräte, exotische Güter, Kontrollzettel, Bilder und Karten dokumentieren die Arbeit im Hafen und die mit dem Technologiewandel einhergehenden Veränderungen. Draußen am Kai liegen Dampfkran, Saugbagger, Schuten und andere Schiffe so malerisch, dass sie gern als Filmkulisse benutzt werden. Am Ufer stehen neben alten Kaikränen, Gabelstaplern und Eisenbahnwaggons auch alte kleinere Vancarrier, Hubwagen aus den Anfangstagen des Containerhandlings.

Sonntags lädt das Hafenmuseum besonders Kinder ein: Sie hantieren mit Dampfmaschinen, vollziehen die langen Reisen exotischer Produkte nach und erfahren, wie diese im Hafen gelöscht und gelagert werden, lernen Seemannsjargon und vieles mehr. »Dampfseminare« gibt es auch für Erwachsene und Kurse und Führungen sogar auf Plattdeutsch.

Auswandererwelt BallinStadt

Über 5 Mio. Menschen wanderten zwischen 1850 und 1934 von Hamburg in die Neue Welt aus – die meisten davon auf Schiffen der Reederei HAPAG (Hamburg-Amerikanische Packetfahrt-Actien-Gesellschaft). Ende des 19. Jhs. schwoll der Emigrantenstrom stark an. Die Quartiere waren in erbärmlichem Zustand. Damit der lukrative Auswandererboom nicht an Hamburg vorbeiging, ließ Albert Ballin, der Generaldirektor der HAPAG, 1901 im Hafen ein Ausreisezentrum mit eigenem Bahnanschluss errichten. Es umfasste neben Schlaf- und Speisesälen Bäder, Gottesdiensträume und ein Verwaltungsgebäude. Die Anlagen sind nicht mehr erhalten, aber historisch – und touristisch – so interessant, dass sie bis Juli 2007 am alten Ort neu erstehen: In der BallinStadt werden drei der ursprünglich 30 Gebäude rekonstruiert, eine Ausstellung behandelt das Thema »Auswanderung« in allen Aspekten.

An der Unterführung am S-Bahnhof Veddel kehrt man ins Freihafengebiet zurück, überquert die Freihafen-Elbbrücke und malt sich auf der langen Versmannstraße aus, wie dieses zur HafenCity gehörige Gelände in einigen Jahren aussehen wird.

Wo's was zu essen gibt

■ Food for Friends
Köhlbranddeich 30,
Tel. 0 40/7 54 46 64, Mo–Fr 6–14 Uhr.
Einfache Kantine im Schulschiff des Fortbildungszentrums Hafen Hamburg. Hier können zukünftige Hafenexperten, aber auch alle anderen, die in dieser entlegenen Gegend Appetit bekommen, preiswert ihren Hunger stillen – mit Blick auf die Elbe. ○

■ Baguetteladen
Veringstr. 97, Tel. 0 40/7 52 22 20.
Zuverlässig versorgt das Lokal mitten in Wilhelmsburg seine Kundschaft mit täglich frischen Salaten und liebevoll belegten Baguettes. Hier trifft sich die Nachbarschaft des Multi-Kulti-Viertels, nimmt Platz auf einfachem Gestühl und klönt. ○

■ Oberhafenkantine
Stockmeyerstr. 39,
Tel. 0 40/98 23 56 15.
In dem früheren Imbiss für Hafenarbeiter führt heute Christa Mälzer Regie, die Mutter des bekannten Fernsehkochs. Neben Hausmannskost wie Labskaus mit Spiegelei gibt es richtig feine Currywurst. ○○

Am Nordufer der Elbe

Riesige Containerfrachter und die größten Kreuzfahrtschiffe der Welt kommen von der Nordsee den Elbstrom herauf. Besonders auf den letzten 30 km vor dem Hamburger Hafen ist die Strecke sehr abwechslungsreich – nicht nur für die Menschen auf den Schiffen. Auf dieser Tour elbabwärts lernt man die bildschönen und interessanten Gemeinden am Ufer kennen und hat dabei fast immer den faszinierenden Schiffsverkehr im Blick.

■ **Anfahrt:** ab S-Bahnhof Blankenese in Blankeneser Bahnhofstraße, dann in Oesterleystraße abbiegen, etwa auf der Höhe des Hesseparks parken
■ **Zeitplanung:** 1/2 Tag, mit Wanderung auf dem Planetenweg ganzer Tag
■ **geeignet für:** alle, die im Anblick der Elbe gern ein paar Kilometer zu Fuß gehen
■ **Veranstaltungen:** Osterfeuer am Blankeneser Strand; Ende April vogelkundlicher Tag in der Carl Zeiss Vogelstation

■ **Willkomm-Höft**
Schiffsbegrüßungsanlage Schulauer Fährhaus, Parnaßstr. 29, 22880 Wedel, Tel. 0 41 03/9 20 00
■ **Öffnungszeiten:** tgl. 8 Uhr bis Sonnenuntergang, max. bis 20 Uhr
■ **Preise:** gratis

■ **Buddelschiff- und Muschelmuseum** im Schulauer Fährhaus
Parnaßstr. 29, 22880 Wedel, Tel. 0 41 03/92 00 16
■ **Öffnungszeiten:** Sommersaison tgl. 10–18 Uhr, Okt.–Febr. nur Sa, So
■ **Preise:** Erwachsene 1,50 € inkl. 1 Kind, Kinder 1 €

■ **Heimatmuseum Wedel**
Küsterstr. 5, 22880 Wedel, Tel. 0 41 03/1 32 02
■ **Öffnungszeiten:** Do–Sa 14–17, So 11–17 Uhr
■ **Preise:** gratis, Spende erbeten

■ **Ernst Barlach Gesellschaft und Museum**
Mühlenstr. 1, 22880 Wedel, Tel. 0 41 03/91 82 91, www.ernst-barlach.de
■ **Öffnungszeiten:** Di–So 11–17 Uhr
■ **Preise:** Erwachsene 5 €, Schüler und Studenten 3 €

■ **Carl Zeiss Vogelstation**
Wedeler Elbdeich, 4 km westlich der Schulauer Straße, Tel. 0 40/ 6 97 08 90, www.nabu-hamburg.de
■ **Öffnungszeiten:** Mi, Sa, So 10–16 Uhr; Führungen n. V.
■ **Preise:** Eintritt frei

Blankenese

Wegen der winzigen, steilen Straßen heißt es: Auto parken und einige der 58 Blankeneser Treppen mit ihren über 4000 Stufen ausprobieren. Beim Abstieg vom Kiekeberg windet sich die Charitas-Bischoff-Treppe zwischen bunten Gärtchen und Kapitänshausern hindurch, und man schaut auf den Blankeneser Südhang wie in ein Amphitheater. Rasch ist über weitere Pfade der **Strandweg** erreicht. In diesem Straßengewirr am Hangfuß waren von jeher Fischer, Lotsen und Schiffer ansässig. Vom Nordufer der Elbe fuhren jahrhundertelang Fähren zum gegenüberliegenden Cranz hinüber. Am Anleger, dem **Blankeneser Bulln,** machen in der Saison die Ausflugsschiffe aus Hamburg und die Personenfähre aus Cranz fest. Von diesem Ponton lässt

sich das schöne Panorama von Blankenese ähnlich gut überblicken wie von einem Schiff auf der Elbe: Auf dem 72 m hohen **Süllberg**, dem Wahrzeichen Blankeneses, weht die Flagge eines Aussichtsturms, und das dunkle Grün der umliegenden Parks umrahmt ein Gewirr von Häuschen inmitten von blühenden Gärten.

Willkomm-Höft

Das **Schulauer Fährhaus** in Wedel, das schon im 19. Jh. das Schankrecht besaß, entstand nach der Nutzung als Lazarett im Zweiten Weltkrieg

1949 neu. Wie macht man einen Gasthof am Elbufer jenseits der Hamburger Stadtgrenze und über 20 km von Zentrum entfernt zu einem attraktiven Ausflugsziel? Gastwirt Otto Friedrich Behnke hatte eine zündende Idee: Er erfand die Schiffsbegrüßungsanlage Willkomm-Höft. Alle Schiffe ab 500 BRT, die auf der Elbe vorüberfahren, werden hier in ihrer Landessprache und mit ihrer Nationalhymne begrüßt. Die Schiffe grüßen zurück, indem sie ihre Flagge dippen (herabsenken). Ein »Begrüßungskapitän« vermittelt über Laut-

Wo's was zu essen gibt

■ **Op'n Bulln**
Hamburg-Blankenese,
Tel. 0 40/86 99 62.
Der Name sagt, wo dieses einfache Lokal zu finden ist: direkt auf dem Blankeneser Anleger. Die Küche bietet hausgemachten Kuchen und regionale Fischgerichte, die auch den hiesigen Kennern munden – Scholle, Brathering oder Matjes. ○

■ **Seven Seas**
Süllbergsterrasse 12, Hamburg-Blankenese, Tel. 0 40/8 66 25 20.
Herzstück des Hotelkomplexes auf dem Süllberg ist das Gourmetrestaurant, das Sternekoch Karlheinz Hauser zu einem Vorzeigestück der Hamburger Gastro-Szene gemacht hat. Im eleganten Salon finden nur

30 Personen Platz, hier genießt man französische Küche mit internationalen Einflüssen. Etwas lockerer geht es im **Süllberg Bistro** zu, wo man auf »World Cuisine« in leichten Variationen spezialisiert ist. ○○○

■ **Restaurant Graf Luckner**
Parnaßstr. 29, Wedel,
Tel. 0 41 03/9 20 00.
Das Lokal im Schulauer Fährhaus hat seine schönen, hohen Räume mit den großen Fenstern auf die Elbe hinaus liebevoll renoviert. In gemütlichem Ambiente speist man hier Fischspezialitäten aus frischesten und weitgehend naturbelassenen Zutaten. An warmen Tagen ist die Caféterrasse mit Blick auf die Schiffsbegrüßungsanlage einfach unschlagbar. ○○

sprecher Informationen zu dem betreffenden Schiff. Man sitzt auf der Terrasse bei einem Kaffee, und die ganze Welt fährt an einem vorüber!

Als zusätzliche Attraktion erwartet den Gast ein **Buddelschiff- und Muschelmuseum,** dessen Glanzstück die HMS Victory in einer 40 Liter-Flasche darstellt.

Rolandstadt Wedel

Auf Wedels kleinem Marktplatz steht das Wahrzeichen der Stadt, die gedrungene Steinfigur des **Roland.** Vermutlich stammt sie aus dem 16. Jh., als Wedel längst die Marktgerechtigkeit besaß – das Städtchen war schon im Mittelalter ein wichtiger Umschlagplatz für Vieh. Im ehemaligen Schulhaus ist heute das **Heimatmuseum** untergebracht, das die Geschichte Wedels vom Mittelalter bis ins 20. Jh. dokumentiert.

Bekanntester Sohn der Stadt ist der Bildhauer, Zeichner und Dramatiker **Ernst Barlach** (1870–1938). Er zählt zu den bedeutendsten Vertretern des deutschen Expressionismus. Sein **Geburtshaus** ist ein Zentrum der Barlachforschung und besitzt eine repräsentative Sammlung seiner Werke; hier finden regelmäßig Veranstaltungen zur Kunst und Literatur der klassischen Moderne statt.

Auf dem Wedeler Deich

Vom Markt geht es nun hinunter zum Elbdeich. Während auf der Elbe Schiffe aus der großen, weiten Welt vorüberziehen, führt der Deichweg

ins Universum: In der Wedeler Marsch wurde ein **Planetenlehrpfad** angelegt. Den Auftakt bildet die Sonne an der Ecke Schulauer Straße/ Deichtrasse, von dort aus sind es etwa 60 m bis zum Merkur, und nach 150 m folgt die Erde. Wer bis zum Pluto gelangen will, muss allerdings fast 6 km laufen!

Der Deich führt am großen Wedeler Yachthafen vorüber, dann öffnet sich die Sicht zur Elbe und auf das vogelreiche Gebiet des Süßwasserwatts am breiten Elbufer oder in der feuchten Marsch. Um die Gänse, Reiher, Kormorane und Watvögel genauer beobachten zu können, sollte man ein Fernglas dabeihaben. In der **Carl Zeiss Vogelstation** werden auch Gläser ausgeliehen; Ornithologen geben naturkundliche Informationen über die seit den 1970er Jahren durch den neuen Elbdeich stark veränderte Naturlandschaft.

Landleben im Nordosten Hamburgs

Städtisch besiedelt sind die so genannten Walddörfer in Hamburgs Nordosten. Die U-Bahn fährt nun dorthin, wo vor wenigen Jahrzehnten noch Ackerbau betrieben wurde. Die Erinnerung daran hält das Museumsdorf Volksdorf wach. Vor den Toren Hamburgs lockt die grüne Stadt Ahrensburg mit ihrem zauberhaften Renaissance-Wasserschloss. Im Naturschutzgebiet Duvenstedter Brook haben seltene Pflanzen- und Tierarten ein Rückzugsgebiet gefunden.

■ **Anfahrt:** U 1 Volksdorf, falls ab dort geradelt werden soll, Rückfahrt ab U 1 Ohlstedt; mit dem Pkw über Berner Heerweg/Farmsener Landstraße, am Nordende des Volksdorfer Waldes rechts in die Eulenkrugstraße abbiegen, die zweite Straße links führt nach 200 m zum Museumsdorf
■ **Zeitplanung:** ein Tag. Wer radelt, muss etwa 30 km zurücklegen.
■ **geeignet für:** Eltern mit Kindern, Naturfreunde, Heimatkunde-Interessierte
■ **Veranstaltungen:** Gewerketage im Museumsdorf Volksdorf (Termine siehe Internet); Sept.–Okt. Hirschbrunft im Duvenstedter Brook

■ **Museumsdorf Volksdorf**
Im Alten Dorfe 46–48, 22359 Hamburg, Tel. 0 40/6 03 90 98, www.museumsdorf-volksdorf.de
■ **Öffnungszeiten:** Di–So 9–18 Uhr, Führungen April–Okt. Di–So 15 Uhr, Nov.–März So 15 Uhr, sonst n. V.
■ **Preise:** Gelände gratis, Gebäude nur mit Führung 3 €, Kinder 1 €

■ **Ahrensburger Schloss**
Lübecker Str. 1, 22926 Ahrensburg, Tel. 0 41 02/4 25 10, www.schloss-ahrensburg.de
■ **Öffnungszeiten:** März–Okt. Di–Do, Sa, So 11–17 Uhr, Nov.–Febr. Mi, Sa, So 11–16 Uhr; Sa, So 14.30 Uhr öffentliche Führung
■ **Preise:** Erwachsene 4 €, Kinder bis 12 Jahre 1,50 €, Familienkarte 8 €; Führung 2,50 € zzgl. Eintritt, Audioguide kostenlos

■ **Naturschutz-Informationshaus Duvenstedter Brook**
Duvenstedter Triftweg 140, 22397 Hamburg, Tel. 0 40/6 07 24 66
■ **Öffnungszeiten:** April–Okt. Di–Fr 14–17, Sa 12–18, So 10–18 Uhr, Febr., März, Nov. Sa 12–16, So 10–16 Uhr
■ **Preise:** Eintritt frei, Führungen Erwachsene 4 €, Kinder 2 €

Museumsdorf Volksdorf

»De Spieker«, der Speicher, nennt sich die Gesellschaft für Heimatpflege und Heimatforschung in den Hamburgischen Walddörfern, jenen herrlich durchgrünten, aber ganz und gar städtischen Gemeinden in Hamburgs Nordosten. Sie betreut u. a. das Museumsdorf Volksdorf, das sieben Fachwerkhäuser des 17. bis 19. Jhs. und eine Ausstellung mit Haus- und Arbeitsgeräten umfasst. Das **Spiekerhaus** wird als Veranstaltungssaal für Konzerte und Ausstellungen genutzt; im **Dorfkrug** kann man wie eh und je ländlich speisen; in der **Alten Schmiede** sind Archiv und Bibliothek untergebracht. Auf dem schön gestalteten **Außengelände** rennen Hühner, Enten, Ziegen und Schafe umher; die Schweine mit dem schönen Namen »Dänisches Protestschwein« verhalten sich ganz friedlich, und im Bauerngarten wetteifern bunte Blüten an Farbenpracht.

Höhepunkte des Vereinslebens sind die **Gewerketage,** an denen der bäuerliche Alltag mit seinen von der Jahreszeit vorgegebenen Arbeitsabläufen nachempfunden wird. Da werden Tätigkeiten wie das Pflügen, Säen, Dreschen, Grütze mahlen, Flachs brechen, Imkern oder Melken vorgeführt, und jedermann ist eingeladen, zuzuschauen und z. T. auch mitzumachen. Besonders an Kinder hat man gedacht: Sie sollen sich das Hofleben vergangener Tage lebendig vorstellen können. Diesem Zweck dient auch ein buntes Ferienprogramm.

Der Verein demonstriert weiterhin, wie sich Menschen mit ihrer Umwelt auseinandersetzen mussten und müssen, z. B. beim Erhalt einer Pferdeweide im nahen Naturschutzgebiet Volksdorfer Teichwiesen. Und natürlich wird auch die plattdeutsche Sprache gepflegt.

Ahrensburger Schloss

Erst 1949 wurde Ahrensburg, nur 20 km vom Hamburger Zentrum entfernt, zur Stadt erklärt. Wo nördlich des modernen Ortskerns die B 75 einen auffälligen Schlenker macht, erstrahlt das weiße, von einem Wassergraben umgebene Schloss Ahrensburg vor der grünen Kulisse des dahinter liegenden Parks. Ende des 16. Jhs. entstand dieser prächtige

Renaissancebau, den der Kaufmann Heinrich Carl Schimmelmann 1759 erwarb, gleich mit dem dazugehörigen Dorf. Zu diesem Zeitpunkt war er bereits zum Schatzmeister des dänischen Königs avanciert.

Wie der geschäftstüchtige Mann sich ein so stolzes Anwesen zulegen und es nach seinen Vorstellungen umgestalten konnte, erfährt man auf sehr amüsante Weise durch – ihn selbst: Auf **Audioführungen** wird erzählt, wie das Finanzgenie preiswert große Mengen Meißener Porzellans erwarb und diese mit Gewinn v. a. an Hamburger Kaufleute absetzte.

Die besten Stücke behielt er für sich selbst, wie man im **Schlossmuseum** sehen kann. Nachfolgende Generationen haben in dem schönen Bauwerk weitere Kostbarkeiten hinterlassen, so dass es heute mit seinen Parkettböden, Holzvertäfelungen, Stuckdecken, Möbeln und Gemälden einer Schatztruhe der schleswig-holsteinischen Adelskultur gleicht. Die Besichtigung auf Filzpantoffeln – zum Schutz der Parkettböden – ist ein wahrer Genuss. Und auch Kinder schlurfen begeistert durch die prachtvollen Säle: An der Kasse bekommen sie kostenlos die »Sachensucher« – Foto-Karten mit Ausschnitten von Gegenständen, die es im Schloss wiederzufinden gilt.

Duvenstedter Brook

Im Nordosten Hamburgs grenzen gleich zwei Naturschutzgebiete aneinander, der Wohldorfer Wald und der Duvenstedter Brook. Bei dem Letzteren handelt es sich um eine 780 ha große **Sumpflandschaft** mit Mooren, Wiesen und Bruchwäldern.

Das recht ebene Gelände, ursprünglich ein natürlicher Stausee, ist ein Relikt der letzten Eiszeit.

Seit der Eisenzeit wurde hier Torf abgebaut und Raseneisenerz gewonnen. Der Wald verschwand, weil man Brennholz zur Verhüttung brauchte, dadurch konnte sich Heide ausbreiten. Im 20. Jh. entwässerte man große Teile des Brooks zugunsten einer landwirtschaftlichen Nutzung, aber seit den 1970er Jahren gewann der Naturschutz zunehmend die Oberhand: Der Grundwasserspiegel begann zu steigen, die Vermoorung konnte wieder einsetzen.

Größte Attraktion des Bruchlandes sind außer Rehen und Wildschweinen v. a. die **Hirsche:** Vom 1. September bis zum 20. Oktober sind zwischen 16 und 8 Uhr einige der Wege gesperrt, damit die scheuen Tiere nicht bei der Brunft gestört werden. Dann heißt es: Sehen, aber nicht gesehen werden – Besucher können das Geschehen von verdeckten Beobachtungsständen aus verfolgen.

Das vielseitige **Informationshaus** sollte der Ausgangspunkt für die Erkundung des Brooks sein. Es beherbergt ein kleines Museum mit Tier- und Pflanzenpräparaten, und von hier starten in der Regel auch die naturkundlichen Führungen. Außerdem finden dort Kunstausstellungen statt, die durchweg die Natur zum Thema haben – in Form von Fotos, Zeichnungen oder Gemälden.

Wo's was zu essen gibt

■ Tropen Café
Eulenkrugstr. 198, Hamburg-Volksdorf, Tel. 0 40/6 09 16 60.
Im Café des Gartencenters Pflanzenforum kann man sich unter Palmen und Bananenstauden oder auf einer Terrasse mit echten Zitronenbäumen hausgemachte Kuchen und kleine Gerichte wie Ofenkartoffeln schmecken lassen. ○—○○

■ Le Marron
Lübecker Str. 10 a, Tel. 0 41 02/23 00.
Das Wintergarten-Restaurant im Park Hotel Ahrensburg gegenüber dem Schloss pflegt eine mediterran inspirierte Aromenküche und schaut auch schon mal in Richtung Asien. In Gerichten wie der Roulade vom Galloway-Rind oder dem gebratenen Zanderfilet spiegelt sich die Liebe zu heimischen Produkten. ○○

■ Die Mühle,
Mühlenredder 38, Hamburg-Wohldorf, Tel. 0 40/6 07 66 50, Di geschl. Gediegener Landgasthof in romantischer Lage an einem Weiher. Auf der Karte findet man gefüllten Loup de Mer und Red Snapper im Rote-Bete-Mantel, aber auch Wiesenkräuter-Salat und Vierländer Ente. ○○

Bergedorf und die Vierlande

Bergedorf und das südlich davor liegende Elbmarschengebiet gehörte bis 1868 Hamburg und Lübeck zu gleichen Teilen: Als lachende Dritte konnten hier das Städtchen und die Vierlande recht eigenständig schalten und walten. Die Landschaft am Geesthang und in den Elbmarschen ist sehr vielfältig, und bäuerliche Traditionen werden bis heute gepflegt.

■ **Anfahrt:** A 1 Ausfahrt Billstedt, B 5 Richtung Bergedorf; U3 Mümmelmannsberg, über Bergedorfer Straße zum Aussichtspunkt am westlichen Ende der Straße Am Langberg
■ **Zeitplanung:** ein Tag. Mit dem Rad sind es von der U-Bahn-Station Mümmelmannsberg bis zum Zollenspieker Fährhaus rund 20 km, für die Rückfahrt zum S-Bahnhof Bergedorf sollte man noch einmal 12 km veranschlagen.
■ **geeignet für:** Ausflügler auf Spurensuche nach Vielfalt in der Großstadt
■ **Veranstaltungen:** im Juni Erdbeerfest im Rieckhaus, im Oktober Erntedankfest in der Kirche Curslack

■ **Naturschutz-Informationshaus Boberger Niederung**
Stiftung Naturschutz Hamburg/
Stiftung Loki Schmidt,
Boberger Furt 50, 21033 Hamburg,
Tel. 0 40/73 93 12 66,
www.stiftung-naturschutz-hh.de/
boberg/index.htm
■ **Öffnungszeiten:** Mi–Fr 9–13, Sa 12–17, So 11–17 Uhr, auch Führungen
■ **Preise:** Eintritt frei, Spende erbeten (bei Führungen 1,50 €)

■ **Museum für Bergedorf und die Vierlande**
Bergedorfer Schlossstr. 4,
Tel. 0 40/4 28 91 25 09,
www.schloss-bergedorf.de,
www.bergedorfmuseum.de

■ **Öffnungszeiten:** April–Okt. Mo–Do, Sa, So 10–18, Nov.–März 11–16 Uhr
■ **Preise:** Erwachsene 3,50 €, Kinder und Jugendliche bis 18 Jahre frei

■ **Freilichtmuseum Rieckhaus**
Curslacker Deich 284, 21039 Hamburg, Tel. 0 40/7 23 12 23,
www.altonaer-museum.de
■ **Öffnungszeiten:** April–Sept. Di–So 10–17, Okt. und Jan.–März 10–16 Uhr
■ **Preise:** Erwachsene 3 €, Kinder und Jugendliche bis 18 Jahre frei

■ **Fähre Zollenspieker-Hoopte**
Tel. 01 72/4 39 28 12
■ **Fährverkehr:** März–Nov. Mo–Sa 6–20, So 8.30–20 Uhr, alle 10 Min.
■ **Preise:** PKW 3,50 €, Fahrrad 2,50 €

Boberger Niederung

Am westlichen Ende der Straße Am Langberg bietet sich die schönste Aussicht über das hier 10–15 km breite Urstromtal der Elbe: Es wurde von gewaltigen Wassermassen ausgespült, die nach dem Abschmelzen der letzten Eiszeitgletscher in Richtung Nordsee abflossen. Die Stürme hatten leichtes Spiel mit den trockenfallenden Schwemmsanden im Flusstal und wehten sie in Richtung der hohen Uferkante: Am Geesthang entstand eine bis zu 30 m hohe Dünenlandschaft, von der noch heute die **Große Boberger Düne** zeugt.

Die Boberger Niederung ist Naturschutzgebiet und wird gleichzeitig vielfältig genutzt: Man sieht Segelflieger aufsteigen, im Baggersee kann man baden, Reitwege sind ausgewiesen, und Naturliebhaber finden in dieser Landschaft aus Heideflächen, Dünen, Mooren, Wäldchen, Wiesen und Flussläufen eine reiche Fauna und Flora. Das **Naturschutz-Informationshaus** nahe dem Ufer der Bille informiert über die Geologie des Naturschutzgebiets und seine biologischen Besonderheiten.

Bergedorf und sein Schloss

Wer Bergedorf auf seiner heutigen Hauptstraße durchquert, lernt nur das moderne Gesicht der Stadt kennen, aber die Fußgängerzone Sachsentor und ihre Fortsetzung, die Holstenstraße, führen in die mittelalterliche **Altstadt** mit der Kirche **St. Petri und Pauli**.

Auf einer Bille-Insel erhebt sich hier das Bergedorfer **Schloss** mit seinem malerischen Wassergraben und dem Schlossgarten. Im 13. Jh. erbauten die Dänen hier eine kleine Wehrburg, um einen uralten Handelsweg zu sichern. Sie wurden jedoch vertrieben, und die Sachsenherzoge rück-

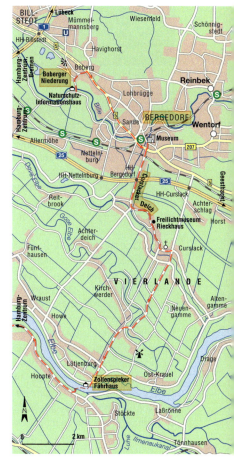

ten als Landesfürsten von Bergedorf nach, zu dem auch ein Teil der Elbniederung gehörte. 1420 eroberten die Hansestädte Hamburg und Lübeck mit vereinten Kräften Stadt und Burganlage. Das Schloss wurde Sitz des Amtmanns für Bergedorf und die Vierlande, immer abwechselnd eines Hamburgischen und eines Lübischen, bis 1868 die Hamburger die Lübecker auszahlten und das Gebiet für sich allein erhielten.

Der malerische Backsteinbau mit seinen Stufengiebeln und der im 19. Jh. rekonstruierten Tordurchfahrt beherbergt heute das **Museum für Bergedorf und die Vierlande.** Hier werden die Stadt- und Schlossgeschichte, Trachten, Bauernmöbel und weitere kulturelle Zeugnisse der Region präsentiert. Aus einer Vierländer

Großkate wurde das Hitscher-Zimmer ins Museum überführt: Seine reiche Ausstattung zeigt, dass zumindest einige Vierländer Bauern nicht arm waren. An die Funktion des Schlosses als Amtsgebäude erinnert das mit kostbaren Intarsien u. a. Holzarbeiten geschmückte Landherrenzimmer.

Auf dem Curslacker Deich

Schnurgerade führt die Vierlandenstraße südwärts aus Bergedorf heraus, dann aber – auf dem Curslacker Deich – bekommt man eine Ahnung davon, unter welchen Mühe sich die Menschen im niedrigen Elbtal früher vor Überschwemmungen schützen mussten: Jede Schleife der Dove Elbe, inzwischen zu einem Bach verringert und vom Hauptstrom abgetrennt, macht der Deich mit, zum Fahren und Radeln eine kurvenreiche Angelegenheit, wunderschön geht es durch Gärten, Wiesen und Blumenbeete. Man passiert das **Freilichtmuseum Rieckhaus,** ein reetgedecktes Fachhallenhaus von 1533 mit üppigem Bauerngarten und Hofanlage. Besonders lebhaft geht es hier im Juni zu, wenn das Erdbeerfest gefeiert wird. Die Pfarrkirche **St. Johannis** in Curslack zeigt sich beim Erntedankfest von ihrer schönsten Seite. Ihr Fachwerksaal ist bunt und liebevoll ausgestattet; auffällig sind die handgestickten Sitzkissen und die schmiedeeisernen Hutständer auf den Rückenlehnen der Sitzbänke.

Zollenspieker

Am Hauptstrom der Elbe angelangt, erklimmt man am besten den ca. 8 m hohen Elbdeich und hält Ausschau. Wo die 400 m breite Elbe einen Schlenker macht, steht an einem Ort mit langer Tradition Hamburgs südlichstes Gebäude: das **Zollenspieker Fährhaus.** Mindestens seit 1252 gab es hier Warenlager, ein Gasthaus und eine Fähre, vor allem aber musste hier von Schiffen und Wagen Zoll entrichtet werden. Der entfällt heutzutage, man kann aber wie damals im Gasthaus einkehren und mit einer kleinen Autofähre den Fluss überqueren. Statt zur S-Bahn-Station Bergedorf zurückzukehren, tritt man dann die Heimfahrt nach Hamburg auf dem niedersächsischen Elbdeich an (knapp 20 km bis zur S-Bahn-Station Wilhelmsburg).

Wo's was zu essen gibt

■ Jim Block

Sachsentor 2, Tel. 0 40/7 21 71 71. Burgerrestaurant in der Fußgängerzone von Bergedorf mit gemütlich abgeteilten Nischen im Inneren und mehreren Tischen im Freien. Die Steaks sind perfekt, und auch die frische Salatbar lässt nichts zu wünschen übrig. ○○

■ Forsthaus Bergedorf

Reinbeker Weg 77, Tel. 0 40/7 25 88 90. Die gemütliche Gaststätte liegt nur 5 Min. vom Schloss entfernt am Rande eines Eichen- und Buchenwaldes. Ihre norddeutschen Gerichte munden besonders gut, weil alle Zutaten frisch aus der Umgebung kommen – ob Vierländer Tomaten, Schweinefilets oder die Beeren für die Rote Grütze. ○○

■ Zollenspieker Fährhaus

Zollenspieker Hauptdeich 143, Tel. 0 40/7 93 13 30. In dem Traditionsrestaurant mit großartigem Elbblick hat man die Wahl zwischen dem eleganten Restaurant im Wintergarten mit gehobenem Speisenangebot (sehr passend: Deichlamm in der Käsekruste) und der rustikalen Vierländer Stube, wo regionale Gerichte wie Scholle und Sauerfleisch auf den Tisch kommen. ○○

Altes Land

Das Alte Land ist Deutschlands größtes Obstanbaugebiet, aber in den tief liegenden Süderelbmarschen werden auch Flugzeuge und Schiffe produziert. Modernste Industrie im Wechsel mit bezaubernden Wanderwegen auf gewundenen Deichen zwischen Obstbäumen machen den Reiz einer Tour in dieses jahrhundertealte Kulturland aus.

■ **Anfahrt:** A 7 Ausfahrt Waltershof nach Finkenwerder; mit dem Rad Fähre 62 nach Finkenwerder, zurück von Neuenfelde zur S-Bahn Neugraben
■ **Zeitplanung:** mit dem Pkw guter 1/2 Tag, mit dem Rad ganzer Tag. Die Radstrecke beträgt etwa 30 km.
■ **geeignet für:** Genuss-Spaziergänger, an ländlicher Kultur und Technik Interessierte
■ **Veranstaltungen:** Besonders lohnend ist ein Besuch im Alten Land zur Zeit der Obstblüte im Frühjahr und zur Erntezeit im Herbst.

Finkenwerder

»Werder« bedeutet Insel, aber der schon 1445 zu Hamburg gehörige Finkenwerder hat seit der Abdämmung der Süderelbe nach der schweren Sturmflut 1962 seinen Inselstatus verloren. Der aussichtsreichste Weg dorthin bleibt die Fahrt mit der **HADAG-Fähre** ab St. Pauli-Landungsbrücken. Wer auf Finkenwerders Hauptstraße, dem Norderdeich und dem Neßdeich, zwischen den niedrigen Häusern ins Hinterland schaut, sieht Obstplantagen, Gärten und Grünland. Nur noch im **Kutterhafen** erinnern ein paar Schiffsveteranen an Finkenwerders große Zeit als Zentrum der Fischerei und des Schiffsbaus. Umso mehr Bedeutung hat der seit den 1930er Jahren ansässige

■ **Airbus-Werksführung**
Organisation über Globetrotter-Reisebüro, Dingstätte 16, 25421 Pinneberg, Tel. 0 41 01/5 45 00, www.airbus-werksfuehrung.de
■ **Zeiten:** Mo–Fr 9–16.30 Uhr, Dauer 2,5 Std., Reservierung erforderlich
■ **Preise:** Erwachsene 13 €, Schüler 10 €, Mindestalter 14 Jahre

■ **Museum Altes Land**
Westerjork 49, 21635 Jork, Tel. 0 41 62/57 15, www.jork.de/museen
■ **Öffnungszeiten:** April–Okt. Di–So 11–17 Uhr, Nov.–März Mi, Sa, So 13–16 Uhr
■ **Preise:** Eintritt frei, Spenden sind jedoch stets willkommen.

Flugzeugbau gewonnen: Im Westen wächst und wächst das **Airbus-Gelände.** Ein Teil des Elbe-Watts im Mühlenberger Loch musste dafür geopfert werden. Bei einer Werksbesichtigung führt der Rundgang u. a. in die Montagehallen für die kleineren Airbusse 318, 319 und 321 sowie zu Ausstellungen über Werkserweiterungspläne und den Airbus 380.

Sietas-Werft

Westwärts, im Schutz des 8,30 m hohen Elbdeichs, wird man von Apfelplantagen begleitet. Auffälliger noch sind die Helgen und Kräne der Sietas-Werft an der Mündung des Flüsschens Este in die Elbe und das hohe Gerüst der Klappbrücke am **Este-Sperrwerk.** Der Blick über die Elbe richtet sich hier direkt auf Blankenese. Bei Niedrigwasser ist die Wattfläche voller emsiger Vögel auf Futtersuche; bei Hochwasser wird bei Bedarf die **Este-Klappbrücke** hochgezogen, und man kann die Durchfahrt von Sportbooten, manchmal sogar eines großen Schiffs der Werft erleben.

Von Cranz über Borstel nach Jork

Das sumpfige Elbtal zwischen Stade und Hamburg konnte erst seit dem 12. Jh. intensiv genutzt werden, nachdem holländische Experten mit Hilfe der ansässigen Bevölkerung das **Alte Land** entwässert und eingedeicht hatten. Sie bearbeiteten von West nach Ost zunächst die sog. Erste Meile zwischen den Flüssen Schwinge und Lühe, dann die Zweite Meile zwischen Lühe und Este, schließlich

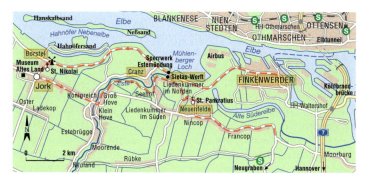

die Dritte Meile östlich der Este bis zur Süderelbe. Diese Meile liegt jetzt auf Hamburger Gebiet, die anderen beiden gehören überwiegend zu Niedersachsen. In den kleinen Ort **Cranz** strömen im Frühjahr Scharen von Großstädtern, um beim Spaziergang auf dem alten Estedeich den Blick auf das Blütenmeer der Apfel-, Birnen- und Kirschbäume zu genießen.

Entlang der Straße laden viele Höfe zum Obstkauf ein. In **Borstel** erinnert die Windmühle »Aurora« daran, dass auf den fruchtbaren Äckern einst auch Getreide stand. Inzwischen aber prägen im Alten Land Obstbäume das Bild. Fachwerkhäuser mit weiß gekalkten Eichenbalken und roten Backsteinfüllungen sind typisch für diese Gegend; besonders

dekorativ durch seine bunt bemalten Türen ist der Wehrt'sche Hof aus dem 17. Jh. (Privatbesitz) nahe der um 1400 gebauten und in der Barockzeit erweiterten St. Nikolai-Kirche.

Zentrum des Obstanbaus ist das Fachwerkstädtchen **Jork;** hier dokumentiert das Museum Altes Land, welch immensen technischen Aufwand das Leben im ständig überflutungsgefährdeten Elbtal erforderte. Andererseits warf der fruchtbare Boden gute Erträge ab – sichtbar z. B. am reichen Schmuck der ausgestellten Trachten. Von Wohlstand zeugen auch die Altländer Bauernhöfe mit ihren üppig verzierten Prunkpforten. Einige besonders schöne Exemplaren säumen die schnurgerade Straße zur Estebrücke.

Neuenfelde

Einer schönen, stillen Deichstrecke mit mehreren alten Höfen folgt die Straße am rechten Este-Ufer, die am Werftgelände von Sietas vorbei in den Dorfkern von Neuenfelde führt. Kostbarstes historisches Erbe der Gemeinde ist die **St. Pankratius-Kirche**: Sie ersetzte im späten 17. Jh. ihre mittelalterliche Vorgängerin und ist einheitlich barock gestaltet. Wertvollster Schatz im Inneren ist die Arp Schnitger-Orgel. Der berühmte Orgelbauer (1648–1719) hatte sich in Neuenfelde niedergelassen und durfte später das Patronatsgestühl rechts vom geschnitzten Kanzelaltar für sich und seine Familie beanspruchen.

Wo's was zu essen gibt

■ **Café Albers Miteinander**
Estedeich 66, Hamburg-Cranz, Tel. 0 40/7 45 92 21.
Hübsches Garten-Café nahe dem Este-Ufer, auf Kinder wartet ein kleiner Spielplatz. Frische Brötchen aus der eigenen Bäckerei gibt es schon ab 6 Uhr morgens, und natürlich bekommt man auch echten Altländer Butterkuchen. Mittags werden warme Speisen wie Scholle mit Bratkartoffeln serviert. ○

■ **Die Mühle Jork.**
Am Elbdeich 1, Borstel, Tel. 0 41 62/ 63 95, Besichtigung der Mühle 10.30–12.30, 15–17 Uhr, Di geschl. Die Holländerwindmühle »Aurora« steht seit 1856 im Schutz des Elbdeichs. Mehrere Etagen dieses technischen Meisterwerks, in dem bis 1961 noch Korn gemahlen wurde, nutzt heute das Restaurant »Die Mühle Jork«. Eine Terrasse mit Blick über den hohen Deich ergänzt die Gasträume im Sommer. Besonders attraktiv ist der Raum mit dem Ausgang auf die breite, umlaufende Galerie: Von hier bietet sich ein herrlicher Rundblick über das Alte Land bis zur Elbe. Auf der Speisekarte stehen saisonale Gerichte wie Martinsgans zur Adventszeit oder Deichlamm zu Ostern; neben Deftigem gibt es auch Feines wie Strudel von Hummer und Steinbeißer auf Kohlrabigemüse. ○○

■ **Café Kännchen**
Bürgerei 1, Jork, Tel. 0 41 62/69 55, Do–Di 13–18 Uhr.
Gar nicht verfehlen kann man dieses nette Café mitten in Jork, im historischen Fachwerkhaus-Zentrum der Bürgerei: Die Sammlung von Kaffeekannen aller Formen, Farben und Größen auf Fensterbänken, in Großmutter-Schränken und auf Regalen ist ein hübscher Blickfang, von dem einen allerdings die leckeren Torten, z. B. Schokoladen-Sahne mit Eierlikör, vorübergehend ablenken. ○

Glückstadt und Stade

Wie sehr die Hafenstadt Hamburg im Laufe der Geschichte wegen ihres wirtschaftlichen Erfolgs beneidet wurde, und was die Konkurrenten taten, um von dem großen Kuchen ein Stück abzubekommen, dafür sind Glückstadt und Stade zwei interessante Beispiele.

- **Anfahrt:** A 23 Abfahrt Hohenfelde, 19 km bis Glückstadt
- **Zeitplanung:** ein Tag
- **geeignet für:** Kultur- und Geschichtsinteressierte, Liebhaber von Matjesgerichten
- **Veranstaltungen:** im Juni Glückstädter Matjeswochen; im August Internationales Holk-Fest in Stade: Kulturfestival mit Konzerten, Theatervorführungen und Comedy. Der Name des Events geht auf einen Schiffstyp der Hansezeit zurück, dessen Abbildung eine im Stader Hafen gefundene Münze ziert.

Stadtkirche
Am Markt, Glückstadt
- **Öffnungszeiten:** Di, Fr, Sa 10–12, Mi–So 14–16 Uhr
- **Preise:** Spende erbeten

Detlefsen-Museum
Am Fleth 43, 25348 Glückstadt, Tel. 0 41 24/93 76 30
- **Öffnungszeiten:** Mi, So 14–17, Do–Sa 14–18 Uhr
- **Preise:** Erwachsene 2,50 €, Kinder unter 14 Jahren frei

Elbfähre Glückstadt-Wischhafen
Am Fleth 49, 25348 Glückstadt, Tel. 0 41 24/24 30, www.elbfaehre.de
- **Fährverkehr:** tgl. 6–20 Uhr alle 20 Min., 20–22 Uhr stündlich
- **Preise:** Pkw bis 5 m 8 €, pro Person 1,50 €

Schwedenspeicher
Am Hafen, 21682 Stade, Tel. 0 41 41/32 22
- **Öffnungszeiten:** Di–Fr 10–17, Sa, So, 10–18 Uhr
- **Preise:** Erwachsene 1 €, Kinder bis 14 Jahre frei

Elbe-City-Jet
Stadersand–Lühe–Wedel–Blankenese–St. Pauli-Landungsbrücken, Reederei Klaus Suhr, Ritscherstr. 8 a, 21706 Drochtersen, Tel. 0 41 48/ 61 02 76, www.elbe-city-jet.de
- **Fährverkehr:** Ostern bis Ende Okt.; Juli/Aug. tgl. 9, 12, 15, 18 Uhr ab Stadersand, Nebensaison 9, 12.15, 16 Uhr; Fahrtdauer Stadersand–Hamburg 1 Std. 15 Min.
- **Preise:** Erwachsene 9,50 €, Kinder 4–13 Jahre 4,75 €

Glückstadt – eine ehrgeizige dänische Gründung

Einer der unternehmerischsten Könige Dänemarks war Christian IV. (1588 bis 1648): Er erkannte, dass ein zum Atlantik ausgerichteter Hafen Reichtum versprach, denn seit der Entdeckung Amerikas 1492 boomte der Handel mit den Übersee-Kolonien. In Konkurrenz zur wohlhabenden Hansestadt Hamburg ließ er 1617 an der Mündung des Flüsschens Rhin Glückstadt anlegen und warb mit dem Versprechen der Glaubensfreiheit um neue Einwohner für seine Gründung.

Der Stadtkern ist ein Musterbeispiel für eine auf dem Reißbrett geplante Residenz der Neuzeit: Vom achteckigen **Marktplatz** führten Radialstraßen zu den Bastionen, die durch Ring- oder Wallstraßen miteinander verbunden waren. Das Stadtgebiet wurde eingedeicht, und am Rhin legte man einen Binnenhafen an. Doch die Rechnung des Dänenkönigs ging nicht auf: Hamburg blieb die erste Handelsmacht der Region.

Zum Ausgleich hat sich das kleine Glückstadt bewahrt, was der hektischen Großstadt an historischem Erbe fehlt: Das schöne backsteinerne **Rathaus** mit seinen Sandsteinverzierungen ähnelt der Kopenhagener Börse. Am Turm der **Stadtkirche** (1618–23) prangt ein Anker, der 1630 von einem Hamburger Kriegsschiff erbeutet wurde. Gelbe und rote Ziegelsteine im sog. Holländerverbund schmücken die Rückfront des **Brockdorff-Palais,** das heute neben dem Stadtarchiv auch das **Detlefsen-Museum** mit stadtgeschichtlichen Sammlungen beherbergt. Das barocke **Wasmer-Palais** in der Königstraße wird heute von der Volkshochschule genutzt; im Kaminsaal mit seinen aufwändigen Stuckverzierungen finden in unregelmäßigen Abständen Kammerkonzerte statt.

Als schönste Uferstraße Norddeutschlands gilt die **Straße Am Hafen,** die als Ensemble unter Denkmalschutz steht. Ein alter **Salzspeicher** erinnert hier an das bekannteste Produkt der Stadt, den Matjes, und wenn nicht inzwischen ein Konkurrent diese Leistung überboten hat, dann steht Glückstadt mit der längsten Matjestafel der Welt im Guiness-Buch der Rekorde. Alljährlich im Juni hält Glückstadt seine Matjeswochen ab, aber in den Gaststätten des geschichtsträchtigen Städtchens ist der mild eingelegte Hering während des ganzen Jahres ein Renner.

Mit der Elbfähre nach Niedersachsen

Der Elbstrom ist auf der Höhe von Glückstadt rund 4 km breit, und für Autos besteht hier die einzige Möglichkeit zwischen Hamburg und der Nordsee, mit einer Elbfähre den Fluss zu überqueren: eine wichtige Verkehrsverbindung mit modernen Schnellfähren, die für die Strecke 25 Minuten benötigen und in rascher Folge pendeln. Sie umfahren in einem weiten Bogen die Insel Rhinplate, um dann in **Wischhafen** auf der niedersächsischen Seite anzulegen. Kein Zufall, wenn man unterwegs hoch beladenen Containerriesen, schnellen Feederschiffen oder Segelyachten begegnet.

Wo's was zu essen gibt

■ **Kleiner Heinrich**
Markt 2, Glückstadt,
Tel. 0 41 24/36 36
Glückstadt ist für Matjesgerichte bekannt. Im maritim dekorierten Gastraum des »Kleinen Heinrich« werden sie in vielen Variationen serviert, neben Brathering, Nordsee-Krabben und holsteinischen Spezialitäten. ○○

■ **Café zum Paradies**
Süderstr. 18, Drochtersen-Krautsand, 4 km ab Drochtersen,
Tel. 0 41 43/65 55.
Die selbst gebackenen Kuchen, die hier auf den Tisch kommen, sind nur ein Grund dafür, die alte Elbinsel Krautsand zu besuchen. Im Sommer kann man am 4 km langen Sandstrand liegen (März–Okt. jeden Nachmittag ausser Di, sonst Fr–So). ○

■ **Insel-Restaurant**
Auf der Insel, Stade,
Tel. 0 41 41/20 31.
Ein Altländer Gehöft auf der Bleicher Insel beherbergt das Freilichtmuseum Stade (Mai–Sept. Di–So 10–13, 14 bis 17 Uhr). Im Museumsrestaurant servieren die Bedienungen in Altländer Tracht u. a. Grünkohl mit Kasseler, Schweinebacke und Kohlwurst. ○○

Stade und die Schwedenzeit

Stade war im Mittelalter nicht nur eine ernst zu nehmende Konkurrenz für Hamburg, sondern übertraf die Stadt an der Alster zeitweilig an Bedeutung. Am Gestade – einer Anlegestelle für Schiffe – der Schwinge, eines Nebenflusses der Elbe, entwickelte sich schon im 10. Jh. ein wichtiger Hafen- und Fernhandelsplatz. Die wirtschaftliche Blüte fand jedoch im 15. Jh. ein Ende, als die Elbe ihren Lauf nach Norden verlegte und die Schwinge nahezu versandete. 1645 kamen die Stader unter schwedische Herrschaft – zu ihrem Glück: Schweden war damals eine europäische Großmacht und machte die Stadt an der Schwinge zum Verwaltungs- und Garnisonsstandort.

Die 70 Jahre andauernde schwedische Herrschaft hat Stade ihren Stempel aufgedrückt: Historische Bürgerhäuser umrahmen den alten **Hansehafen,** der das Zentrum der Altstadt bildet. Zu den schönsten Plätzen gehören der von Fachwerkbauten umstandene **Fischmarkt** mit der Rekonstruktion eines Salzkrans von 1661 und der **Pferdemarkt** mit dem barocken Zeughaus.

Der 1705 fertig gestellte **Schwedenspeicher** beherbergt heute ein Museum, das die wechselvolle Geschichte Stades aufrollt. Vom **Baumhaus** aus ließ sich mit einem schwenkbaren Holzstamm der Hafen abriegeln. An den Kaimauern sind die **Museumsschiffe** Wilhelmine, Windsbraut, Dora und Greundiek vertäut.

Nach 1945 wurden die an der Elbe gelegenen Teile Stades zum wichtigen Industriestandort. Wer während der Sommersaison die Schnellfähre **Elbe-City-Jet** nach Hamburg benutzt, bekommt einen Eindruck davon und zugleich eine schnelle und sehr aussichtsreiche Heimreise.

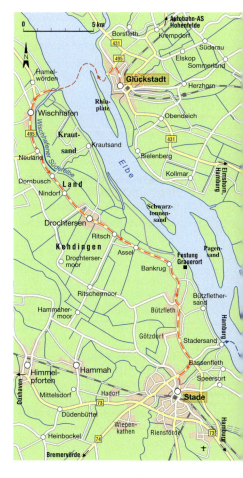

Nord-Ostsee-Kanal

Der Nord-Ostsee-Kanal ist die am häufigsten befahrene künstliche Wasserstraße der Welt. Für den Landverkehr durch Schleswig-Holstein stellt er ein Hindernis dar – der Kanal konnte im 19. Jh. nur unter der Bedingung gebaut werden, dass seine Überquerung für alle Zeiten kostenfrei blieb. Auf dieser Tour wird der Kanal immer wieder gequert; man besucht die tiefste Stelle Deutschlands und kann jede Menge »Schiffe kucken«, vor allem an den mächtigen Schleusen in Brunsbüttel.

- **Anfahrt:** A 23 Abfahrt Albersdorf
- **Zeitplanung:** ein Tag
- **geeignet für:** Naturfreunde und an Schiffen Interessierte
- **Veranstaltungen:** während der Kreuzfahrtsaison Mai–Sept. an den Kanalufern festliche Begrüßung aller großen Kreuzfahrtschiffe, die den Kanal passieren, Zeitplan bei der Touristischen Arbeitsgemeinschaft Nord-Ostseekanal, Tel. 0 43 31/6 96 38 44, www.nok-sh.de, und beim Wasser- und Schifffahrtsamt Brunsbüttel, Tel. 0 48 52/88 51 22 (automatische Ansage)

Schiffsverbindung zwischen Nord- und Ostsee

Schon vor über 1000 Jahren umgingen die Wikinger das stürmische Kattegat und schufen eine Schiffsverbindung zwischen Ost- und Nordsee: Sie nutzten den tief von Osten ins Land greifenden Wasserarm der Schlei (s. S. 172 f.) und trugen oder schoben ihre Holzboote 10 km westwärts über Land bis zur Treene, die über die Eider in die Nordsee entwässert.

Der Wunsch nach Zeit- und Treibstoffersparnis legte vor über 100 Jahren den Bau einer Kanalverbindung für die damals üblichen Schiffsgrößen nahe. Nach acht Jahren härtester Knochenarbeit von Tausenden von Menschen konnte Kaiser Wilhelm II. 1895 den Kaiser-Wilhelm-Kanal zwi-

---

- **Waldmuseum Burg**
Obere Waldstraße, 25712 Burg,
Tel. 0 48 25/29 85,
www.waldmuseum.de
- **Öffnungszeiten:** April–Mitte Okt.
Di–So 10–12 und 14–17 Uhr
- **Preise:** Erwachsene 2 €, Kinder 1 €

- **Atrium**
Gustav-Meyer-Platz, 25541 Brunsbüttel, Tel. 0 45 52/88 52 13
- **Öffnungszeiten:** Mitte März–Mitte Nov. tgl. 10.30–17 Uhr
- **Preise:** Erwachsene 2 €, Kinder 0,50 €, Führung 2 € zusätzlich

schen Brunsbüttel und Kiel-Holtenau eröffnen. Später setzte sich die Bezeichnung Nord-Ostsee-Kanal durch; in der internationalen Schifffahrt heißt der Wasserweg Kiel Canal. Unter diesem Namen genießt er weltweite Berühmtheit, so dass zahlreiche Kreuzfahrt-Gesellschaften ihn ins Programm genommen haben. In der Saison fahren über 50-mal Luxusliner durch den Kanal.

Die Schiffsgrößen haben seit der Kaiserzeit beträchtlich zugenommen, daher musste der Kanal mehrmals verbreitert und vertieft werden. Heute ist er 11 m tief, an seiner Sohle 90 m und an der Wasseroberfläche 162 m breit. Entlang des fast 99 km langen Kanals gibt es mehrere Ausweichstellen, wo besonders breite Schiffe aneinander vorbeimanövrieren können. Neun Straßen- und Ei-

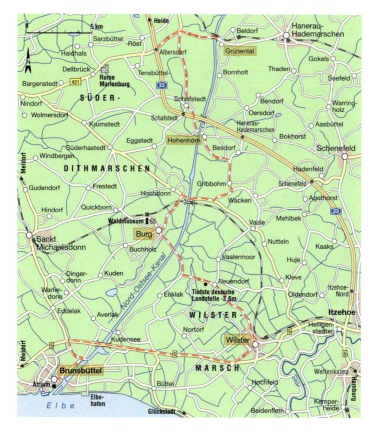

senbahnbrücken oder -tunnel sowie mehr als ein Dutzend Fähren verbinden das Land links und rechts des Wasserwegs.

Über Grünental und Hohenhörn nach Burg

Verblüffend sind die Ausblicke von der tief liegenden Marsch auf die scheinbar durchs grüne Land pflügenden Riesenschiffe, denn man nimmt aus dieser Perspektive den Kanal kaum wahr. Den Wasserweg selbst überschaut man am besten von den Brücken. Besonders spektakulär ist die Fahrt über die **Hochbrücke bei Grünental** zwischen Hanerau-Hademarschen und dem auf der Hohen Geest gelegenen Albersdorf. An Halteplätzen vor und hinter

der Brücke kann man die Aussicht in Ruhe genießen. Südwärts wendet man sich gen Schafstedt, unterquert dort die Autobahn und schippert bei **Hohenhörn** mit der Fähre auf die Ostseite des Kanals.

Bei **Hochdonn** gewinnen nur Eisenbahn-Fahrgäste den großen Überblick, aber die Fähre bringt einen rasch in das Dithmarscher Städtchen **Burg,** das sich im Wald zu verstecken scheint. Der Luftkurort besitzt einen sächsischen Ringwall, die Bökelnburg, nahe der Ortsmitte; weiter reicht der Blick vom Aussichtsturm auf dem Wulfsboom, einer 66 m hohen Erhebung. Hier hat auch das Waldmuseum seinen Sitz, das die heimische Flora und Fauna in ihrer natürlichen Umgebung vorstellt.

Wo's was zu essen gibt

■ **Hazienda**
Am Markt 6, Tel. 0 48 25/90 20 95. Das flotte, moderne Restaurant im alten Burg ist bekannt für leckere Steak-Variationen, aber auch die Speckscholle mit Petersilienkartoffeln ist empfehlenswert. ○○

■ **Landgasthaus zum Dückerstieg**
Dückerstieg 7, Neuendorf-Sachsenbande, Tel. 0 48 23/9 29 29. Ehemalige Bauernschänke, die sich zum renommierten Restaurant mit gehobener regionaler Küche gemausert hat. In einem Backsteingebäude

von 1910 wird z. B. mit Schinken und Käse gefüllte Roulade vom Bauernhahn oder sauer eingelegte Karbonade mit Bratkartoffeln serviert. ○○

■ **Zum Yachthafen**
Kreysstraße 1, Brunsbüttel, Tel. 0 48 52/23 06. Man sitzt im Biergarten oder auf der Terrasse und hat bei einem Stück leckerer Torte die großen Pötte und die ständig pendelnde Kanalfähre im Blick: Das Café/Restaurant »Zum Yachthafen« ist der ideale Platz für den Nachmittagskaffee. ○○

Wilster und Umgebung

Von Burg aus gelangt man mit der Fähre in die **Wilstermarsch.** Der Kanal ist hier beiderseits eingedeicht, denn sein Wasserspiegel liegt höher als die umgebenden Wiesen. Das Hinterland ist oft moorig, weil sein Wasser keinen natürlichen Abfluss in die Flüsse und Kanäle findet.

Gut 12 km nördlich von Brunsbüttel kennzeichnet bei Neuendorf ein wuchtiger Holzpfahl die **tiefste Stelle Deutschlands;** sie liegt 3,54 m unter dem Meeresspiegel.

Zentrum der Wilstermarsch ist das Städtchen **Wilster,** das bereits im Jahre 1282 lübisches Stadtrecht erhielt. Sein 1585 erbautes Altes Rathaus zählt zu den schönsten Renaissancebauten Schleswig-Holsteins; daneben sind auch das spätbarocke Neue Rathaus und die St. Bartholomäuskirche sehenswert.

Brunsbüttel

Auf der Fahrt über die B 5 dominieren bald die Brunsbütteler Industrieanlagen. Aus Kanal und Elbstrom decken chemische Industrie und mehrere Kraftwerke ihren hohen Wasserbedarf, daneben beherrschen die Rotoren von Windkrafträdern das Bild.

Hauptattraktion in Brunsbüttel sind die modernen und alten **Schleusenanlagen** (Erstere auf der West-, Letztere auf der Ostseite). Am Westufer fahren die dicken Pötte fast hautnah an einem vorüber, für Besucher wurden eigens Aussichtsterrassen angelegt. Umsonst wartet man hier nie: 43 000 Seeschiffe passieren den Kanal pro Jahr, täglich also rund 120. Im **Atrium** unmittelbar westlich der neuen Schleusen kann man sich über Bau, Betrieb und Bedeutung des Kanals informieren; auch Führungen werden angeboten.

An der Meldorfer Bucht

Die Küste rund um die Meldorfer Bucht ist von Menschenhand geformt: Bis zum Deich reicht der Nationalpark Schleswig-Holsteinisches Wattenmeer; dahinter wachsen auf fruchtbarem Marschenboden Dithmarscher Kohl und fette Weidegräser. Eine Idylle? Wie in diesem Landstrich Naturgewalten und menschliche Eingriffe die Landschaft formten, und warum diese besondere Natur schützenswert ist, erfährt man auf dieser Tour.

- **Anfahrt:** A 23 bis Itzehoe, B 5 über Brunsbüttel nach Marne, dort der Ausschilderung nach Friedrichskoog folgen
- **Zeitplanung:** ein Tag
- **geeignet für:** Familien mit Kindern; alle, die intensiv Nordseeluft schnuppern und dabei etwas über Natur und Landentwicklung an der Nordseeküste erfahren möchten
- **Veranstaltungen:** Mitte September Kohltage in ganz Dithmarschen

Friedrichskoog

Wenn im kleinen, von Deichen eingerahmten **Hafenbecken** von Friedrichskoog eine ganze Flotte von Kuttern liegt, kommt richtiges Nordseegefühl auf: Hier riecht der Fisch gut, Krabben kann man fangfrisch kaufen. Wer noch nie Krabben gepult hat, lässt es sich im Schnellkurs von den freundlichen Fischern zeigen.

- **Seehundstation Friedrichskoog**
An der Seeschleuse 4, 25718 Friedrichskoog, Tel. 0 48 54/13 72, www.seehundstation-friedrichskoog.de
- **Öffnungszeiten:** März–Okt. tgl. 9–18 Uhr, Fütterung 10.30 und 17.30 Uhr; Nov.–Febr. tgl. 10–17.30 Uhr, Fütterung 10.30 und 16 Uhr
- **Preise:** Erwachsene 3,50 €, Kinder 2–16 Jahre 2,50 €

- **Nationalpark-Infozentrum**
Speicherkoog, 25704 Meldorf, Tel. 0 48 32/62 64, 97 94 93

- **Öffnungszeiten:** Fr–So 14–17 Uhr, sonst nach Vereinbarung
- **Preise:** Eintritt frei

- **Sturmflutenwelt Blanker Hans**
Dr. Martin-Bahr-Str. 7 (B 203), 25761 Büsum, Tel. 0 48 34/90 91 35, www.blanker-hans.de
- **Öffnungszeiten:** April–Okt. tgl. 10–18 Uhr, Nov.–Jan. tgl. 10–18 Uhr, letzter Einlass 17 Uhr
- **Preise:** Erwachsene ohne Gästekarte 10 €, mit Gästekarte 8 €, Kinder 4–15 Jahre 6 €

An der Nordseite des Deichs steht Friedrichskoogs zweite Attraktion: die **Seehundstation,** ein modernes Gebäude, in dem einer Gruppe Seehunde ein naturnahes Zuhause geschaffen wurde. Was man draußen im Wattenmeer allenfalls per Fernglas beobachten kann, hat man hier unmittelbar vor Augen – und noch mehr, denn man kann den an Land eher behäbigen, im Wasser aber flinken Tieren durch große Sichtfenster

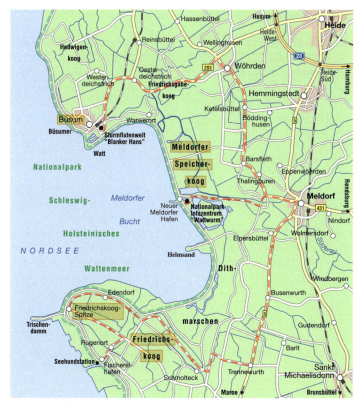

bei ihren eleganten Schwimmzügen zuschauen. Zweimal täglich ist Fütterung – ein äußerst unterhaltsames Schauspiel. Allerliebst sind die Heuler, junge Seehunde, die ihre Mutter verloren haben und hier hochgepäppelt werden. Ein angeschlossenes Informationszentrum gibt Auskunft über heimische Meeressäuger und ihre Gefährdung. Kinder können hier auf vielfältige Weise aktiv werden, indem sie z. B. an Klapptafeln Fragen beantworten oder an einer Computereinheit selbst Seehunde zählen.

Friedrichskoog-Spitze

Das Nordseeheilbad Friedrichskoog-Spitze liegt 4 km nördlich an der Spitze der Halbinsel Dieksand. Der Strand ist grün: Von der Deichkrone erstreckt sich der Rasen bis zur Wasserkante, zumindest bei Hochwasser. Bei Niedrigwasser zieht sich die Nordsee weit zurück: Das ist die beste Zeit, um im Schlick nach Muscheln zu suchen, eigenartigen Lochmustern oder Wurmhäufchen nachzuspüren oder Vögel zu beobachten, die auf der Wattfläche einen reichlich gedeckten Tisch vorfinden.

Meldorfer Speicherkoog

Die wundersame Welt des Watts bleibt einem ohne Erklärungen durch Fachleute eher verschlossen, denn als Laie sieht man auf den ersten Blick wenig mehr als eine graue, feuchte Landfläche vor sich. Beim Besuch des **Nationalpark-Infozentrums** nahe dem neuen Meldorfer Hafen klärt sich vieles auf: Wie kommt es zu Ebbe und Flut? Unter

---

Wo's was zu essen gibt

■ **Urthel**
Hafenstr. 71, Friedrichskoog, Tel. 0 48 54/2 91.
Das Hafenbistro gibt sich äußerlich schlicht, aber auf den Inhalt kommt es an: Die frischen Fischdelikatessen stammen aus eigener Räucherei. ○

■ **Zur Linde**
Südermarkt 1, Meldorf, Tel. 0 48 32/9 59 50.
In dem gediegenen Hotel-Restaurant mit historischer Gaststube bekommt man das ganze Jahr über Kreationen aus Dithmarscher Kohl. Während der Kohltage im September lässt sich der Koch obendrein jedesmal etwas Besonderes einfallen. ○○

■ **Gasthof Leesch**
Dorfstr. 14, Reinsbüttel, 2 km nördl. des Flugplatzes, Tel. 0 48 33/22 89.
Seit etwa 50 Jahren ist der Gasthof ein Pilgerziel für Liebhaber kreativer Fischgerichte. Wie wäre es mit Lachs auf Krabben mit Muschelragout? In dem gemütlichen Ambiente fühlen sich auch Kinder sichtlich wohl. ○○

welchen Bedingungen kann überhaupt Watt entstehen? Welche Vögel kommen hierher zu Besuch, und wie kann man sie unterscheiden? Wie gewinnt man Land aus dem Meer? Schaubilder, Spiele, Filme und die geduldigen Nationalpark-Mitarbeiter öffnen einem die Augen. Man lernt an einem Modell, dass das Küstenland auch ohne Zutun des Menschen stetig anwächst, und welche Pflanzen dabei Hilfestellung leisten.

In der Nähe liegt im Schutz des Deichs eine weite Wasserfläche, der **Meldorfer Speicherkoog.** Besonders am Wochenende ist er ein beliebtes Ziel von Schwimmern und Surfern, zumal man mit dem Auto direkt ans Ufer fahren und seine Sportgeräte ausladen kann.

Beim Blanken Hans in Büsum

Radfahrer und Skater kommen auf kürzestem Weg vom Speicherkoog nach Büsum, wenn sie den asphaltierten Weg entlang dem Deich nehmen; Autofahrer sind zu einem größeren Umweg gezwungen. Büsum, das so friedlich und sicher den Nordrand der Meldorfer Bucht abschließt, ist in seiner jahrhundertelangen Geschichte schwer von Sturmfluten heimgesucht worden, und man kann sich kaum vorstellen, dass dieses freundliche Städtchen einst auf einer Insel vor dem Festland lag.

Am Ortseingang, am Ende der B 203, steht Büsums jüngste Attraktion, die **Sturmflutenwelt Blanker Hans.** Der »Blanke Hans« ist für die

Menschen an der Küste Synonym für die unbändige, zerstörerische Nordsee bei Sturmflut. Im Sommer fehlen die schweren Stürme, so dass die zahlreichen Kurgäste glücklicherweise nicht davon bedroht werden. Das Erlebniszentrum macht aber erfahrbar, wie es bei heulendem Sturm und peitschenden Nordseewellen zugeht: In einer Rettungskapsel geht man auf Zeitreise ins Jahr 1962 und wird dort von der großen Sturmflut eingeholt. Den Höhepunkt der Fahrt bildet ein richtiger Deichbruch: Der Wasserstrudel wälzt sich – virtuell – auf die Rettungskapsel zu und schleudert sie aufwärts. Wie gut, dass alles nur simuliert ist und man dabei trocken bleibt!

Auch das Gebäude der Sturmflutenwelt, das einer Welle nachempfunden wurde, ist spektakulär. Außer dem Nervenkitzel bietet das Erlebniszentrum vor allem handfeste Informationen zu Wettererscheinungen, Ebbe und Flut, zur Geschichte der Sturmfluten und des Küstenschutzes.

Der Eiderlauf bis zur Nordsee

In vielen Windungen strebt die Eider mit ihren Nebenflüssen Sorge und Treene durch die Landschaft Stapelholm der Nordsee entgegen. Die heutige perfekte Infrastruktur täuscht darüber hinweg, wie unzugänglich das feuchte Niederungsgebiet lange Zeit war. Dass auf dem Fluss ehemals Seeschiffe fuhren, ist heute kaum mehr vorstellbar, doch in Friedrichstadt und Tönning kommt man der Tradition auf die Spur. Mit dem Jahrhundertprojekt Eidersperrwerk wurde der Natur kräftig ins Handwerk gepfuscht – das fordert Naturschützer heraus, zu bewahren, was schützenswert ist. In Tönning steht außerdem das Flaggschiff der Nationalparkzentren, das Multimar Wattforum.

- **Anfahrt:** A 7 bis Kreuz Rendsburg, A 210, B 77 und B 202 Abzweigung Süderstapel, ca. 12 km nordwestlich von Erfde
- **Zeitplanung:** ein Tag
- **geeignet für:** Naturfreunde, die ganze Familie
- **Veranstaltungen:** letztes Juli-Wochenende Friedrichstädter Festtage, letzter August-Samstag Kulturnacht Friedrichstadt

Luftkurort Süderstapel

Die B 202 meidet die Niederung der Eider und führt auf einem Dünenstreifen entlang. Es bietet sich also an, für einen schönen Blick auf den Fluss 12 km hinter Erfde nach Süderstapel abzubiegen und am Eiderufer kurz Halt zu machen. Hier kann man tief durchatmen und den Störchen beim Fröschefangen in den Wiesen zuschauen – die Landschaft Stapelholm beheimatet Norddeutschlands

---

■ Touristinformation Friedrichstadt
Am Markt 9, 25840 Friedrichstadt,
Tel. 0 48 81/9 39 30,
www.friedrichstadt.de

■ Friedrichstädter Grachten- und Treeneschifffahrt
Treeneufer 1, 25840 Friedrichstadt,
Tel. 0 48 81/73 65,
www.grachtenschiffahrt.de

■ Multimar Wattforum
Am Robbenberg, 25832 Tönning,
Tel. 0 48 61/9 62 00,
www.multimar-wattforum.de
■ Öffnungszeiten: April–Okt. tgl. 9–19, Nov.–März 10–17 Uhr
■ Preise: Erwachsene ohne Kurkarte 8 €, mit Kurkarte 7,50 €, Kinder 4–15 Jahre ohne Kurkarte 5,50 €, mit Kurkarte 5 €

größte Storchenpopulation. Reet-
dachhäuser, bunte Gärten und viel
Ruhe machen Süderstapel zum Fe-
rienidyll. Fern der Hauptstraße gelegen, hat das Dorf viel von seiner einstigen Beschaulichkeit bewahrt.

Friedrichstadt

Der hübscheste und meistbesuchte
Ort Nordfrieslands trägt ausländi-
sche Züge und schmückt sich damit:
Als Holländerstädtchen bezeichnet
sich Friedrichstadt selbst. Tatsächlich
waren es Niederländer, die der Gottorfer Herzog Friedrich III. anwarb,
um mit dieser am Reißbrett entwor-
fenen Hafenstadt seine kühnen Han-
delspläne zu verwirklichen: Über Per-
sien und die russischen Ströme
wollte er kostbare Waren nach West-
europa lenken – natürlich über seinen zukünftigen Hafenort.

Die ab 1621 errichtete Stadt erhielt damals ihr einheitliches Er-
scheinungsbild mit rechtwinkligen
Straßen und Kanälen nach holländi-
schem Vorbild. Schmucke Bürgerhäuser wurden errichtet, darunter die
Treppengiebelhäuser am Marktplatz
oder das **Neberhaus** am Mittelburg-
wall, dazu Kirchen sieben verschiedener Konfessionen. Ein herausra-
gendes Beispiel niederländischer
Renaissancebaukunst ist die **Alte
Münze,** die heute das Stadtmuseum
beherbergt.

Es kamen damals noch weitere
niederländische Landsleute in die
Gegend: Experten für Deichbau und
Entwässerung. Die hoch fliegenden
Pläne des Herzogs erfüllten sich aller-
dings nicht. Friedrichstadts Entwick-
lung stagnierte – heute sein Glück:
Durch sein nostalgisches Flair ist das

Wo's was zu essen gibt

■ Stapelholmer Heimatkrog

Hauptstr. 12, Seeth,
Tel. 0 48 81/75 66.
Der Dorfkrug sorgt in der abgelegenen Stapelholmer Gegend für Kunstgenuss: In der Galerie kann man die Werke heimischer Künstler anschauen und erwerben, aber auch die regionalen Gerichte sind echte Hingucker – so z. B. der Fischteller »Seemannsgoorn«. ○

■ Eiscafé Pinocchio

Am Markt 18, Friedrichstadt,
Tel. 0 48 81/70 56.
An Pier Braldos Eis kommt man nicht vorbei: Der Italiener versteht seine Profession als Kunst, und was dabei entsteht, lässt einem das Wasser im Munde zusammenlaufen. Hausgemachte Torten und eine große Auswahl an Kaffeespezialitäten ergänzen das Angebot. ○

■ Schankwirtschaft Wilhelm Andresen

Ortsteil Katingsiel, Tönning,
Tel. 0 48 62/3 70.
Wilhelm Andresen ist im Norden eine Institution. In einem 325 Jahre alten Reetdachhaus gleich hinterm Deich pflegt er lange Gastwirtstradition. Unbedingt probieren sollte man seinen berühmten Eiergrog, für den ein Krabbenbrot die ideale Grundlage bildet. ○○

Städtchen ein beliebtes Ziel für Tagesausflügler und Touristen. Von seiner schönsten Seite präsentiert es sich bei einer Grachtenfahrt.

Multimar Wattforum in Tönning

Tönning kann man aus gutem Grund als das Tor zum Nationalpark Schleswig-Holsteinisches Wattenmeer bezeichnen: Von nah und fern kommen Besucher zum **Multimar Wattforum,** dem dreieckigen Glasbau an der B 5 unmittelbar hinter der Eiderbrücke (großer Parkplatz). Wenn man am zwei Stockwerke hohen Hochseeaquarium vorbeigeht, wird man regelrecht Teil des Meeresgeschehens, und in fast 30 weiteren Aquarien lassen Fische, Seesterne oder Quallen Einblicke in ihre Lebenswelt zu. Aber bloßes Zuschauen ist nicht Sinn der Ausstellung; immer wieder wird man an Aktionsstationen zum Mitmachen angeregt. So kann man im Brandungsbecken mit einer Kurbel selbst Wellen erzeugen. Eine große Attraktion ist auch das Walhaus mit dem 17,5 m langen Skelett eines Pottwals, der 1997 vor Dänemark strandete.

Um in den kleinen Ort **Tönning** zu gelangen, geht man zu Fuß über den Deich. Die Stadt erlebte eine Blütezeit, als der Eiderlauf im 18. Jh. zur Schifffahrtsstrecke ausgebaut wurde und Tönning seinen Hafen bekam. Am Eiderdeich steht noch das riesige Packhaus (Ausstellungen zur Stadtgeschichte). Als im 19. Jh. das große Geschäft mit holsteinischen Rinderlieferungen nach England florierte, boomte hier das Wirtschaftsleben. Doch die Eider versandete, und nur noch Krabbenfischer beleben den malerischen Hafen. Eine Tönninger Werft produziert bis heute diese traditionellen Holzboote.

Katinger Watt und Eidersperrwerk

Die kleine Eider hat unter dem Einfluss der Gezeitenströme eine breite Trichtermündung ausgebildet. Im Hinterland machten sich Ebbe und Flut einst bis ins 50 km entfernte Rendsburg bemerkbar. Immer wieder überfluteten Sturmflut-Hochwässer die niedrige Landschaft Stapelholm. Nach und nach deichte man die Flussläufe ein. Eines aber hatte man dabei nicht bedacht: Zwar wurden die Marschen nun nicht mehr unter Wasser gesetzt, aber je vollständiger die Flussdeiche wurden, desto höher stieg das Wasser bei Fluten in den nunmehr engen Flussarmen. Und bei jeder größeren Sturmflut brachen die Deiche.

Nur eine technische Radikalkur konnte dem abhelfen: Mit dem **Eidersperrwerk** lässt sich der Fluss seit 1973 bei Sturmfluten an der Mündung komplett abriegeln; über fünf riesige Hubtore kann beliebig Wasser abgelassen werden. Das technische Wunderwerk ersetzt 62 km Deichlinie und ist selbst eine 5 km lange Straßenverbindung zwischen Dithmarschen und Nordfriesland. Die Straße wird teilweise durch einen Tunnel geschützt; darüber verläuft ein Fußweg, der einen schönen Blick auf die Westküste und die Eider gewährt.

Nördlich des Sperrwerks liegt das Naturschutzgebiet **Katinger Watt.** Naturforscher beobachten in dem nunmehr eingedeichten Gebiet, wie sich die einst reine Salzwasserlandschaft allmählich in eine Süßwasserzone verwandelt.

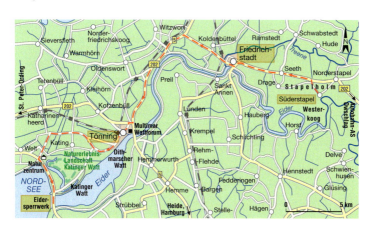

Schimmelreiterland

Theodor Storm, Jurist und Schriftsteller aus Husum, lebte im 19. Jh. Seine ergreifenden und z. T. düsteren Erzählungen haben das Nordfriesland-Bild vieler Menschen geprägt – sie spielen allerdings vor rund 150 Jahren. Storms Geburtsstadt und auch die Landschaft erscheinen heute viel heiterer, denn die von der Nordsee ausgehenden Schrecken sind weitgehend gebannt. Sommergäste empfinden Nordfriesland als lieblich und voller sympathischer Eigenarten, besonders auf den Inseln und Halligen.

- **Anfahrt:** A 7 bis Schleswig/Schuby, dann über die B 201 nach Husum
- **Zeitplanung:** ein Tag
- **geeignet für:** Theodor Storm-Interessierte und alle, die die große Ruhe der nordfriesischen Küstenlandschaft kennen lernen und genießen wollen
- **Veranstaltungen:** März/April Krokusblütenfest in Husum; April/Mai Ringelganstage: Auf dem Weg in die russische Tundra pausieren Zehntausende Ringelgänse auf den Hallligen; Mai–Juli Nordfriesische Lammtage: Veranstaltungsreihe rund ums Schaf mit kulinarischem Schwerpunkt

Husum und Theodor Storm

Das ansprechende, friedliche Ambiente am alten Husumer Binnenhafen, wo Ebbe und Flut spürbar sind, will so gar nicht zu Theodor Storms Charakterisierung seines Heimatorts als »graue Stadt am Meer« passen. Nur wenige Schritte entfernt, in der Wasserstraße, hat der Dichter gewohnt: Behäbig-bürgerlich mutet das

- **Theodor-Storm-Zentrum**
Wasserreihe 31–35, 25813 Husum, Tel. 0 48 41/8 03 86 30, www.storm-gesellschaft.de
  - **Öffnungszeiten:** April–Okt. Di–Fr 10–17, Sa 11–17, So, Mo 14–17 Uhr, Nov.–März Di, Do, Sa 14–17 Uhr
  - **Preise:** 2,50 €, Kinder 1 €

- **Schloss vor Husum**
Herzog-Adolf-Str. 25, 25813 Husum, Tel. 0 48 41/8 97 31 30,
www.museumsverbund-nordfriesland.de
  - **Öffnungszeiten:** Mitte März–Okt. Di–So 11–17, Dez.–Mitte März Fr–So 11–16 Uhr
  - **Preise:** 2,50 €, Kinder 1 €

- **Schäferei Baumbach**
Poonshalligkrogstr. 1, 25845 Nordstrand, Tel. 0 48 42/4 95
  - **Öffnungszeiten:** Mo–Fr 8–18, Sa, So 10.30–18 Uhr

Dichterzimmer an. Im Komplex des **Theodor-Strom-Zentrums** beschäftigen sich Storm-Forscher vor allem mit dem Archiv und hüten eine bedeutende Bibliothek.

Prunkvoller als zu Storms Zeiten hat sich seine Schule herausgeputzt, das **Alte Gymnasium:** Es beherbergt heute ein Fünf-Sterne-Hotel, dessen Gourmet-Küche bei Feinschmeckern einen guten Ruf besitzt. Bescheiden gibt sich dagegen **Storms Geburtshaus** am Markt – kein Museum, aber ein Schild weist auch hier auf den großen Sohn der Stadt hin.

Der Name **Schloss vor Husum** verwirrt ein wenig: Schließlich liegt das Gebäude nur einen Straßenblock vom Markt entfernt! Die Bezeichnung stammt aus der Zeit nach 1868, als Preußen Schleswig-Holstein von Dänemark erobert hatte und neue Verwaltungsbezirke schuf. Der weite, baumbestandene Rasen vor dem einstigen herzoglichen Witwensitz ist im Frühjahr zur Krokusblüte ganz und gar in Lila getaucht; dann wird Husums Krokusprinzessin festlich gekürt. Im Schloss spaziert man durch die mit edlem Mobiliar ausgestatteten herzoglichen Räume des 18. Jhs.; besondere Beachtung verdienen hier die kunstvoll gearbeiteten Alabaster-Kamine.

Insel Nordstrand

Wer es nicht weiß, merkt nicht sofort, dass die Insel Nordstrand kein Teil des Festlands ist, führt doch ein bequemer Straßendamm hinüber. Ringsum ist die Insel mit einem hohen Deich geschützt. Fähren verkehren vom Hafen **Strucklahnungshörn** an der Westseite der Insel zu

Wo's was zu essen gibt

■ **Restaurant Eucken**
Süderstr. 2–10, Husum,
Tel. 0 48 41/83 30.
Der Feinschmeckertempel in Theodor Storms ehemaliger Schule wurde für seine frische Regionalküche bereits mit einem Michelin-Stern prämiert. Gourmets laben sich hier an Kreationen wie Maibockrücken in der Brotkruste mit geschmortem Spitzkohl und Wacholderjus. ○○○

■ **Pharisäerhof**
Elisabeth-Sophien-Koog 3, Nordstrand, Tel. 0 48 42/3 53.
Hier erhielt das Nordstrander Nationalgetränk »Pharisäer« seinen Namen und wird noch heute nach unverändertem Originalrezept zubereitet. Auf dem Hof gibt es aber auch Nicht-Alkoholisches und vor allem wunderbaren hausgemachten Kuchen. ○○

■ **Hallig-Krog**
Hamburger Hallig,
Tel. 0 46 71/94 27 88.
Das schneeweiße, reetgedeckte Nordfriesenhaus mit blauen Fenster- und Türrahmen steht mitten im Wattenmeer, umgeben von würzig duftenden Salzwiesen. Auch wenn man die Nordfriesischen Lammtage verpasst hat, kann man hier das schmackhafte Salzwiesenlamm bestellen. ○○

vielen Häfen der Insel- und Halligwelt Nordfrieslands. In Norderhafen und Süderhafen liegen kleine Kutter und Sportboote vor Anker. Ausschau halten sollte man unbedingt nach Norden, am besten von der Surfstelle am Holmer Siel aus: Fast unwirklich ist der Anblick der wenigen Häuser auf der benachbarten **Hallig Nordstrandischmoor**. Wie eine Fata Morgana scheinen sie auf dem Wasser zu schwimmen. Ein Lorendamm führt vom Festland dort hinüber, ist aber ausschließlich den Halligbewohnern und ihren Gästen vorbehalten.

Auf Nordstrand, genauer gesagt im **Pharisäerhof** am Elisabeth-Sophien-koog, soll die Geburtsstunde des »Pharisäers« geschlagen haben, des Kaffees mit einem ordentlichen Schuss Rum und einer dekorativen Sahnehaube darauf. Seine anregende Wirkung kann man dort noch heute testen. Ringsum in dieser platten Gegend grast fettes Vieh, auf den Deichen meistens Schafe. Wer als Souvenir Produkte aus reiner Schafwolle oder frischem Lammfleisch mitnehmen möchte, wird sicher bei der **Schäferei Baumbach** fündig.

Hamburger Hallig

Krönender Abschluss dieses Ausflugs ist die Hamburger Hallig mit dem **Hallig-Krog** und einer Badestelle daneben – mitten im Nationalparkgebiet. Den 4 km langen Weg dorthin legt man zu Fuß oder per Fahrrad zurück, das man am Festlandsdeich günstig ausleihen kann.

Auch dieses Inselchen kommt dem Besucher bei Windstille oder nur leichter Brise und womöglich Niedrigwasser wie ein Stück Festland vor, aber die Zufahrt zur Hamburger Hallig wird mehrere Male im Jahr bei Sturmfluten überschwemmt, besonders häufig im Winter. Links und rechts dieses Wegs liegen artenreiche Salzwiesen, die zur Zugzeit im Frühjahr und Herbst von Tausenden von Vögeln bevölkert werden. Spektakulär sind die riesigen Schwärme von Ringelgänsen, die man an den **Ringelganstagen** im Frühjahr aus nächster Nähe beobachten kann. Auf einer winzigen Erhebung, dem Schafberg, etwa auf halber Strecke zur Hallig, hält ein Vogelwart Wacht und ist meistens zur Stelle, um Auskünfte über die ungemein vielfältige Vogelwelt zu geben. Viele Vögel brüten auch auf diesem Gelände, das nur an wenigen Stellen betreten werden darf. Ein kommentierter Naturpfad bringt wissensdurstigen Besuchern die wichtigsten Pflanzen dieses Salzwiesenareals nahe.

Tagesausflug nach Helgoland

Die winzige zollfreie Hochseeinsel Helgoland liegt in paradiesischer Einsamkeit: Weit und breit ist kein Land in Sicht, und die 1650 Einwohner kennen weder Autolärm noch Industrieabgase. Lebendig wird es in der Sommersaison von April bis Anfang Oktober: Stattliche Seebäderschiffe und schnittige Katamarane bringen Tag für Tag hunderte Besucher von Häfen zwischen Emden und Sylt. Die Fahrt ab Hamburg ist die aussichtsreichste Schiffstour von allen.

■ **Anfahrt:** »Halunder Jet« April–Ende Okt. tgl. 9 Uhr ab St. Pauli Landungsbrücke 3; »Atlantis« Mai–Sept. ab/bis Cuxhaven, Bahnverbindung mit Hamburg; Bus-/Schiffsverbindung auch über Büsum; Infos unter www.frs.de
■ **Zeitplanung:** »Halunder Jet« ca. 13 1/2 Std., Kombifahrten ab Cuxhaven oder Büsum ca. 15–16 Std.
■ **geeignet für:** seefeste Frischluftfreunde, die ganze Familie, Fans von zollfreiem Einkauf
■ **Veranstaltungen:** Mitte Mai Nordseewoche (Segelregatten), Ende Juni Lummentage (»Sprung« junger Trottellummen aus dem Nest), August Börtebootregatta

■ **Inselbahn**
Tel. 0 47 25/80 06 91,
www.helgolandbahn.de
■ **Abfahrten:** April–Okt. ca. alle 30 Min. nach Ankunft der Schiffe ab Landungsbrücke oder Südhafen
■ **Preise:** 30 Min. 6 €, 60 Min. 10 €

■ **Inselrundfahrt mit Börteboot »Jan van Gent«**
Tel. 0 47 25/81 14 57,
www.helgoland-rund.de
■ **Abfahrten:** April–Okt. tgl. 10 und 13.45 Uhr ab Nordosthafen
■ **Preise:** Erwachsene 7 €, Kinder 6–14 Jahre 3,50 €

■ **Aquarium der Biologischen Anstalt Helgoland**
Kurpromenade 201,
Tel. 0 47 25/81 92 23
■ **Öffnungszeiten:** April–Okt. Mo–Fr 10–17, Sa, So 13–16 Uhr
■ **Preise:** Erwachsene 2,60 €, Kinder bis 16 Jahre 1,50 €

■ **Museum Helgoland**
Kurpromenade, Tel. 0 47 25/12 92,
www.helgoland-museum.de
■ **Öffnungszeiten:** März–Okt. Di–So 11–15 Uhr
■ **Preise:** Erwachsene 2 €, Kinder 6–15 Jahre 1 €

Helgoländer Tradition: das Ausbooten

Die 170 km von Hamburg nach Helgoland legt der Katamaran **Halunder Jet** mit Stopps in Wedel und Cuxhaven in gut dreieinhalb Stunden zurück: 100 km auf der Elbe, 70 km auf der Nordsee. Ab Cuxhaven fährt von Mai bis September auch das weiße Seebäderschiff **Atlantis** und braucht für die einfache Strecke etwa zweieinhalb Stunden. Weil der Helgoländer Hafen nicht für Seebäderschiffe geeignet ist, ankern diese in Inselnähe auf Reede. Die Fahrgäste werden von kräftigen Seeleuten in kleine Börteboote gehievt, die sie zur Landungsbrücke übersetzen – eine in Deutschland einmalige Touristenattraktion. Wer mit dem Katamaran anreist, hat allerdings mehr Zeit auf Helgoland zur Verfügung: Der Halunder Jet legt im geschützten Südhafen an, wo die Passagiere direkt an Land gehen können.

Auf dem Klippenrandweg ums Oberland

Am Landungssteg starten die kleinen Elektrozüge der **Inselbahn** zu Rundfahrten durch das Unter- (30 Min.) oder das Oberland (60 Min.). Besser lernt man den höher gelegenen Teil der Insel allerdings kennen, wenn man zu Fuß geht. Den **Lung Wai,** Helgolands belebteste Flanier- und Einkaufsmeile, hat man mit wenigen Schritten durchmessen, dann steht man bereits vor der Felswand, die das Unterland vom Oberland trennt. Hinauf geht es per Fahrstuhl oder über 100 Treppenstufen. Oben bietet sich ein herrlicher Ausblick auf die Landungsbrücke, die Schiffe auf der Reede und im Hafen sowie die Düne, Helgolands zweite Insel mit weißen Badestränden, dem kleinen Flugplatz und einem markanten Leuchtturm.

Die gemütliche Oberland-Siedlung mit ihren zwei Kirchen durcheilen viele Gäste rasch, um auf dem eindrucksvollen **Klippenrandweg** zur Nordwestspitze zu gelangen, vor der die **Lange Anna** aufragt, das Wahrzeichen der Insel. Die 47 m hohe Sandsteinklippe war bis 1860 durch eine natürliche Felsenbrücke mit der Hauptinsel verbunden; die zerstörerische Kraft der Brandung brachte diese jedoch zum Einsturz. Vielstimmiges Vogelgekreisch schallt von der Steilküste, besonders vom nahen **Lummenfelsen** herüber. Hier ist Deutschlands einzige Seevogelkolonie für Klippenbrüter. Tausende von Vögeln nisten in den Sandsteinwänden: lärmende Dreizehenmöwen, elegante Basstölpel, schwarz-weiße Trottellummen, dazu Silbermöwen, Eissturmvögel und Tordalken. Rinder und Schafe grasen auf der grünen Hochfläche; ganz in der Nähe befindet sich auch die **höchste Erhebung des Kreises Pinneberg,** zu dem Helgoland gehört. Auf ihrer 61 m hohen Spitze gibt es ein Gipfelbuch, in das man sich eintragen kann.

Besichtigungen im Unterland

Helgolands Architektur ist vom Stil der 1950er und 1960er Jahre geprägt. Einen modernen Akzent setzt hinter der Landungsbrücke der gläserne Turm des Fünf-Sterne-Hotels »Atoll«. Die denkmalgeschützten **Hummerbuden** am Binnenhafen, einst Arbeitsschuppen der Fischer, wurden in eine bunte Flaniermeile verwandelt.

Ein paar Schritte weiter auf der Kurpromenade kann man im **Aquarium** in 19 großen Becken die vielfältige Unterwasserwelt der Nordsee betrachten. Hauptattraktion ist das

Wo's was zu essen gibt

■ **Bistro Atoll Seaside**
Lung Wai 27, Tel. 0 47 25/80 00.
Im Bistro des Design-Hotels Atoll kann man bei schönem Blick auf die Landungsbrücke regionale Fischspezialitäten probieren, u. a. Knieper (Taschenkrebsscheren) und Helgoländer Hummer. ○○

■ **Bunte Kuh**
Hafenstr. 1013–1018,
Tel. 0 47 25/81 13 43.
Das Lokal in den bunten Hummerbuden ist ein beliebter Treffpunkt der Einheimischen, und auf deren Geschmack bezüglich Fisch ist Verlass! Als Spezialität der netten, ehrlichen Kneipe gilt Helgoländer Pannfisch. ○

■ **Terrassencafé Krebs**
Norder Falm 322 a,
Tel. 0 47 25/81 11 63.
Nach einem Rundgang über den Klippenrandweg kann man sich hier mit hausgemachtem Kuchen und kleinen Gerichten stärken. Nirgendwo hat man einen schöneren Blick auf Düne, Hafen und das weite Meer. ○○

Arenabecken mit Haien, Kabeljau und Plattfischen. Auch den Helgoländer Hummer bekommt man hier lebend zu sehen.

In der Nordseehalle hinter dem Kurhauskomplex informiert das **Museum Helgoland** über Natur und Geschichte der Insel. Eine originale Hummerbude und ein Helgoländer Wohnhaus zeigen den Alltag ihrer Bewohner bis vor 150 Jahren. Neben ausstellungen zu wechselnden Themen organisiert das Museum auch Führungen durch die unterirdischen Bunkeranlagen im Oberland.

Der lohnendste Ausflug, den sich auch Tagesgäste zeitlich erlauben können, ist die gut einstündige **Rundfahrt mit dem Börteboot** um die steile, von Wellen und Wind angenagte rote Felsküste mit ihren Tausenden von Vögeln. Die Bootsführer erzählen dazu vom Auf und Ab der Geschichte Helgolands. Keine Sehenswürdigkeit im eigentlichen Sinne, aber ein Highlight für technisch und nautisch Interessierte ist die **»Hermann Marwede«,** der größte Seenotkreuzer der Deutschen Gesellschaft zur Rettung Schiffbrüchiger. Seit 2003 ist er im Helgoländer Südhafen am Ostdamm stationiert.

Manch ein Besucher sieht in der Insel allerdings nur ein großes Duty-Free-Paradies. Da sie nicht zum Zollkodex der EU gehört, kann man hier Spirituosen und Zigaretten, aber auch Parfüms und internationale Markenartikel zollfrei erstehen – das Angebot ist riesig.

Von Wikingern und anderen Vorfahren

Das ganze Spektrum der Geschichte Schleswig-Holsteins gibt sich am westlichen Ende der Schlei ein Stelldichein – mit den Schleswig-Holsteinischen Landesmuseen Schloss Gottorf und dem Wikingermuseum Haithabu.

- **Anfahrt:** A 7 Ausfahrt Schleswig-Jagel, Richtung Schleswig-Zentrum, der Beschilderung Schloss Gottorf folgen
- **Zeitplanung:** ein Tag
- **geeignet für:** Erwachsene und Kinder mit Interesse an Archäologie, Kulturgeschichte und den Wikingern

Landesmuseen Schloss Gottorf

Das imposante Gottorfer Schloss mit seiner 115 m langen Südfassade hat nicht von ungefähr etwas von einer Kaserne: Noch unter dänischer, nach 1868 unter preußischer Herrschaft wurde der Palast als solche zweckentfremdet, nachdem der Besitz der Gottorfer Herzöge 1721 an das dänische Königshaus gefallen war. Der riesige Komplex umfasst aber auch den prachtvollen Nordflügel, den der kunstsinnige Herzog Friedrich III. im 17. Jh. im Stil der Renaissance erbauen ließ. Hier ist das ursprüngliche Schloss mit seiner prächtigen Schlosskirche ein Teil des **Landes-**

- **Landesmuseen Schloss Gottorf**
24837 Schleswig,
Tel. 0 46 21/81 32 22,
www.schloss-gottorf.de
- **Öffnungszeiten:** April–Okt. tgl. 10–18, Nov.–März Di–Fr 10–16 Uhr, Sa, So 10–17 Uhr; Gottorfer Globus: Einlass zu jeder vollen Stunde, Termin unbedingt vorher buchen!
- **Preise:** Erwachsene 6 €, ermäßigt 3 €, Familienkarte mit Kindern unter 16 Jahren 13 €; Gottorfer Globus:

Mo, Fr 9 €, Di–Do 10 €, Sa, So 13 €, ermäßigt 6,50 €/7,50 €/10,50 €

- **Wikinger Museum Haithabu**
Haddeby bei Schleswig,
Tel. 0 46 21/81 32 22,
www.schloss-gottorf.de
- **Öffnungszeiten:** April–Okt. tgl. 9–17, Nov.–März Di–So 10–16 Uhr
- **Preise:** Erwachsene 4 €, ermäßigt 2,50 €, Familienkarte mit Kindern unter 16 Jahren 9 €

zur Vor- und Frühgeschichte besitzt. Ein wenig gruselig sind die berühmten Moorleichen; das 23 m lange Nydam-Schiff weckt Hochachtung vor der Schiffbaukunst der Wikinger. Die Runensteine haben die Archäologen zwar zumeist schon entziffert, aber mit Hilfe von Zeichentabellen kann man selbst versuchen, die Schrift zu lesen. In der Ferienzeit bietet das Museum ein abwechslungsreiches Programm für Kinder an.

Hinter dem Schlosskomplex liegt ein säuberlich gestutzter **Barockgarten** aus der Mitte des 17. Jhs. Ein prächtiges viergeschossiges Lusthaus – die Friedrichsburg – zierte damals die Anlage und enthielt einen vom Hofgelehrten Adam Olearius gefertigten **Globus** mit einem Durch-

museums für Kunst und Kulturgeschichte. Seine bedeutenden Sammlungen umfassen alle Epochen der Kunstgeschichte vom Mittelalter bis zur Moderne und sind an einem Tag nur schwerpunktmäßig zu erfassen. Höhepunkte bilden der Gotische Saal mit sakraler Kunst des Mittelalters, Schlosskapelle und Hirschsaal im Stil der Renaissance, die Jugendstilabteilung und die Stiftung Rolf Horn mit Meisterwerken des deutschen Expressionismus.

Führungen unter dem Motto »Das Schloss als Residenz der Herzöge« geben eine Ahnung davon, wie es sich in den prachtvollen Räumlichkeiten leben ließ. Noch näher am höfischen Zeremoniell ist man beim Schlossrundgang mit »Prinzessin Anna Dorothea«, die ihren Besuchern nicht nur das kostbare Interieur erläutert, sondern ihnen auch Benimmregeln und ein paar barocke Tanzschritte beibringt.

Schloss Gottorf beherbergt weiterhin das **Archäologische Landesmuseum,** das eine aufregende Abteilung

messer von über 3 m. Außen stellte er die damals bekannten Landschaften der Erde dar; sein Inneres war begehbar und barg ein Planetarium. Bis zu 12 Personen konnten darin auf einer Rundbank Platz nehmen und den Sternenhimmel über Schleswig bewundern! Die Freude der Schlossherren an diesem sensationellen Gegenstand währte jedoch nur kurz: Im Großen Nordischen Krieg »erbat« sich der siegreiche Zar Peter der Große den Globus als Geschenk. Im gerade gegründeten St. Petersburg verschwand das kostbare Objekt in Abstellräumen. Mit Hilfe der noch vorhandenen Überreste des ur-

sprünglichen Globus wurde in fast dreijähriger Arbeit eine Rekonstruktion angefertigt, sie ist seit 2005 das begehrteste Ziel im Landesmuseum. Aufgestellt ist sie in einem modernen Kubus an der Stelle des einstigen Lusthauses im Garten.

Das Wikinger Museum Haithabu

Haithabu war in der Wikingerzeit einer der wichtigsten Siedlungsplätze Nordeuropas und eine Drehscheibe für den Handel mit Skandinavien und dem Baltikum. Seit 1900 hat man in dem Ort, der zu den bedeutendsten Bodendenkmälern Schleswig-Hol-

Wo's was zu essen gibt

■ **Waldschlösschen**
Kolonnenweg 152, Schleswig, Tel. 0 46 21/38 30.
Das Hotel-Restaurant liegt am Rand des Pöhler Geheges, ca. 4,5 km außerhalb von Schleswig. Die Besitzer sind selbst Jäger, und so ist es kein Wunder, wenn im Herbst z. B. im Wacholderofen geschmorte Rotwildkeule auf den Tisch kommt. ○○

■ **Schlosskeller**
Museum Gottorf,
Tel. 0 46 21/85 06 08.
In einem behaglichen Gewölberaum mit 40 Plätzen kann man sich nach dem Museumsrundgang mit kleinen, feinen Gerichten stärken: Das Ange-

bot reicht von der indischen Mulligatawny-Suppe über den am Buffet selbst zusammengestellten Salatteller bis zum hausgemachten Sauerfleisch. ○○

■ **Café im Wikinger Museum Haithabu**
Am Haddebyer Noor 5,
Tel. 0 46 21/3 53 43.
Die große Terrasse ist auf das Haddebyer Noor gerichtet, wo einst Wikingerschiffe festmachten.
Man speist aber schleswig-holsteinisch – z. B. Rübenmus mit Kassler und Kohlwurst; daneben gibt es verschiedene Gerichte mit Sammelkräutern aus Haithabu. ○○

steins zählt, Ausgrabungen durchgeführt. Dabei wurden neben der Siedlung auch die Befestigungsanlagen, die Gräberfelder und der Hafenbereich untersucht. Heute ist Haithabu der am besten erforschte frühmittelalterliche Hafen Deutschlands.

Das **Wikingermuseum** steht nördlich der alten Siedlung und interpretiert die in Haithabu gemachten Funde. Die Siedlung, ihre Bauwerke und Befestigungsanlagen werden in Modellen und Rekonstruktionen dargestellt. Funde zu den Themen Haushalt und Wohnen, Bekleidung und Ernährung geben eine Vorstellung vom damaligen Alltagsleben. Religion, Bestattungsriten und Schrift sind weitere Themen. Schwerpunkte der Präsentation bilden Handel, Handwerk und Stadtentwicklung von Haithabu. Forscher schätzen seine Einwohnerzahl auf 1500, und auch das Spektrum an spezialisierten Berufen wie Seiler, Schmied, Bootsbauer etc. deutet auf eine Siedlung mit städtischen Merkmalen hin. Großen Prunk darf man allerdings nicht erwarten: Die einfachen Häuser hatten keine Fenster, der Rauch zog durch eine Öffnung im Dach ab. Die Wände bestanden aus mit Lehm verkleideten Flechtmatten – anhand gut erhaltener Funde aus dem feuchten Hafenschlick waren die Forscher in der Lage, einige **Häuser** detailgetreu zu rekonstruieren.

Sieben Häuser sollen bis 2007 nach Originalbefunden neu erstehen; bei der Errichtung der Holzkonstruktionen werden ausschließlich histo-

rische Handwerkstechniken angewendet. Drei der Gebäude können bereits besichtigt werden; im Inneren wurde das wikingerzeitliche Leben nachgestellt. Die Häuser stehen im Halbkreisrund des **historischen Ringwalls;** zur Belebung des Gesamteindrucks werden die umliegenden Wiesen von schottischen Hochlandrindern beweidet.

Spekulärstes Ausstellungsstück des Museums ist ein Wikingerschiff, das während der Grabungen im Hafen von Haithabu gefunden wurde. Seine Überreste können in der **Schiffshalle** bewundert werden. Ergänzend zur Ausstellung informieren Filme über die Forschungsarbeiten und die Welt der Wikinger; es gibt Führungen durch das historische Gelände, und im Sommer finden Handwerksvorführungen statt.

Kieler Förde und bäuerliches Binnenland

Wenige Kilometer landeinwärts von der Hafenstadt Kiel ist man im Freilichtmuseum ganz und gar in der bäuerlichen Kultur Schleswig-Holsteins angelangt. Will man dagegen Seeluft schnuppern, empfiehlt sich das Ostufer der Kieler Förde: In Laboe kann man im Meer baden und gleichzeitig viele große und kleine Schiffe beobachten.

- **Anfahrt:** A 215, Ausfahrt Blumenthal, weiter Richtung Molfsee
- **Zeitplanung:** ein Tag
- **geeignet für:** Familien mit Kindern, Kulturinteressierte, die den Tag mit einem Bad in der Ostsee beschließen wollen
- **Veranstaltungen:** Segelregatta Kieler Woche

■ Schleswig-Holsteinisches Freilichtmuseum
Hamburger Landstr. 97, 24113 Molfsee, Tel. 04 31/65 96 60, www.freilichtmuseum-sh.de
- **Öffnungszeiten:** Mitte März–Okt. tgl. 9–18, Nov.–Mitte März So 11–16 Uhr
- **Preise:** Erwachsene 6 €, Kinder 2 €

■ Kurbetrieb Laboe
Börn 2, 24235 Laboe, Tel. 0 18 05/55 71 72, www.laboe.de
- **Preise:** Kurabgabe in der Hauptsaison 15. Mai–15. Sept. 2 €, in der Vorsaison 1 € pro Tag

■ Marine-Ehrenmal Laboe
Strandstr. 92, 24235 Laboe, Tel. 0 43 43/4 27 00, www.deutscher-marinebund.de/ehrenmal

- **Öffnungszeiten:** April–Okt. 9.30–19, Nov.–März 9.30–17 Uhr
- **Preise:** Erwachsene 4 €, Kinder 6–17 Jahre 2,50 €, Kombikarte mit U-995 5,50 €, Kinder 3,50 €

■ U-995
Strandstraße Laboe, unterhalb des Ehrenmals
- **Öffnungszeiten:** s. Ehrenmal
- **Preise:** Erwachsene 2,50 €, Kinder 1,80 €, Kombikarte mit Ehrenmal s. o.

■ Meeresbiologische Station
Strand 1, 24235 Laboe, Tel. 04343/429321, www.meeresbiologie-laboe.de
- **Öffnungszeiten:** April–Okt. tgl. 11–18 Uhr, Nov.–März nur Do–So
- **Preise:** Erwachsene 4,50 €, Kinder 3 €

Schleswig-Holsteinisches Freilichtmuseum

Die Windmühle sieht man schon von weitem, aber die meisten Häuser des größten norddeutschen Freilichtmuseums sind im Grünen versteckt. Wenn man das 60 ha große Gelände betritt, fühlt man sich wie auf dem Dorf. Insgesamt **70 Gebäude,** Bauernhäuser und Katen, Handwerker- und Fischerhütten, sogar eine richtige Meierei, wurden aus allen Landesteilen Schleswig-Holsteins hierher gebracht. **Haustiere** wie Pferde, Schafe und Hühner beleben Wiesen und Wege. In den **Bauerngärten** wetteifern bunte Blüten an Farbenpracht. Die **Museumsbahn,** ein Traktor mit mehreren Personenwaggons, zockelt durch das weitläufige Museumsgelände.

Das Museum ist jedoch keine bloße Ansammlung traditioneller Bauernarchitektur: Die Häuser sind geöffnet, und im Inneren sind zeitgenössische Möbel, Hausrat und Ar-

beitsgeräte zu sehen. **Handwerker** demonstrieren Tätigkeiten, die man heutzutage kaum mehr kennt, und deren Produkte längst aus unserem täglichen Leben verschwunden sind. Da werden z. B. Körbe geflochten, Nägel geschmiedet oder Gefäße getöpfert. In einigen Gebäuden werden neben der zugehörigen Ausstattungen **thematische Sammlungen** präsentiert: Spielzeug, landwirtschaftliche Geräte, Meiereimaschinen. Es gibt eine Ausstellung zur Geschichte des Mühlenwesens, zum Armenwesen, zum Walfang und zum Leben auf einer Hallig. Ein hübscher Kräutergar-

ten liegt bei der Apotheke, wo eine Ausstellung die traditionelle Produktion von Arzneimitteln erläutert.

Neben »Arbeit« war auf dem Dorf auch »Vergnügen« kein Fremdwort; entsprechend wird das Museum durch einen wunderhübschen **historischen Jahrmarkt** ergänzt. An den beiden nostalgischen Karussells mit ihren vielen bunten Figuren stehen Kindern schon mal Schlange, die etwas Mutigeren probieren die

Schiffsschaukel aus. Gleich nebenan kann man sich auf einem großen **Spielplatz** austoben. Für laufmüde oder kleinere Kinder stehen am Museumseingang Bollerwagen bereit – praktisch auch für den Transport des Picknicks oder überflüssiger Kleidungsstücke.

Das Museum bietet jeden Sonntag und zu besonderen Gelegenheiten (Internationaler Museumstag, Tag der Milch, Kinder-Kulturtag) **Work-**

Wo's was zu essen gibt

■ **Schleswig-Holsteinisches Freilichtmuseum**
Molfsee, Tel. 04 31/65 96 60.
Frisch aus dem Backhaus kommen Roggenbrot und selbst gebackener Kuchen; in der Räucherkate locken Biowurst und Schinken. Im Garten der Meierei stehen Klapptische und Bänke bereit, so dass man sein Picknick auspacken und es durch frische Milch und Käse bereichern kann. ○

■ **Drathenhof**
Hamburger Landstraße, Molfsee, Tel. 04 31/65 08 89.
In dem mächtigen Fachwerk-Hofgebäude außerhalb des Freilichtmuseums kommen echte norddeutsche Landklassiker auf den Teller: Birnen, Bohnen und Speck oder Kohlrouladen mit Salzkartoffeln, im Winter darf man Rehragout oder geschmorte Gänsekeule erwarten. ○–○○

■ **Baltic Bay**
Fördewanderweg 2, Laboe, Tel. 0 43 43/4 24 20.
Hier sitzt man direkt am Wasser mit unverbautem Blick auf die Fördeschifffahrt. Die Küche hält sich an das, was der Markt gerade frisch hergibt: Gemüse der Saison, im Spätsommer Pilze. Die Ofenkartoffel kommt gern maritim daher – z. B. mit Matjesstreifen oder Lachs. ○○

■ **Fischküche Laboe**
Am Hafen, Laboe, Tel. 0 43 43/42 97 99.
Harald Bruhn serviert seinen Gästen fast ausschließlich Frischfisch von der Küste: gebraten, gedünstet, im Bierteig gebacken, auch als ofenfrisches Fischbrötchen für den kleinen Hunger. Das alles genießt man mit Blick auf Kutter und Segelboote im malerischen Hafen von Laboe. ○○

shops und **Führungen** an, bei denen herkömmliche bäuerliche Tätigkeiten wieder ans Licht geholt werden: Käse- und Butterherstellung nach historischen Methoden etwa, Honigschleudern, Spinnen, Weben oder Filzen. Selbst »historische« Verhaltensweisen können die Besucher nachvollziehen, z. B. beim Treffen mit einem Walfangkapitän oder beim Unterricht in der alten Dorfschule.

Ein besonderer Event ist der **Kindertag** an einem Sonntag Ende August: Kleine Besucher lernen Spiele ihrer Großeltern kennen, basteln Vogelscheuchen, ziehen Kerzen, drehen Seile oder lernen drechseln. Auch Bauernmärkte, Bastelaktionen und Konzerte gehören zum bunten Veranstaltungsprogramm des Museums.

Am Strand von Laboe

Das Ostseebad Laboe kann man nicht verfehlen: Das 72 m hohe **Marine-Ehrenmal,** einem gewaltigen Schiffsbug nachempfunden, weist den Weg und bietet selbst einen herrlichen Rundblick über die Kieler Förde. Ursprünglich der Erinnerung an die im Ersten Weltkrieg gefallenen deutschen Marinesoldaten gewidmet, ist es heute gleichzeitig Gedenkstätte für die auf See Umgekommenen aller Nationen und Mahnmal für eine friedliche Seefahrt. Neben dem Turm sind in der Historischen Halle Schiffsmodelle und weitere marinegeschichtliche Exponate zu sehen. Gegenüber in Kiel-Holtenau mündet der viel befahrene Nord-Ostsee-

Kanal (s. S. 152), und täglich besuchen den Kieler Hafen Frachter, Kreuzfahrtschiffe und Skandinavienfähren. Hier kann man sich für eine Weile an den Strand setzen und an Schiffen satt sehen.

Am Ufer liegt als technisches Denkmal das **U-995,** ein im letzten Weltkrieg eingesetztes deutsches U-Boot. Wer mag, kann in das enge Gefährt hinabsteigen. Einen Besuch lohnt auch die **Meeresbiologische Station:** Ihre 30 Aquarien geben die Möglichkeit, Tiere der Ostsee hautnah zu erleben und vieles über ihre Lebensweise zu erfahren.

Bei schönem Wetter am verlockendsten ist jedoch der flach abfallende, feinsandige Strand, der sich, vorbei am Meerwasserhallenbad, der hübschen, doppelstöckigen Lesehalle und der Konzertmuschel, bis zum kleinen Kutter- und Yachthafen hinzieht. Hier, nahe dem Fähranleger nach Kiel, trifft man sich auf einen Plausch. Oder kauft frischen Fisch direkt vom Kutter.

Holsteinische Schweiz

So hübsch verteilt sind Seen, Wälder und Hügel in der Holsteinischen Schweiz wie kaum anderswo im eher ebenen Norddeutschland. Die mittelalterlichen Städte Plön und Eutin bilden die kulturellen I-Tüpfel- chen, und Malente ist ein gefragter Kurort dieser Erholungslandschaft. Wer sich dem Wilden Westen verbunden fühlt, weicht nach Süden aus, zum steilen Segeberger Kalkberg: Seit vielen Jahrzehnten begeistern vor dieser dramatischen Kulisse die sommerlichen Karl May-Spiele.

- **Anfahrt:** A 21/B 404 Ausfahrt Bornhöved, 20 km bis Plön
- **Zeitplanung:** ein Tag, bei Besuch der Karl May-Spiele bis in den Abend
- **geeignet für:** Familien mit Kindern, Musik- oder Karl May-Interessierte
- **Veranstaltungen:** Juli/August Eutiner Festspiele, Juli–Sept. Karl May-Spiele Bad Segeberg (23. Juni–2. Sept. 2007)

Naturparkhaus
Schlossgebiet 9, 24306 Plön,
Tel. 0 45 22/74 93 80,
www.naturparkhaus-ploen.de
Öffnungszeiten: Di–So 10–17 Uhr
Preise: Erwachsene 1 €,
Kinder ab 6 Jahre 0,50 €

Parnassturm
Königsgehege, Parnassweg
Öffnungszeiten: Ostern–Okt.
tgl. 9–19 Uhr
Preise: Eintritt frei

Große Plöner See-Rundfahrt
Abfahrten ab Fegetasche an der B 76 südlich des Stadtkerns, beschildert,
www.grosseploenersee-rundfahrt.de
Abfahrten: Mai–Mitte Sept. tgl.
10, 12, 14, 16 Uhr, bis Anfang Okt.
11, 13, 15 Uhr

Preise: Rundfahrt Erwachsene
2 Std. 8 €, Kinder 4–11 Jahre 4 €;
Familienkarte 18 €

Schloss Eutin
Schlossstraße, Tel. 0 45 21/7 09 50
Öffnungszeiten: Ostern–Ende Okt.
11–16 Uhr stdl. Führungen, Kinder- führungen Juni–Aug. Sa 10.30 Uhr
Preise: Erwachsene 4 €,
Kinder 1,50 €

Karl-May-Spiele Bad Segeberg
Karl-May-Platz, 23795 Bad Sege- berg, Tel. 0 45 51/9 52 10,
Ticket-Hotline 0 18 05/95 21 11,
www.karl-may-spiele.de
Spielzeit: Ende Juni–Anfang Sept.,
Programm s. Internet
Preise: Erwachsene 12,50–23,50 €,
Kinder 5–15 Jahre 9–17,50 €

Plön

Fast überall ist man in Plön einem Seeufer nahe: Der Ort liegt eingebettet zwischen zehn größere und kleinere Seen. Die orientierenden Überblicke über diese vielgliedrige Landschaft sind das Eindrucksvollste an dem historische Städtchen.

Das **Plöner Schloss,** prächtigstes Bauwerk der Stadt, erhebt sich am Nordrand des Großen Plöner Sees auf einem Hügel. Der Plöner Herzog Joachim Ernst ließ es 1633–1636 im Stil der Spätrenaissance erbauen; heute ist es Sitz der Fielmann Akademie für Augenoptiker. Das Schloss ist der Öffentlichkeit nicht zugänglich, aber der schöne Blick von der Terrasse über den Großen Plöner See mit seinen vielen Ausflugsbooten und Segelschiffen entschädigt dafür.

Das Gewässer ist Teil des Naturparks Holsteinische Schweiz, über den das **Naturparkhaus** im barocken

Uhrenhaus neben dem Schlosshügel informiert. In der Naturerlebnis-Ausstellung wird man von einem sprechenden Stein über die Entstehung der eiszeitlichen Landschaft aufgeklärt und erfährt Interessantes über

ihre Flora und Fauna; weitere Themen sind die prähistorische Besiedlung der Holsteinischen Schweiz und die Geschichte ihrer landwirtschaftlichen Nutzung. Zum Angebot des Naturpark-Hauses gehören auch Führungen und Exkursionen – in die umgebende Natur, zu Hügelgräbern oder historischen Gutsanlagen.

Die Innenstadt Plöns mit Alt- und Neustadt ist klein und gemütlich. Im Bereich Lange Straße, Schlossberg und Klosterstraße hat sich die Atmosphäre vergangener Tage am besten erhalten. Bei guter Sicht sollte man sich den grandiosen Blick vom 1 km entfernten **Parnassturm** über die Landschaft mit den vielen Seen nicht entgehen lassen.

Von ihrer schönsten Seite präsentiert sich die Holsteinische Schweiz bei einer Bootsfahrt. Weite Ausblicke bietet die zweistündige **Große Plöner See-Rundfahrt,** ihre Hauptattraktionen bilden das Plöner Schloss auf seinem Hügel, die lang gestreckte Prinzeninsel und die vielfältige Vogelwelt auf dem See. Start- und Endpunkt ist der Anleger **Fegetasche,** eine Landenge zwischen Großem Plöner und Behler See.

Malente-Gremsmühlen

Von Fegetasche geht es auf der Deutschen Ferienroute Alpen-Ostsee durch abwechslungsreiche Wald- und Hügellandschaft ostwärts nach Malente-Gremsmühlen. Auch auf dem

Wo's was zu essen gibt

■ **Altes Fährhaus**
Eutiner Str. 4, Plön,
Tel. 0 45 22/7 67 90.
Ein gründerzeitlicher Backsteinbau mit Spitztürmchen beherbergt das anheimelnde Restaurant am Plöner See. Man sitzt wie in einem Wohnzimmer und blickt dabei auf die weite Wasserfläche. Dem See trägt auch die Fischkarte Rechnung – mit Gerichten wie Maränenfilet auf Pommery-Senfsauce. ○○

■ **Seehütte**
Kellerseestr. 52, Malente,
Tel. 0 45 23/98 81 78.

Einsam gelegenes Holzhaus mit Terrasse zum Kellersee. Die Stille der umgebenden Natur und das schlichte Styling verlangen nach Einfachheit: Fischbrötchen-Cafe nennt Heiko Schwarten sein Restaurant – und die gibt es hier in Vollendung und in äußerst kreativen Variationen. Dazu vielleicht ein Glas Prosecco? ○○

■ **Café im Schloss**
Schlossplatz 3, Eutin,
Tel. 0 45 21/77 66 60.
Hier werden Gäste mit feinstem Kuchen verwöhnt; an warmen Tagen sitzt man im stillen Schlosshof. ○○

Wasserweg könnte man in das freundliche Städtchen gelangen, denn die größeren Seen der Holsteinischen Schweiz sind untereinander verbunden. Der attraktive Kneipp- und Luftkurort ist aus mehreren Dörfern entstanden und punktet v. a. mit seiner schönen Lage auf einer bewaldeten Landenge zwischen **Keller-** und **Diecksee.** Eine Rast in einem der vielen Restaurants oder an einem lauschigen Picknickplatz mit Seeblick ist hier zu empfehlen.

Rosenstadt Eutin

Rosen schmücken die Vorgärten von Eutin; das barocke **Rathaus** am Markt, die etwas windschiefe **Michaeliskirche** und viele niedrige Fachwerkhäuser machen die Kleinstadt urgemütlich. Auch wenn Eutin ein mittelalterliches Städtchen ist, erlebte es seine Blütezeit um die Wende vom 18. zum 19. Jh., als Herzog Peter Friedrich Ludwig von Oldenburg den Ehrgeiz hatte, aus Eutin das »Weimar des Nordens« zu machen. Die Stadt kann sich mit illustren Namen schmücken: Johann Gottfried Herder war Erzieher im Schloss, Tischbein war hier Hofmaler. Berühmtester Sohn der Stadt ist jedoch der Komponist Carl Maria von Weber, der hier 1786 geboren wurde.

Das **Eutiner Schloss** mit geschütztem Innenhof und umgebendem Wassergraben liegt direkt am See; Führungen auf Filzpantoffeln durch die prachtvollen barocken Räumlichkeiten geben einen Eindruck vom Leben bei Hofe. Im englischen Schlosspark finden die **Eutiner Sommerfestspiele** mit Opernaufführungen statt. Das Programm ist vor allem Weber verpflichtet.

Karl May in Bad Segeberg

Ein ganz ungewöhnlicher Fels ragt mitten in Bad Segeberg aus der Landschaft: ein Kalkberg, an dem über Jahrhunderte hinweg Gips abgebaut und als Baumaterial verkauft wurde. Der Gipfel hat heute nur noch 91 m Höhe statt wie ehemals 110 m. Die durch den Kalkabbau entstandene Grube klaffte jahrelang als offene Wunde, bis sie in den 1930er Jahren zum heutigen Kalkbergstadion ausgebaut wurde, einem der schönsten deutschen Freilichttheater. Seit 1952 finden hier alljährlich die Karl May-Spiele statt, bei denen das Publikum in den Wilden Westen um 1870, zu Winnetou und Old Shatterhand versetzt wird.

Lübecker Bucht

Geschwindigkeitsrausch auf High-Tech-Fahrgeschäften und einen fantastischen Blick über die Lübecker Bucht erlebt man im Sierksdorfer Hansa-Park. Vom Aussichtsturm dieses riesigen Freizeit- und Familienparks kann man schon mal aus der Höhe begutachten, an welchem Strand man sich später am Tag sonnen möchte.

■ **Anfahrt:** A 1 Ausfahrt Eutin oder Neustadt, von dort der Ausschilderung folgen
■ **Zeitplanung:** ein Tag
■ **geeignet für:** Familien mit Kindern

Hansa-Park

Der eher beschauliche Familien-Strandbetrieb der Ferienorte rund um die Lübecker Bucht verlangte schon vor 30 Jahren nach einem Unterhaltungszentrum, das alle Altersgruppen ansprach. 1973 entstand daher in Sierksdorf das erste deutsche Legoland. 1987 in Hansa-Park umbenannt, zählt das Gelände mit seinen rund 125 Attraktionen heute zu den größten Freizeitparks in Deutschland.

■ **Hansa-Park**
Am Fahrenkrog 1, 23730 Sierksdorf,
Tel. 0 45 63/47 40,
www.hansapark.de
■ **Öffnungszeiten:** Mitte April–Ende Okt. tgl. 9–18 Uhr
■ **Preise:** Erwachsene 21,50 €, Kinder bis 14 Jahre und Senioren ab 60 Jahre 19 €, Kinder unter 4 Jahre und Geburtstagskinder frei

■ **Tourismus-Service Scharbeutz**
Bahnhofstr. 2, 23683 Scharbeutz,
Tel. 0 45 03/77 09 64,
www.scharbeutz.de
■ **Preise:** Kurtaxe 15. Mai–14. Sept. 2,50 € pro Tag, 15. März–14. Mai und

15. Sept.–31. Okt. 1,50 €, 1. Nov. bis 14. März 0,50 €

■ **Touristinformation Sierksdorf**
Vogelsang 1, 23730 Sierksdorf,
Tel. 0 45 63/47 89 90,
www.sierksdorf.de
■ **Preise:** Kurtaxe 15. Mai–15. Sept. 2,50 € pro Tag

■ **Tourismus-Service Neustadt-Pelzerhaken-Rettin**
Dünenweg 7, 23730 Neustadt-Pelzerhaken, Tel. 0 45 61/70 11, www.neustadt-ostsee.de
■ **Preise:** Kurtaxe 15. Mai–14. Juni 1 € pro Tag, 15. Juni–31. Aug. 2 €, Sept. 1 €

Man sollte sich mit einem Übersichtsplan auf den Weg machen. Nostalgische Karussells, ein historisches Riesenrad und viele kleinere Fahrgeschäfte konzentrieren sich auf dem gemütlichen **Alten Jahrmarkt** im Zentrum. Nach einem ausgiebigen Bummel durch die Western-Stadt **Bonanza City** mit Sheriff-Office ist erst einmal ein Päuschen im überdachten Picknickplatz nahe der historischen Schmiede und der Schnitzer-Werkstatt angesagt.

An heißen Tagen sind Fahrten auf den Wasserkanälen des **Super-Splash** oder der **Wildwasserbahn** genau richtig; für nasses Vergnügen sorgen auch die Riesen-Wellenrutsche **Barracuda-Slide** oder die **Wikinger-Bootsfahrt.** Während man noch trocknet, marschiert vielleicht gerade die kunterbunte **Hansa-Park-Parade** vorüber, oder man verfolgt die **Papageien-Show** im Dschungel-Kindertheater.

Neue Attraktionen des Parks sind der **Navajo-Trail,** ein überdachter Hochseilgarten, und die **Apachen-Lodge,** ein 10 m hohes Baumhaus, das man nur über eine 25 m lange Hängebrücke erreicht. Bei einer Fahrt mit dem **Torre del Mar,** dem höchsten Flugkarussell der Welt, dreht man sich auf 70 m Höhe rasant im Kreis und hat dabei die gesamte Lübecker Bucht vor Augen. Wer es lieber ruhig mag, findet genauso gut ein stilles Plätzchen auf einer Bank in den blühenden **Themengärten** oder auf der **Schmetterlingsinsel.**

Scharbeutz

In Scharbeutz geht es familiär und trubelig zu. Hierher kommen Urlauber, die gerne aktiv sind und etwas erleben möchten. Von der attraktiven **Seebrücke** starten Ausflugsschiffe zu Besichtigungsfahrten. Auch Angler nutzen die Brücke gern; ihnen beim Begutachten ihres Fangs zuzuschauen ist immer ein Vergnügen. Für alle, die einen Tagestipp für Spaß und Sport suchen, gibt es hier einen Aktionsstand; ganz in der Nähe steht eine Tribüne für Parties. Die belebte **Strandpromenade** lädt zum Bummeln und Shoppen ein. Der breite Sandstrand fällt flach ins Meer ab und bietet viel Platz fürs Burgenbauen zwischen den Sonnenhungrigen.

Das unmittelbar nördlich anschließende **Haffkrug** gehört ebenfalls zur Gemeinde Scharbeutz, spricht aber eher Besucher an, die es ruhiger angehen lassen möchten. Das einstige Fischerdorf hat sich seine beschauliche Atmosphäre bewahrt: Reetgedeckte Fachwerkhäuser und wenig Modernes findet man entlang der schattigen, baumbestandenen Promenade.

Sierksdorf

Sierksdorf, die Gemeinde, in der auch der Hansa-Park liegt, hat 5 km Anteil am Ostseestrand; auf einer Länge von 1 km wird dieser von einer hübschen **Strandpromenade** begleitet. Ein Ferienpark liegt auf der Höhe des breitesten Strandabschnitts, der auch für Kinder hervorragend geeignet ist, ein Spielplatz liegt gleich in der Nähe. Schmal wird der Strandstreifen auf der Höhe der **Steiluferkante;** hier finden diejenigen ein Lieblingsplätzchen, die Einsamkeit suchen. Die Aussicht über die Bucht ist an dieser Stelle besonders schön.

Wo's was zu essen gibt

■ **Seehof**
Gartenweg 30, Sierksdorf,
Tel. 0 45 63/82 40.
An der wildromantischen Sierksdorfer Steilküste liegt das Restaurant, das sich mit Holsteiner Spezialitäten einen Namen gemacht hat; im Sommer sitzt man unter alten Parkbäumen auf der Terrasse. ○○

■ **Gut Marienhof**
Rosengarten 50, Neustadt,
Tel. 0 45 61/1 60 10.
Das denkmalgeschützte Gut nahe dem Kremper Tor lockt mit Antiquitäten, dem Marienhof-Bauernmarkt und Spezialitäten der Region. Je nach Hunger sucht man sich einen Platz im Restaurant Marienhof oder im Kunst-Café. ○–○○

■ **La Marée**
Christian-Westphal-Str.52, Grömitz,
Tel. 0 45 62/98 27.
Ein lohnender Abstecher führt nach Grömitz, einem etwas schickeren Seebad nördlich von Neustadt. Hier serviert das Restaurant im Hotel Pinguin erlesene französische Küche – am besten fährt, wer sich an den persönlichen Tagesempfehlungen des Küchenchefs orientiert. ○○○

Neustadt-Pelzerhaken-Rettin

Drei unterschiedliche Strandgemeinden gehören zu **Neustadt.** Zunächst das Städtchen selbst, das einen seeschifftiefen Hafen besitzt. Beim Faulenzen am 1,5 km langen Sandstrand südlich des Orts ist man ein- und auslaufenden Schiffen ganz nah. Wer sich lieber bewegt, kann die Badeplattformen und das Sprungbrett an der Seebrücke nutzen. Eine Badeaufsicht ist an diesem städtischen Strand nicht nötig: Im Flachwasser gibt es einen ausgewiesenen Bereich für Nichtschwimmer. Auf dem angrenzenden Spielplatz wurden von der Stadt Klettergerüste, Schaukeln und Balancierstangen aufgestellt – für die Sandkiste hat bereits die Natur gesorgt!

In **Pelzerhaken** ist man am Strand ganz in der Natur: Da gibt es Abschnitte mit Fein- und Grobsand, sogar mit Kies. Ein Holzsteg sorgt dafür, dass man trotz der Dünen einen angenehmen Strandspaziergang unternehmen kann. An der langen Seebrücke legen Ausflugsschiffe an; Restaurants und Geschäfte säumen die hübsche kleine Promenade. Am flach abfallenden Sandstrand sind auch Schwimm- und Surfanfänger sicher aufgehoben – eine vorgelagerte Sandbank dient als Wellenbrecher. Es gibt zudem einen schönen FKK-Strand mit Strandsauna.

In **Rettin** ist man auf dem Dorf und weit weg vom Seebad-Trubel: Hier geht es noch beschaulich zu. Der nur 1 km lange Strand hat feinen Sand und wird beaufsichtigt; ein schöner Aussichtsplatz ist die hölzerne Plattform in den Dünen, aber auch die Seebrücke will erobert werden. Familien mit Kindern sind hier bestens aufgehoben.

Lübeck, Königin der Hanse

Das mittelalterlich geprägte Lübeck zählt zu den schönsten Städten im norddeutschen Raum. Seine denkmalgeschützte Altstadt zieht jährlich Tausende von Besuchern an. Zu wahren Publikumsmagneten haben sich auch das Sandskulpturenfestival Sandworld in Lübeck-Travemünde und das Sea Life Meeresaquarium in Timmendorf entwickelt.

- **Anfahrt:** A 1 Ausfahrt Lübeck-Zentrum, Parkplatz an der Untertrave
- **Zeitplanung:** ein Tag
- **geeignet für:** Familien mit Kindern
- **Veranstaltungen:** Anfang Juli–Anfang Sept. Sandworld in Travemünde; Ende Juli Travemünder Woche; Ende August Baltic Sail

Lübecks Altstadt

Jenseits der Travebrücke tritt man in eine mittelalterliche Stadt ein. Das Straßennetz hat System: Durch das Stadtzentrum verlaufen zwei Hauptstraßen, rechtwinklig dazu führen zu den Ufern breite Straßenzüge hinab, die meist »Grube« heißen. Beckergrube, Fischergrube oder Engelsgrube verbinden den Hafen am Fluss mit der zentralen Breiten Straße. Mächtige Giebelhäuser mit schmuckvollen Fassaden reihen sich an den Gruben; hie und da gibt es schmale Passagen: Diese »Gänge« reichen bis weit in die Hinterhöfe, manchmal bis zur nächsten Grube.

An der Breiten Straße liegen die gotische **Jacobikirche**, ehemals Kirche der Schiffer, und vis-à-vis das **Haus der Schiffergesellschaft:** Wie vor Jahrhunderten sitzt man im großen Schanksaal auf langen Bänken und an robusten Tischen, säuberlich getrennt nach Grönland-, Bergen- oder Nowgorodfahrern.

Sandworld
Priwall-Strand, 23570 Travemünde, www.sandworld.de
- **Öffnungszeiten:** Anfang Juli bis Anfang Sept. So–Do 10–23, Fr, Sa 10–24 Uhr, Kassenschluss jeweils 1 Std. früher
- **Preise:** Erwachsene 6 €, Kinder 5–11 Jahre 3 €

Sea Life Meeresaquarium
Kurpromenade 18, 23669 Timmendorf, Tel. 0 45 03/3 58 80, www.sealife-timmendorf.de
- **Öffnungszeiten:** Juli/Aug. tgl. 10–19, April–Juni und Sept./Okt. 10–18, Nov.–März 10–17 Uhr
- **Preise:** Erwachsene 12 €, Kinder bis 14 Jahre 7,95 €

Lübecker Bürger stifteten 1260 das **Heiligen-Geist-Hospital,** eine Kapelle mit mittelalterlichen Wandmalereien im Vorraum und dahinter eine riesige Halle, in der die Kranken und Hinfälligen der Stadt gepflegt wurden. Diese Tradition ist ungebrochen; bis heute gibt es im Anbau ein Altersheim. Zwei weitere sehr gepflegte Stiftshöfe mit Altenwohnungen sind der repräsentative **Füchtingshof** und **Glandorps Gang** in der Glockengießerstraße.

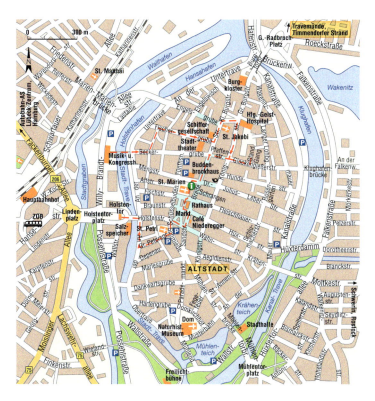

Eher unscheinbar ist das **Buddenbrookhaus** in der Mengstraße. Das Gebäude, dem Thomas Mann in seinem berühmten Familienroman ein Denkmal setzte, beherbergt heute ein Heinrich- und Thomas-Mann-Zentrum. Es steht im Schatten der doppeltürmigen **Marienkirche,** die vielen gotischen Backsteinkirchen im Ostseeraum als Vorbild diente. Einige Schritte weiter südlich liegt der **Markt,** der von der eindrucksvollen Fassade des **Rathauses** beherrscht wird. Vis-à-vis in der Breiten Straße betört das traditionsreiche Café Niederegger seine Gäste mit Marzipan- und Kuchenkreationen.

Vom Turm der **Petrikirche** aus wirken die Größe der mittelalterlichen Stadt und ihre einmalige Lage an zwei Flussarmen besonders eindrucksvoll. Eines der schönsten Häuserensembles aus verschiedenen Stilepochen von der Gotik bis zum Klassizismus säumt die **Petersgrube.** Am gegenüberliegenden Traveufer erinnern mehrere gotische **Salzspeicher** an das Handelsprodukt, dem Lübeck im Mittelalter seinen Reichtum verdankte. Das doppeltürmige **Holstentor** gleich daneben zählt zu den prachtvollsten Stadttoren Deutschlands. Es beherbergt heute ein stadtgeschichtliches Museum.

Sandworld Travemünde

Vier Wochen benötigen Künstler aus aller Welt, um an Travemündes Priwall-Strand eine künstliche Landschaft aus Sandskulpturen zu errichten, jedes Jahr unter einem wechselnden Thema. Der raue Spezialsand, der die Kunstwerke bei gelegentlichen Regengüssen nicht auseinanderfließen lässt, muss eigens herbeigeschafft und nach der Ausstellung wieder entfernt werden. Doch der Aufwand lohnt sich: Die bis zu 10 m hohen Gebilde versetzen den Besucher in eine Zauberwelt, abends werden die Kunstwerke durch farbiges Licht besonders stimmungsvoll in Szene gesetzt. Dabei bilden die Weite der Ostsee, die Traditionsschiffe auf der Trave und die vorüberziehenden Frachter und Großfähren eine grandiose Kulisse.

Sea Life Meeresaquarium Timmendorf

Die Meereswelt von Nordatlantik, Nord- und Ostsee durchläuft man in diesem faszinierenden und lehrreichen Aquarium in gut einer Stunde. Zunächst macht man Bekanntschaft mit Süßwasserfischen, später schauen einen Seewölfe der Ostsee grimmig an, und das Tuten von Schiffen suggeriert die Ankunft im Neustädter Hafen. Hier ist u. a. der Zivilisationsmüll im Hafenbecken ein Thema. In der Babyfisch-Ausstellung erinnern Massen von flinken Jungfischen an die unglaubliche Reproduktionskraft der Weltmeere. Hauptattraktion ist der gläserne Tunnel, der durch das Tiefseebecken mit Haien, Rochen und Barschen führt; hier wurden auch die mannshohen Tangwälder vor der Küste Helgolands nachgebildet. Sea Life möchte ein Bewusstsein für die Schutzbedürftigkeit der Meere schaffen und gewährt Greenpeace Platz in seinem Ausstellungsgebäude.

Wo's was zu essen gibt

■ **Schiffergesellschaft**
Breite Str. 2, Lübeck,
Tel. 04 51/7 67 76.
Im Gastraum der Schiffergesellschaft mit seinen langen Bänken, robusten Tischen und Schiffsmodellen tafelten Seeleute bereits vor Hunderten von Jahren. Das Menü ist allerdings moderner geworden; es gibt viel Fisch und holsteinische Gerichte, dazu trinkt man Lübecker Rotspon von alteingesessenen Weinhändlern. ○○

■ **Café über den Wolken**
Trelleborgallee 2, Travemünde,
Tel. 0 45 02/8 90.
Das Hochhaus des Maritim Strandhotels an der Travemündung empfinden manche als architektonischen Missgriff, aber man ist rasch versöhnt, wenn man im Café auf der 35. Etage den herrlichen Blick über die Lübecker Bucht genießt. Von 15 bis 17 Uhr schwelgt man hier in Kaffee und Kuchen. ○○

■ **Hafenräucherei**
Am Hafen, Timmendorf-Niendorf,
Telefon 0 45 03/68 80.
Dass es im Vorort Niendorf familiärer zugeht als im feinen Timmendorf, zeigt die Hafenräucherei. Die enormen Backfisch-Portionen, Fischbrötchen oder Räucherfische sucht man sich an der Theke aus und begibt sich an ein nettes Plätzchen mit Blick auf den Hafen; ist es kühler, zieht man sich in die Halle zurück. ○

Natur und gesunde Kost am Schaalsee

Der Schaalsee war während der deutschen Teilung jahrzehntelang Sperrgebiet, dadurch konnte sich die Natur fast ungestört entwickeln. Nach der Wende wurden große Teile der Landschaft als UNESCO-Biosphärenreservat ausgewiesen. Rund um den tiefsten See Norddeutschlands finden sich Moore, Wälder, Erlenbrüche und Feuchtwiesen – ein Zuhause für den Fischotter genauso wie für 230 Vogelarten. In dieser Landschaft bieten Landwirte, Fischer und Imker ihre gesunden Produkte an.

- **Anfahrt:** A 24 Ausfahrt Zarrentin, B 195 Richtung Boizenburg nach Gallin
- **Zeitplanung:** ein Tag
- **geeignet für:** Familien mit Kindern und alle, die sich für gesunde Lebensmittel und Naturschutz interessieren
- **Veranstaltungen:** jeden 1. So im Monat Biosphäre-Schaalsee-Markt am Zarrentiner Pahlhuus

Gut Gallin
Dorfstr. 43, 19258 Gallin,
Tel. 03 88 42/2 17 39,
Mobil 01 72/4 54 84 65
www.gutgallin.de
■ **Öffnungszeiten Biofleischerei:** Di 9–12, Fr 9–12.30 und 13.30 bis 17.30 Uhr

Pahlhuus
Informationszentrum, Wittenburger Chaussee 13, 19246 Zarrentin,
Tel. 03 88 51/30 20,
www.schaalsee.de
■ **Öffnungszeiten:** März–Okt. Di–Fr 9–17, Sa, So 10–18 Uhr
■ **Preise:** Eintritt frei, Spende erbeten

Bienenzuchtzentrum Bantin
Wittenburger Str. 3, 19246 Bantin,
Tel. 03 88 51/2 52 81, www.imker-in-mv.de, www.honig-mv.de
■ **Öffnungszeiten:** Mo–Fr 7 bis 16.45 Uhr

Käserei Kranichhof
Wallberg, 19246 Bantin,
Tel. 03 88 51/8 07 30
■ **Öffnungszeiten:** Mo, Di, Do 9–12, Fr 18–20 Uhr und n. V.

Fischereihof Stoß
Dorfstr. 77, 19246 Lassahn,
Tel. 03 88 58/2 12 44
■ **Öffnungszeiten:** Do–Di 9.30 bis 18 Uhr

Gut Gallin

Rund um Gallin weiden von April bis November die etwa 400 Rinder des Gutes Gallin. Fährt man in den kleinen Ort, ist man mit den Mutterkuhherden, Ochsen und Kälbern bereits auf Tuchfühlung. Über 1000 ha umfasst das bewirtschaftete Gelände, auch 200 ha Gemüsefläche gehören dazu; gearbeitet wird nach den Richtlinien des Ökologischen Landbaus. Im gut ausgeschilderten **Hofladen Biofleisch Gallin** kauft man beste Ware: Fleisch und Wurst aus eigener Rind- und Schweinefleisch-Produktion, ebenso Gemüse wie Blumenkohl, Brokkoli, Salate und Tomaten.

Das Pahlhuus in Zarrentin

Der **Schaalsee** ist mit 72 m der tiefste See Norddeutschlands, geformt wurde er durch eine lang gestreckte eiszeitliche Gletscherzunge. Die Ausstellung im Pahlhuus lädt zum Spaziergang im nachgebauten Gletscher ein, sogar das Schmelzwasser hört man dabei rinnen! Im **Eiszeittunnel** macht ein Modell sichtbar, wie riesenhaft die Gletscher waren, und wie zwergenhaft sich daneben z. B. der Berliner Fernsehturm ausnähme.

»Wandel« lautet das Grundthema im Informationszentrum. An einem realistischen Landschaftsmodell probieren die Besucher aus, was mit der Natur passiert, wenn ein Moor trocken gelegt oder bei einem Starkregen ein Dorf überschwemmt wird. Beim Auf- und Zuschieben der Schleusentore wird auch Kindern klar, welche Verantwortung Menschen für Manipulationen im Naturhaushalt tragen. Wie der Mensch im Laufe der Jahrhunderte die Landschaft im Schaalseegebiet umformte, zeigen Bilder und Kurzfilme. Draußen illustriert ein 800 m langer **Moor-Lehrpfad** das Wachsen und Vergehen dieser besonderen Landschaft und ihrer Fauna und Flora.

Am ersten Sonntag im Monat ist am Pahlhuus großer Markttag: Angeboten werden hier nicht nur Bio-Lebensmittel aus der Region, sondern auch Kunst und Handwerk.

Bienenzuchtzentrum Bantin

Die rund 1700 Freizeitimker Mecklenburg-Vorpommerns betreiben ein Beratungs- und Schulungszentrum in Bantin. Hier leben 350 Bienenvölker;

ein **Bienen-Lehr- und Schaugarten** ergänzt die Anlage. Auf dem Gelände wachsen etwa 150 verschiedene Bienenweidepflanzen, d. h. Blütenpflanzen, aus denen sich Bienen Nektar und Pollen holen. Man erfährt neben Namen und Blütezeit auch, wie viel Pollen und Nektar die Bienen den Blüten entnehmen können. Schautafeln erläutern die Lebensweise der Bienen und zeigen, wie im Laufe der Zeit Bienenvölker vom Menschen nutzbar gemacht wurden.

Neben dem Bienenzuchtzentrum haben sich etwa 100 Imker zu einer

Wo's was zu essen gibt

■ **Gasthaus Vier Linden**
Amtsstr. 6, Zarrentin,
Tel. 03 88 51/2 57 69, Mo geschl.
Fachwerk und Deckenbalken lassen spüren, dass man sich in ländlicher Umgebung befindet, auch wenn das Gasthaus mitten im hübschen Städtchen Zarrentin steht. Auf den Tisch kommen Wildgerichte und Fisch aus dem Schaalsee, aber auch das leckere Eis lohnt die Einkehr. ○○

■ **Aal la Carte**
Dorfstr. 77, Lassahn,
Tel. 03 88 58/2 12 44, Voranmeldung dringend empfohlen, Mi geschl.
Etwa 600 m nördlich der Kirche von Lassahn beherbergt eine Bauernkate mit Reetdach und Lehmverputz das Restaurant des Fischereihofs Stoß.

Alle Gerichte werden hier in der offenen Küche zubereitet. Legendär sind die Räucheraale und die Maränen mit Rosmarinkartoffeln, aber auch die selbst hergestellten Bratheringe. ○

■ **Hofcafé Schimmelhof**
Schimmelhof 2, Valluhn,
Tel. 03 88 51/8 16 15, 2 km westl. von Lüttow an der Straße nach Valluhn, Sa, So, 14–18 Uhr.
Kunterbunte Möbel und ein Wandbild mit Hoftieren in Mecklenburgischer Landschaft: So gemütlich kann es in einem ehemaligen Kuhstall aussehen. Die hausgemachten Kuchen sind reine Poesie. Wer vor oder nach dem Schlemmen noch ein Stündchen mit der Kutsche ausfahren möchte, sollte sich vorher anmelden. ○

Honig-Erzeugergemeinschaft zusammengetan, die hier ihren Honig und daraus entwickelte Produkte vertreibt. In einer **Schau-Imkerei** verfolgt man den Weg des Honigs, und wenn man Glück hat, kann man zusehen, wie gerade Honig aus Bienenwaben geschleudert wird. Im angeschlossenen Hofladen findet man nicht nur die besten Honigsorten des Landes, sondern auch andere Produkte rund um den Honig.

Käserei Kranichhof

70 Kühe wollen auf dem Kranichhof an jedem Morgen und Abend gemolken werden. Etwa die Hälfte der Milch wird vom Molkereiwagen abgeholt und zu Biomilch verarbeitet. Die andere Hälfte bleibt auf dem Hof und landet im Käseherstellungsraum. Wie wird aus Milch Käse? Wer beim gesamten Prozess zusehen möchte, muss schon etwas Geduld mitbringen und sich am besten bei der Käserei Kranichhof anmelden. Aber vielleicht ist es schon damit getan, hinter dem Gehöft die Kühe zu besuchen, von denen der Käse stammt? Anschließend kann man dann Käse kaufen, z. B. einen »Alpe«, der geschmacklich dem Appenzeller ähnelt. Es gibt ihn in einer milden Variante, für die der Käse nur 4 bis 6 Wochen reifen muss; pikanter schmeckt er, wenn er etwa ein Jahr im Regal lag.

Der Kranichhof bietet seine Käse auch auf verschiedenen Wochenmärkten der Region an, u. a. in Hagenow, Ludwigslust und Zarrentin.

Fischereihof Stoß in Lassahn

Im Frühjahr und im Herbst fischen Vater und Sohn Stoß mit Stellnetzen und Reusen im Schaalsee: Hecht, Zander, Barsch, Schlei und vor allem die Große Maräne, die den See bei Feinschmeckern berühmt gemacht hat. Der Fang wird frisch verarbeitet: in den Rauch gehängt, zu köstlichen Salaten komponiert, sauer oder in Gelee eingelegt oder im reizenden kleinen Gasthof in Lassahn (s. l.) frisch auf den Tisch gebracht. Dort kann man die Fischspezialitäten auch für zu Hause kaufen.

Wismar und die Insel Poel

Die alte Hansestadt Wismar ist besonders stolz auf ihre Kirchen, die zu den Meisterwerken der norddeutschen Backsteingotik zählen. Der sehenswerte historische Stadtkern zählt zum UNESCO-Weltkulturerbe. Ein Damm führt zur nahen Insel Poel hinüber. Sie besitzt herrliche Strände, aber auch einen kunterbunten Schaugarten der Wismarer Hochschule.

- **Anfahrt:** A 1, ab Kreuz Lübeck A 20 Ausfahrt Wismar-Mitte
- **Zeitplanung:** ein Tag
- **geeignet für:** Familien mit Kindern, Kulturinteressierte
- **Veranstaltungen:** Anfang Juni Wismarer Hafentage mit ein- und auslaufenden Traditionsseglern, Folklore und Jahrmarkt; Mitte–Ende August Schwedenfest mit historischem Festumzug und Heerlager auf dem Markt

Backsteingotik in Wismar

Zur Hansezeit war Wismar eine der bedeutendsten Städte im so genannten Wendischen Quartier entlang der südlichen Ostseeküste. Aus jener Zeit stammen mehrere außergewöhnliche Backsteinbauten: Kaufmannshäuser wie der **Alte Schwede** am Marktplatz, heute ein Restaurant, und Gotteshäuser wie das kleine

- **Wege zur Backsteingotik**
3 D-Film im Turmraum der St. Marienkirche Wismar, St. Marien-Kirchhof
  - **Öffnungszeiten:** Ende März–Okt. tgl. 10–20, sonst 10–15 Uhr
  - **Preise:** gratis, Spende erbeten

- **Schabbellhaus**
Stadtgeschichtliches Museum, Schweinsbrücke 8, 23966 Wismar, Tel. 0 38 41/28 23 50, www.schabbellhaus.de
  - **Öffnungszeiten:** Mai–Okt. Di–So 10–20 Uhr, Nov.–April 10–17 Uhr
  - **Preise:** Erwachsene 2,50 €, Kinder frei; Fr freier Eintritt

- **Schaugarten der Hochschule Wismar**
Außenstelle Malchow, 23999 Malchow, Tel. 03 84 25/42 76 65
  - **Öffnungszeiten:** ständig geöffnet
  - **Preise:** freier Eintritt

- **Heimatmuseum der Insel Poel**
Möwenweg 4, 23999 Kirchdorf, Tel. 03 84 25/2 07 32
  - **Öffnungszeiten:** Mitte Mai–Mitte Sept. Di–So 10–16, sonst Di, Mi, Sa 10–12 Uhr
  - **Preise:** Erwachsene 2 €, Kinder 1,25 €, Führungen zusätzlich 0,50 €

Heilig-Geist-Spitalkirchlein oder die gewaltige **Nikolaikirche** mit ihrer kostbaren Zier aus glasierten Ziegeln. Wenn in den mittelalterlichen Straßen Wismars heute eher bunter Putz dominiert, liegt das daran, dass man die alten Giebel häufig damit verblendete.

Wie kann man Besucher für solch eine Ansammlung von jahrhundertealten Backsteinziegeln begeistern? Das fragten sich die Denkmalschützer und dachten sich einen Appetizer aus, der seinesgleichen sucht: **Wege zur Backsteingotik** heißt eine spannende 3 D-Show, die im Turmraum der Kirchenruine von **St. Marien** vorgeführt wird. Mit einer Spezialbrille ausgestattet, unternimmt man eine Zeitreise ins mittelalterliche Wismar und bekommt einen Einführungskurs in die traditionelle Ziegelherstellung; man erfährt staunend, in welch hals-

brecherischer Art und Weise die riesigen Kirchenbauten damals hochgezogen wurden – ohne Kräne oder PS-starke Baumaschinen.

Ergänzend zum Film ist draußen vor dem Kirchturm ein mittelalterlich gekleideter Ziegelmacher-Geselle am Werk und führt vor, wie Ziegel aus Lehm geformt werden. Und damit noch nicht genug: Er zeigt außerdem, wie die schweren Ziegellasten auf die hohen Bauten geschafft werden konnten. Für den mit Menschenkraft betriebenen Aufzug dürfen sich gern auch Freiwillige melden – natürlich nur für die Dauer der Vorführung!

Den Standort für diese Einführung in die mittelalterliche Backsteinbauweise hätte man interessanter nicht wählen können: Gleich nebenan wird die 1594 fertig gestellte, aber im Zweiten Weltkrieg schwer beschädigte **St. Georgenkirche** seit 1990 wieder aufgebaut. Beim Gang durch das noch unfertige Kirchenschiff wird einem schnell bewusst, dass der Bau eines solch riesigen Gotteshauses auch heute noch hohe Anforderungen stellt.

Der geräumige Markt Wismars wird auf drei Seiten von prächtigen Kaufmannshäusern gesäumt; im Norden begrenzt ihn die Fassade des klassizistischen **Rathauses.** Ein kunstvolles und zugleich nützliches Bauwerk ist die zierliche **Wasserkunst** mit ihrer geschwungenen Kupferhaube; sie wurde zwischen 1580

und 1620 im Stil der Renaissance erbaut und versorgte Wismar bis 1897 mit Trinkwasser.

Wie die Wasserkunst ist auch das **Schabbellhaus,** Brau- und Wohnhaus des Bürgermeisters Schabbell von 1571, ein Werk des Niederländers Philipp Brandin. Der Renaissancebau niederländischer Prägung beherbergt heute die Sammlungen des Stadtgeschichtlichen Museums. An der Nikolaikirche vorbei und durch die enge Scheuerstraße gelangt man zum einzigen erhaltenen Stadttor Wismars, dem backsteinernen **Wassertor.** Hier

Wo's was zu essen gibt

■ **Zum Weinberg**
Hinter dem Rathaus 3, Wismar,
Tel. 0 38 41/28 35 50.
Wertvolle Antiquitäten, alte Gemälde und Messingkronleuchter schmücken die Gasträume des Traditionslokals in der Altstadt, dessen Ursprünge im 14. Jh. liegen. Dem anspruchsvollen Ambiente entspricht die mecklenburgische und französische Küche; im hauseigenen Weinkeller werden nach alter Tradition Grundweine aus aller Welt in Fässern gelagert und ausgebaut. ○○–○○○

■ **Brauhaus am Lohberg zu Wismar**
Kleine Hohe Str. 15, Wismar,
Tel. 0 38 41/25 02 38.
Das Bierbrauen stellte einen wichtigen Erwerbszweig vieler Hansestäd-

te dar. Im Brauhaus am Lohberg geht man diesem Handwerk bereits seit 1452 nach. Noch heute kommen ein halbes Dutzend Biersorten aus den Braukesseln; eine Probe davon lässt sich gut mit einem frischen Fischgericht oder Mecklenburger Spezialitäten kombinieren. An schönen Tagen sitzt man draußen an der kopfsteingepflasterten Straße. ○○

■ **Poeler Forellenhof**
Wismarsche Str. 13, Kirchdorf,
Tel. 03 84 25/42 00.
In der rustikalen Gaststätte bekommt man Räucherfisch vom Feinsten. Frisch aus dem Rauch schmecken die Forellen einfach köstlich – man sollte sich gleich noch ein paar für zu Hause mitnehmen. ○○

zieht einen der **Alte Hafen** in den Bann: Direkt vom Kutter wird fangfrischer Fisch verkauft, Ausflugsschiffe und ein originalgetreuer Nachbau der **Poeler Kogge** geben am Wasser ein farbenfrohes Bild ab. Das Original war ein spätmittelalterliches Frachtschiff, das 1999 vor Poel geborgen wurde. An die Zeit der schwedischen Herrschaft erinnern die **Schwedenköpfe,** zwei gusseiserne Poller vor dem Baumhaus, in dem heute das Hafenamt seinen Sitz hat.

Insel Poel

Zwar verkehren vom Wismarer Hafen Ausflugsschiffe zur Insel Poel, doch über einen Straßendamm ab Groß Strömkendorf kommt man auch auf dem Landweg dorthin. In Fährdorf, dem ersten Ort auf der Insel, lädt das Hinweisschild auf den **Schaugarten** der Hochschule Wismar zum Abbiegen nach rechts ein. Vor über 100 Jahren gründete ein Poeler auf der Insel einen Saatzuchtbetrieb. Pflanzenzucht wurde zu ihrer Spezialität: Während der DDR-Zeit diente ihr Ackerland überwiegend der Saatgutproduktion. Heute können Besucher sich an den wunderschönen Schaugärten der Hochschule Wismar erfreuen; man erreicht sie nach ca. 1 km auf der Straße Richtung Malchow.

An der Nord- und Westseite der Insel liegen weiße **Badestrände.** Stichstraßen führen dorthin: nach Gollwitz im Norden und Zum Schwarzen Busch und **Timmendorf** im Westen. Mit seinem kleinen Hafen, dem

markanten Leuchtturm und einem kilometerlangen Strand ist Timmendorf der lebendigste Badeort.

Einen malerischen Hafen besitzt auch der Hauptort der Insel, **Kirchdorf.** Der 47 m hohe Turm der mittelalterlichen Inselkirche bildet die weithin sichtbare Landmarke Poels. Im ehemaligen Schulgebäude von 1806 informiert das kleine Heimatmuseum über die bewegte Vergangenheit dieser heute so stillen Insel.

Zwischen Ludwigslust und der einstigen Grenze

Das prächtige Ludwigsluster Schloss mit seinem kuriosen Dekor aus Papiermaschee, die gut erhaltene Festung Dömitz, die Dorfrepublik Rüterberg und die eindrucksvollen Stallungen des Landgestüts Redefin bilden das abwechslungsreiche Programm dieser Tour.

- **Anfahrt:** A 24 Ausfahrt Ludwigslust, B106 Richtung Ludwigslust
- **Zeitplanung:** ein Tag
- **geeignet für:** an Regionalgeschichte Interessierte, Pferdefreunde
- **Veranstaltungen:** 2. August-Wochenende Kleinkunstfestival im Schlosspark Ludwigslust; an vier Wochenenden im Sept. Redefiner Hengstparaden

Schloss Ludwigslust

Herzog Christian Ludwig II. von Mecklenburg-Schwerin ließ sich in den wildreichen Wäldern der Griesen Gegend 1731–35 ein bescheidenes Jagdhaus erbauen. Seinem Sohn, Herzog Friedrich dem Frommen, gefiel das beschauliche Ludwigslust so gut, dass er dort gleich eine neue Residenz samt Schlosskirche, Park und dazu

- **Schloss Ludwigslust**
Schlossfreiheit, 19288 Ludwigslust, Tel. 0 38 74/5 71 90, www.schloss-ludwigslust.de,
- **Öffnungszeiten:** Mitte April–Mitte Okt. tgl. 10–18, Winter Di–So 10–17 Uhr; öffentliche Führungen Sommer Mo–Fr 14 Uhr, Sa, So 11, 14, 15 Uhr; Winter Sa, So 14 Uhr
- **Preise:** Erwachsene 3 €, Kinder ab 6 Jahren 2 €; Führung 1,50 €

- **Museum Festung Dömitz**
Auf der Festung, 19303 Dömitz, Tel. 03 87 58/2 24 01, www.festung-doemitz.de

- **Öffnungszeiten:** Mai–Okt. Di–Fr 9–17, Sa, So 10–18, Nov.–April Di–So 10–16.30 Uhr
- **Preise:** Erwachsene 3 €, Kinder 4–14 Jahre 1,50 €

- **Dorfrepublik Rüterberg**
Gemeindeverwaltung, Am Brink 3, 19303 Rüterberg, Tel. 03 87 58/31 60

- **Landgestüt Redefin**
19230 Redefin, Tel. 03 88 54/62 00, www.landgestuet-redefin.de
- **Öffnungszeiten:** tgl. 8–12 und 14–16.30 Uhr, Gruppenführung n. V.
- **Preise:** Eintritt frei; Führung 20 €

gehörigem Städtchen errichtete – weit abgelegen von der Landeshauptstadt Schwerin. Ludwigslust fungierte als Regierungssitz, bis es Friedrich Franz I. 1837 wieder nach Stadtluft verlangte.

Die mecklenburgische Staatskasse war nicht gerade üppig gefüllt; auf Prunk verzichten wollte man dennoch nicht. Und so sind die Räume der Beletage – allen voran der **Goldene Saal** – denn auch reich mit Stuckaturen, Leuchtern, verzierten Vasen, Büsten und Statuen ausgestattet. Man darf sich von der Pracht des Interieurs jedoch nicht blenden lassen: Was nach Marmor, Alabaster, edlem Holz oder Gold aussieht, ist häufig aus kostengünstigem Papiermaschee geformt und täuschend echt bemalt. Mit der Herstellung solcher »exquisi-

ten« Innendekorationen wurde in Ludwigslust sogar gutes Geld verdient: Eine Manufaktur produzierte den »Ludwigsluster Carton« und vertrieb ihn europaweit – so manches Schriftstück aus den herzoglichen Archiven dürfte für diesen Zweck recycelt worden sein. Bei einer Führung durch das Schloss erfährt man vieles über die damaligen Dekorationstricks. Der 175 ha große **Schlosspark** mit seinen stillen Kanälen und kleinen Teichen begeistert Freunde von seltenen Gehölzen.

Festung Dömitz

Der Weg durch die Griese Gegend endet im Tal der Elbe. An einer weiten Flussbiegung erhebt sich die Festung Dömitz, die zu den besterhaltenen Flachlandfestungen Nordeuropas

Wo's was zu essen gibt

■ Le Café Schloss

Tel. 0 38 74/62 09 19.
An einem passenderen Ort kann
man in Ludwigslust nicht sitzen: Im
Jagdzimmer des Schlosses labt man
sich – vermutlich etwas bescheide-
ner als vor 200 Jahren – an kleinen
Snacks wie Salaten, Gambas oder
Chicken Wings. Und dann wäre da
noch die unvergleichliche Sand-
dorn-Mango-Sahnetorte ... ○○

■ Elbklause Rüterberg

Am Brink, Rüterberg, Tel. 03 87 58/
3 54 50, Mo nur bis 14 Uhr.
In der Heimatstube der Gaststätte
wird die Zeit der »Dorfrepublik« als
eingezäunte und streng bewachte
Grenzgemeinde dokumentiert.
Gleichwohl lässt sich in der einstigen Dorfschule heute unbeschwert
Sauerfleisch mit Bratkartoffeln
oder Aal in Aspik genießen. ○

■ Vielanker Brauhaus

Lindenplatz 1, Vielank (5 km abseits
der Route), Tel. 03 87 59/3 35 88.
Die zünftige Backsteinhalle ist
ein kulinarischer und kultureller
Magnet: Vor einem plattdeutschen
Gastspiel oder einer Wochen-
endparty stärkt man sich z. B. mit
Mecklenburger Rollbraten mit
Äpfeln und Pflaumen und hat die
Wahl zwischen dem hausgebrauten
Pils, Dunkel- oder Schwarzbier. ○○

zählt. Längst war diese Stelle als
geeigneter Punkt für das Kassieren
von Elbzöllen erkannt worden. Herzog Johann Albrecht gab im 16. Jh.
den Auftrag zum Ausbau der mittelalterlichen Burg – das Ergebnis war
eine wuchtige Renaissance-Anlage
auf fünfeckigem Grundriss, die heute
noch beeindruckt. Ihre **Kasematten**
und **Bastionsanlagen** können im
Rahmen von Führungen besichtigt
werden; das Kommandantenhaus beherbergt ein regionalgeschichtliches
Museum. Eine weitere Ausstellung
erinnert an den mecklenburgischen
Dichter Fritz Reuter, der 1839/40 in
der Festung inhaftiert war. In seinem
Werk »Ut mine Festungstid« be-
schreibt der als Student wegen des
Singens burschenschaftlicher Lieder
zum Tode, später zu 30-jähriger Haft
Verurteilte seinen Leidensweg.

Dorfrepublik Rüterberg

Die Elbe war während des Kalten
Krieges eine scharf kontrollierte
Grenze. Siedler in den Elbgemeinden
der DDR sahen sich einer äußerst
strikten Bewachung ausgesetzt. Geradezu grotesk mutete die Situation
im Dörfchen Rüterberg an, das durch
hohe Metallgitter und Elektrozäune
1969–89 komplett vom Rest der Welt
abgeschottet war. Nur mit einem Pas-
sierschein konnten die Bewohner
durch ein bewachtes Tor ihr Dorf verlassen; Besucher durften nicht empfangen werden. Aus Protest gegen
die Demütigung durch die DDR rief
die Gemeinde im November 1989 die

Dorfrepublik Rüterberg aus. In der **Heimatstube** (s. l., Elbklause Rüterberg) erinnert eine kleine Ausstellung an die damaligen Schikanen, auch ein Stück Zaun wurde stehen gelassen. Aus dem einstigen Wachturm ist jedoch mittlerweile ein fantasievolles Wohnhäuschen geworden.

Landgestüt Redefin

Herzog Friedrich Franz I. ließ 1812 das Landgestüt Redefin einrichten und begründete damit die lange Tradition der mecklenburgischen Turnierpferdezucht. Mecklenburger, Araber, Englische Vollblüter und Trakehner bilden den Grundstock für die Zuchterfolge von Reitpferden. Das Gestüt öffnete sich bereits in den 1970er Jahren dem Tourismus und erhielt besonders nach der Wende großen Zuspruch. Die parkartige Anlage mit ihren klassizistischen Bauten ist frei zugänglich, auch die eleganten **Stallungen** kann man tagsüber besichtigen, wenn man die Stallruhe zwischen 12 und 14 Uhr einhält. Die prächtige **Reithalle** mit ihrem großartigen Säulenportal ist 1998 wieder erstanden und wird auch für Konzertaufführungen genutzt. Es hat sich eingebürgert, vor den Musikveranstaltungen im Park und auf den Rasenflächen zu picknicken.

An vier September-Wochenenden finden in Redefin **Hengstparaden** statt, eine neue Tribüne lässt jeweils 3000 Besucher daran teilhaben.

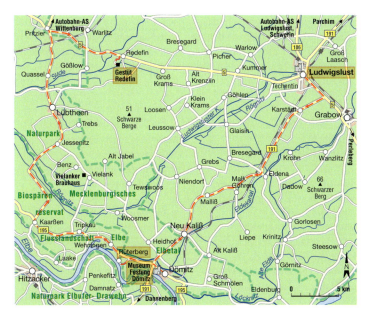

Hannoversches Wendland mit Salzwedel

Das Hannoversche Wendland ist berühmt für seine ungewöhnlichen Rund-
lingsdörfer, bei denen alle Höfe mit der Giebelseite einen zentralen Dorf-
platz umstehen. An seine historische Bedeutung als Hauptort der Altmark
knüpft das nahe Städtchen Salzwedel an.

■ **Anfahrt:** A 250 bis Lüneburg, B 216 bis zur B 248 a, B 248 Richtung Lüchow,
3 km vor Lüchow B 493 Richtung Uelzen, nach 2 km Museumsdorf Lübeln
ausgeschildert
■ **Zeitplanung:** ein Tag
■ **geeignet für:** an Landeskunde, Biokost und Baumkuchen Interessierte

Das Hannoversche Wendland

Pommoissel, Meuchefitz oder Satemin: Rätselhaft und eigenartig klin-
gen die Namen vieler Dörfer im Hannoverschen Wendland. Hierher
kamen im Zuge der Völkerwanderung
im 7./8. Jh. Wenden – Slawen aus
dem östlichen Europa – und ließen
sich auf Dauer nieder. Im 11. Jh. geriet
dieses Gebiet zwar unter deutschen
Einfluss, und Ortsnamen mit der En-
dung -dorf mischten sich unter die
slawischen, aber bis ins 18. Jh. hielten
sich stellenweise slawische Dialekte.

In einigen Dörfern mit slawischem
Namen trifft man auf die ungewöhnliche Dorfform des Rundlings: Um
einen großen zentralen Platz stehen

■ **Rundlingsmuseum Wendlandhof Lübeln**
Lübeln 2, 29482 Küsten,
Tel. 0 58 41/ 9 62 90,
www.rundlingsmuseum.de; hier
auch Service-Center der Elbtalaue-
Wendland Touristik,
www.elbtalaue-wendland.de
■ **Öffnungszeiten:** April–Okt. tgl.
10–18, Nov.–März Mo–Sa 10–16 Uhr
■ **Preise:** Erwachsene 2,50 €, Kinder
6–18 Jahre 1 €, Familienkarte 5 €

■ **Die Töpferei im Rundlingsdorf**
Satemin 1, 29439 Lüchow,
Tel. 0 58 41/61 18
■ **Öffnungszeiten:** Mo–Fr 9–18,
Sa, So 10.30–18 Uhr

■ **Touristinfo Salzwedel**
Neuperverstr. 29, 29410 Salzwedel,
Tel. 0 39 01/42 24 38,
www.salzwedel.de
■ **Öffnungszeiten:** Mo–Fr 10–17,
Sa 10–14 Uhr

kreisförmig die Bauernhöfe. Wie Tortenstücke gruppieren sich die Hofareale hinter den Häusern. Oft führt nur eine Stichstraße in den Ort. Heimatforscher zerbrachen sich die Köpfe darüber, welchen Grund es für diese ungewöhnliche Anordnung geben könnte. Diente sie der Verteidigung? Erleichterte sie die gegenseitige Hilfe und die Verständigung? Eine befriedigende Antwort wurde bisher nicht gefunden.

Rundlingsmuseum Wendlandhof Lübeln

Im Rundling Lübeln, ca. 5 km westlich von Lüchow, wurde ein 1972 aufgegebener Hof in das Rundlingsmuseum Wendlandhof umgewandelt. Die historischen Bauten des Gehöfts aus dem 18. und 19. Jh. bildeten den Grundstock des Museums, weitere Häuser aus anderen Orten des Wendlands wurden hierher versetzt. Das Freilichtmuseum umfasst mittlerweile ein Dutzend Gebäude. Die repräsentativen Häuser bestehen zumeist aus rechtwinkligem Fachwerk, was den breiten Giebeln ein etwas strenges Aussehen verleiht. Bei vielen Wendlandhäusern handelt es sich um Durchfahrtshäuser mit einer großen Wageneinfahrt auf der Vorder- und Rückseite. Typisch ist auch der »Wendenknüppel«, die Giebelzier in Form eines geschnitzten Holzstabs.

Im Inneren der Gebäude sind Einrichtungs- und Gebrauchsgegenstände, Trachten und historische Fahrzeuge wie Erntewagen oder Kutschen zu sehen. Interessante Luftbilder, Hausansichten und Dorfmodelle zeigt die große **Rundlingsausstellung** in der riesigen Durchfahrtsscheune von 1852. Trotz der vielen alten Gegenstände ist der Wendlandhof ein äußerst lebendiges Museum – nicht nur wegen der Hunde und Katzen, die zum Hof gehören. Bei **Handwerksvorführungen** und an den zahlreichen **Aktionstagen** wird die Vergangenheit lebendig: Es werden Gerichte gekocht, wie sie vor 100 Jahren üblich waren, Kinder lernen Urgroßmutters Spiele, es wird getöpfert, traditionell Ostern gefeiert oder auf alten Instru-

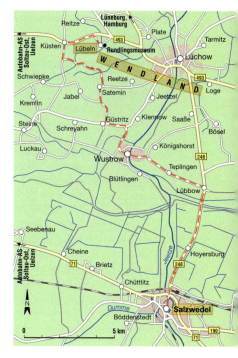

menten musiziert. An bestimmten Tagen kommt der Stellmacher und zeigt, wie man Wagenräder herstellt, Experten erläutern den Bauern- und Kräutergarten oder die Funktion des Bienenzauns.

Außerhalb des Museums, in den übrigen Gehöften rings um den zentralen Platz des Rundlings Lübeln, gibt es hochwertige Lebensmittel zu kaufen: Mehrere **Bio-Hofläden** bieten Brot, Wurst, Wild oder Honig an.

Auf der Weiterfahrt nach Salzwedel sollte man einen kurzen Abstecher in den nahen Rundling **Satemin** machen: Seine auffallend einheitliche Form erhielt er beim Wiederaufbau nach einem Großbrand um die Mitte des 19. Jhs. In Haus Nr. 1 befasst sich eine Töpferei u. a. mit überlieferten wendischen Keramikformen und lädt in ihren Skulpturengarten und ins Toncafé ein (s. S. 204).

Salzwedel

Die touristischen Routen »Deutsche Fachwerkstraße« und »Straße der Romanik« führen durch Salzwedel. Von 1263 bis 1518 gehörte die zweitgrößte Stadt der Altmark zum Hansebund – imposante Backsteinkirchen, Teile der Stadtbefestigung und mit reichem Fachwerk verzierte Bürgerhäuser zeugen noch heute von ihrer damaligen Bedeutung.

Der historische Stadtkern Salzwedels ist besonders romantisch am schmalen Lauf der Jeetze. Er entwickelte sich im Schutze einer **Burg,** von der noch **Mauerreste,** ein Bergfried und die Annenkapelle erhalten sind. Seine mittelalterlichen Grenzen markieren das Neupervertor und das Steintor, die einzigen erhaltenen Überreste der Stadtmauer. Dominiert wird Salzwedels Altstadt vom Turm der **St. Marienkirche,** einem fünfschiffigen Bau im Stil der Backstein-gotik. Die **St. Lorenzkirche,** ebenfalls ein Backsteinbau, kennzeichnet ein markanter Dreiecksgiebel mit großen Kreisblenden, während das **Altstäd-ter Rathaus** an seinen Staffelgiebeln zu erkennen ist. Die ehemalige Probs-tei beherbergt heute das **Danneil-Museum** zur Regionalgeschichte – seine kostbarsten Schätze stellen die berühmte Salzwedeler Madonna (13. Jh.) und ein Altarbild von Lucas Cranach d. J. (1582) dar. Weitere se-henswerte Fachwerkbauten sind die **Alte Münze,** der **Bürgermeisterhof** und das **Hochständerhaus.**

Das Zentrum der Neustadt bildet die **St. Katharinenkirche** mit dem dreiflügligen Einhornaltar (1474) und Resten spätgotischer Wandmale-reien. Im **Neustädter Rathaus** hat die Touristeninformation ihren Sitz; wäh-rend ihrer Öffnungszeiten (s. S. 204) genießt man vom **Rathausturm** einen herrlichen Blick über die Stadt.

Eine Salzwedeler Spezialität ist der in vielen Schichten gebackene und schließlich mit einer Schokoladen-kruste überzogene **Baumkuchen** – das beliebte Gebäck wird in vielen Konditoreien der Stadt zum Verkauf angeboten.

Wo's was zu essen gibt

■ Erstes Deutsches Kartoffelhotel

Lübeln 1, Tel. 0 58 41/13 60.
Im Restaurant des ländlichen Well-nesshotels spielt die Kartoffel eine Hauptrolle: Traditionelle Gerichte wie Himmel und Erde (Apfel- und Kartof-felbrei) oder kreative wie Kartoffel mit Schuss (Kartoffeln mit Räucher-forelle und Käsesauce) stehen hier auf der Speisekarte. Zum Kaffee soll-te man Kartoffelkuchen probieren. ○

■ Bürgermeisterhof

Burgstr. 18, Salzwedel,
Tel. 0 39 01/30 27 66.
Unter der Bezeichnung »Romanik-teller« bieten mehrere Salzwedeler Gastronomen Gerichte mit Zutaten an, die bereits im Mittelalter verwen-det wurden. Im historischen Bürger-meisterhof speist man z. B. honig-glasiertes Hähnchenbrustfilet mit Mandelmilchsauce, Radieschen-Gurkengemüse und Safranreis mit Pfifferlingen. ○○

■ Café Kruse

Holzmarktstr. 4–6, Salzwedel,
Tel. 0 39 01/42 21 07.
»Stammhaus des Salzwedeler Baum-kuchens« nennt sich das Café, in dem seit bereits seit 1842 Baum-kuchen hergestellt wird. Schauback-vorführungen gibt es immer So und am 1. Mi des Monats um 14 Uhr, aber auch sonst ist man in diesem Alt-stadthaus gut aufgehoben, wenn es ums »Konditern« geht. ○○

In der Südheide: Wietze und Celle

Dem Heidekraut wird man auf diesem Ausflug ins Allertal selten begegnen, dafür aber dem Zentrum der deutschen Erdölförderung in Wietze und der alten Herzogstadt Celle mit ihrem imposanten Schloss und dem Ensemble denkmalgeschützter Fachwerkhäuser.

- **Anfahrt:** A 7 Ausfahrt Schwarmstedt, B 214 Richtung Celle, 10 km bis Wietze
- **Zeitplanung:** ein Tag
- **geeignet für:** Familien mit Kindern, an Landeskultur Interessierte
- **Veranstaltungen:** an drei Wochenenden im September Celler Hengstparade

Deutsches Erdölmuseum Wietze

Der Erdölabbau in Norddeutschland unterliegt besonderen Bedingungen, zu deren Verständnis ein wenig Geologie vonnöten ist: Oft kilometerdick sind hier die Schichten eiszeitlicher Ablagerungen; darunter liegen u. a. Salzschichten, unter diesen wiederum Erdöl führende Gesteine. Salz hat

- **Deutsches Erdölmuseum Wietze**
  Schwarzer Weg 7–9, 29323 Wietze, Tel. 0 51 46/9 23 40, www.deutsches-erdoelmuseum.de
  - **Öffnungszeiten:** März–Nov. Di–So 10–17, Juni–Aug. 10–18 Uhr
  - **Preise:** Erwachsene 5 €, Schüler 2,50 €, Kinder bis 6 Jahre frei

- **Führungsdienst Schloss Celle**
  Schlossplatz 1, 29221 Celle, Tel. 0 51 41/1 23 73, www.schloss-celle.de
  - **Führungen:** Di–So 11–15 Uhr stdl., Nov.–März nur Di–Fr 11 und 15 Uhr
  - **Preise:** Erwachsene 3,50 €, Kinder 2,50 €

- **LAVES-Institut für Bienenkunde**
  Herzogin-Eleonore-Allee 5, 29221 Celle, Tel. 0 51 41/9 05 03 40, www.bieneninstitut.de
  - **Öffnungszeiten:** Mo–Do 10–12 und 14–15.30, Fr 9–12 Uhr
  - **Preise:** ohne Führung Eintritt frei

- **Niedersächsisches Landgestüt**
  Spörckenstr. 10, 29221 Celle, Tel. 0 51 41/9 29 40, www.landgestuetcelle.de
  - **Öffnungszeiten:** Mo–Fr 9–16, Sa, So 9–12 Uhr,
  - **Preise:** Besichtigung frei; Eintrittskarten für die Hengstparade (über Tourismus Region Celle) 22–38,50 €

eine Eigenschaft, die man im Alltag nicht beobachten kann: Unter starkem Druck wird es zähflüssig. Da es leichter ist als viele andere Gesteinsarten, steigt es durch Brüche und Risse in der eiszeitlichen Decke aufwärts und bahnt dabei auch Wege für das ebenfalls flüssige Öl des tieferen Untergrunds. In der **Geologieabteilung** des Deutschen Erdölmuseums Wietze wird dieses einfache physikalische Prinzip anschaulich erläutert.

Die Ölförderung in Wietze blickt auf eine lange **Geschichte** zurück: Schon im 17 Jh. wussten die Menschen den wertvollen Rohstoff zu schätzen. Zwar konnten sich die Bauern in der Südheide das Phänomen der schwarz glänzenden Pfützen auf ihren Äckern und Wegen nicht erklären, aber sie machten ein Geschäft daraus: Das Zeug ließ sich gut als Wagenschmiere gebrauchen und wurde auch als Arzneimittel (»Zugsalbe«) für Mensch und Tier genutzt und verkauft. Mitte des 19. Jh., mit dem Beginn des Industriezeitalters, bekam dieser Bodenschatz eine viel größere Bedeutung, und so begann 1858 die Ausbeutung des Erdölfelds von Wietze. Bis 1963, dem Ende der Förderung, wurden hier 2000 Bohrungen niedergebracht und 3 Mio. Tonnen Öl aus der Erde gepumpt.

Zwar sind die Dimensionen dieses »Klein-Texas« in der Südheide bescheiden, doch angesichts der zentralen Rolle, die das Erdöl in unserem Alltag spielt, ist die Reflexion über diesen Rohstoff umso wichtiger. Entsprechend wird im Museum die große Palette der **aus Erdöl gewonnenen Produkte** aufgezeigt – von Heilmitteln bis zur Plastiktüte. An verschiedenen modellhaften Geräten kann man die **Produktionsschritte** zur Gewinnung des Erdöls selbst nachvollziehen: Knöpfchen drücken, und schon werden die Wasch- oder Filtrieranlage in Gang gesetzt oder weitere Prozeduren anschaulich vorgestellt. Aufschlussreich ist auch die Darstellung von Leben und Arbeit der Öl-Bergleute. Auf dem **Außengelände** des Museums findet man die wichtigsten technischen Einrichtun-

gen vor, die bei der Förderung zum Einsatz kamen, von riesigen Fördertürmen bis zu Tiefpumpen. Einige können durch Knopfdruck in Betrieb gesetzt werden. Eine besondere Attraktion ist die **Feldbahn,** die sogar noch fahrtüchtig ist und benutzt werden kann.

Das Fördergebiet um Wietze reicht weit über das Gelände des Museums hinaus; Interessierte können an geführten **Wanderungen** und **Radtouren** zu den Relikten der Industrielandschaft teilnehmen.

Die alte Herzogstadt Celle

Das **Herzogschloss** von Celle erhebt sich auf einem Hügel neben dem Stadtkern. Der eindrucksvollen Vierflügelanlage sieht man äußerlich nicht an, dass ihre ältesten Bauteile aus dem Mittelalter stammen. Ihre Glanzzeit erlebte sie jedoch in Renaissance und Barock als Residenz der Herzöge von Braunschweig-Lüneburg; vom Glanz der damaligen Hofhaltung gibt das **Residenzmuseum** im Ostflügel eine Vorstellung. Keinesfalls entgehen lassen sollte man sich

Wo's was zu essen gibt

■ **Heidjer-Stube**
Steinförder Str. 60, Wietze,
Tel. 0 51 46/6 04.
Hier hätte sich auch Heidedichter Hermann Löns wie zu Hause gefühlt: In rustikalem Ambiente werden nicht nur zünftige regionale Gerichte, wie z. B. Schnuckenbraten, serviert, sondern auch der richtige Schluck Bier oder Radler dazu. ○○

■ **Schweine-Schulze**
Neue Str. 36, Celle,
Tel. 0 51 41/2 29 44.
»Heimliches Rathaus« nennen die Celler Ratsherren das Fachwerkhaus, in dem sie sich nach Sitzungen gerne treffen – das klingt auch feiner als der richtige Name. Doch wo von Hermann Löns bis Uwe Seeler bisher noch jeder satt wurde, da kann man

sich getrost auf den schlichten Holzstühlen niederlassen und sich mit gepflegter norddeutscher Kost verwöhnen lassen. Im Sommer werden im Freien Tische aufgestellt. ○○

■ **Café Kiess**
Großer Plan 16, Celle,
Tel. 0 51 41/2 25 40.
Die Original-Einrichtung von 1927 in Schwarz-Rot mit Thonet-Stühlen des lange Zeit in Celle tätigen Architekten Otto Haesler ist hier bestens erhalten. Edel und schlicht wie das Interieur ist auch das Angebot der Konditorei: Hinter einfach klingenden Namen wie Käse-Mohntorte oder Himbeertorte verbergen sich wahre Meisterstücke der Konditorkunst. Spezialität des Hauses seit 1871 sind Baumkuchen. ○○

eine Führung, bei der man neben der Schlossküche und der kostbaren Renaissance-Schlosskapelle auch das älteste noch bespielte Barocktheater Deutschlands kennen lernt.

Die Bürger der Stadt pflegten einen bescheideneren Lebensstil, dennoch ließen sie es sich nicht nehmen, ihre **Fachwerkhäuser** zumindest an der Straßenfront aufwändig zu schmücken: Kaum eine Fassade, die nicht von Schnitzereien geziert wird; die prachtvollen Balken sind bunt bemalt und tragen auch manch interessanten Spruch. Sie bilden einen lebendigen Kontrast zu den in schlichteren Farbe gehaltenen Putzflächen. Rund 500 denkmalgeschützte Häuser stehen in der weitgehend autofreien Innenstadt. Einen schönen Rundblick über das Ensemble bietet der Turm der **Stadtkirche** (1308 ge-

weiht), der im Sommer bestiegen werden kann.

Der kleine Stadtkern ist vom Grün des Schlossparks, des Allertals und des Französischen Gartens umgeben. Celle als südliches Tor zur landwirtschaftlich geprägten Lüneburger Heide besitzt einige Einrichtungen, die sich mit Landbau und Tierzucht befassen. Am Ostende des Französischen Gartens erläutert das **Institut für Bienenkunde** in historischen Gebäuden die Kunst der Imkerei, insbesondere die der Heide-Imker.

Pferdefreunde werden sich in Celle das renommierte **Niedersächsische Landgestüt** anschauen, das Kurfürst Georg II. 1735 hier gründete. Es verhalf der Hannoverschen Warmblutzucht zur Weltgeltung. Berühmt sind die alljährlich im Spätsommer stattfindenden Celler Hengstparaden.

Zwei gegensätzliche Tierparks

Über die bunte Vielfalt der Vogelwelt staunt man im **Vogelpark Walsrode**, und ganz nebenbei entdeckt man auf dem traumhaften Parkgelände, was Vögel alles können – außer ihrer beneidenswerten Fähigkeit zu fliegen. Natürlich kommen auch Spiel und Spaß nicht zu kurz. Den wilden Tieren Afrikas und anderer ferner Länder stattet man im **Serengeti-Park Hodenhagen** einen spannenden Besuch ab: Man fährt im Auto dicht an ihnen vorbei, wie auf einer richtigen Safari in einem afrikanischen Nationalpark.

■ **Anfahrt:** A 7 Ausfahrt Bad Fallingbostel, B 209 8 km bis Walsrode, dort der Ausschilderung folgen; bei Anfahrt auf der A 27 Ausfahrt Walsrode-West
■ **Zeitplanung:** ein Tag
■ **geeignet für:** Familien mit Kindern

Vogelpark Walsrode

Im 24 ha großen Vogelpark Walsrode wurde mit viel Liebe zur Gartenkultur ein Paradies für Vögel und ebenso für Besucher geschaffen: Allein schon die herrliche Parklandschaft mit ihren weiten Rasenflächen, blinkenden Teichen und bunten Blumenrabatten ist den Besuch wert.

In Freigehegen und Flugvolieren leben hier 4000 Vögel aus allen Kontinenten. Besonders farbenprächtig sind die Sittiche und Papageien, die exotischen Tukane mit ihren Riesenschnäbeln und die schillernden Kolibris, die in der riesigen **Tropenhalle** Nektar aus bunten Blüten saugen. In der üppigen Vegetation lassen sich

■ **Vogelpark Walsrode**
Am Rieselbach, 29684 Walsrode, Tel. 0 51 61/6 04 40, www.vogelpark-walsrode.de
■ **Öffnungszeiten:** Mitte März bis Ende Okt. tgl. 9–18 Uhr, Frühjahr und Sommer tgl. 9–19 Uhr, Nov.–März tgl. 10–16 Uhr; Flugshow tgl. 12 und 14.30 Uhr, Greifvogelfütterung tgl. 13.15 Uhr, Pinguinfütterung tgl. 10.45 und 14.45 Uhr, Schaufütterung in der Vogelbaby-Station tgl. 13 Uhr

■ **Preise:** Erwachsene 13 €, Kinder 4–17 Jahre 9 €, Familienkarten
■ **Serengeti-Park Hodenhagen**
Am Safaripark 1, 29691 Hodenhagen, Tel. 0 51 64/5 31, www.serengeti-park.de
■ **Öffnungszeiten:** Mitte März bis Ende Okt. tgl. 10–18 Uhr
■ **Preise:** Erwachsene 22 €, Kinder 3–12 Jahre 18 €, Serengeti-Busführung 3 €

auch außergewöhnliche Säugetiere wie Baumkängurus, Maushirsche und Flughunde entdecken. Flamingos und Pelikane begegnen einem im Freien, während der **Schaufütterungen** darf man den großen Vögeln auch mal selbst Fische anreichen; besonders nett ist das bei den putzigen Pinguinen. Hautnahe Erlebnisse bietet die **Kontaktvoliere,** in der man von kleinen Papageien umschwärmt wird. In der **Vogelbaby-Station** ist man bei der Aufzucht von Küken dabei und erlebt mit etwas Glück, wie sie sich aus dem Ei picken und zum ersten Mal das Licht der Welt erblicken. Zum Publikumsmagneten hat sich die tägliche **Flugshow** entwickelt: Greifvögel zeigen hier ihre Flugkünste, während sich Papageien, Pelikane und Laufenten als echte Komiker erweisen.

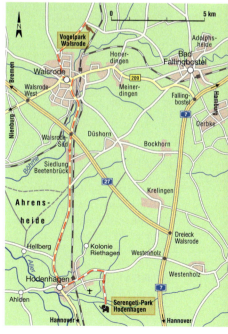

Aber immer nur zuschauen wäre zu wenig: An mehreren im Gelände verteilten **Entdeckerstationen** kann man sein Wissen über Vögel testen. Ein **Kletterweg** verleitet dazu, über Findlinge zu turnen und sich im Balancieren und Hüpfen zu üben. Richtig austoben kann man sich auch auf dem **Abenteuerspielplatz** mit 25 m hohem Rutschenturm, Seilbahn und Trampolinanlage. Den besten Überblick über die Anlage bietet das neue **Baumhausdorf:** Hier ist man mit den Vögeln auf gleicher Höhe, fern vom Boden gelangt man von Haus zu Haus durch die Landschaft.

Im Restaurant »Rosencafé« und im Gasthof »Zum Kranich« kann man sich anschließend in historischem Ambiente stärken.

Serengeti-Park Hodenhagen

Wildbeobachtungen in afrikanischen Nationalparks wie der Serengeti macht man in der Regel vom Auto aus. Löwen, Elefanten oder Giraffen haben sich an den Anblick geschlossener Touristenwagen gewöhnt und wissen, dass ihnen von diesen Vehikeln keine Gefahr droht. Gleiches gilt auch umgekehrt – so lange man das Fahrzeug nicht verlässt!

Für solch eine Tiersafari braucht man nicht extra nach Afrika zu reisen – seit 1987 beschert einem ein Ausflug in die Südheide zum Serengeti-Park Hodenhagen echte Safari-Situationen. Die exotischen Tiere leben hier allerdings auf engerem Raum, so dass einem auf der Pirsch per Auto pausenlos Tiere begegnen.

Wo's was zu essen gibt

■ **Pfefferkorn**
Lange Str. 58, Walsrode,
Tel. 0 51 61/84 44.
Für ein Essen in diesem rustikalen Landgasthaus nehmen viele Gäste auch eine etwas weitere Anfahrt in Kauf: Das Preis-Leistungs-Verhältnis stimmt, und das Lammfilet mit Bardowicker Böhnchen und Bratkartoffeln hat bisher noch keinen enttäuscht. ○○

■ **Dal-Cin**
Moorstr. 56, Walsrode,
Tel. 0 51 61/7 31 34.

30 Sorten echt italienisches Eis werden hier täglich frisch hergestellt, darunter so gewagte Mischungen wie Schokolade mit Chili. ○

■ **Brasserie**
Lange Str. 20–22, Walsrode,
Tel. 0 51 61/48 67 87.
Im Gastraum stehen alle Tische am Fenster, damit jeder Gast den schönen Blick aufs Rathaus genießen kann. An warmen Tagen sitzt man auf der Außenterrasse. Spezialität des Hauses sind Flammkuchen in allen erdenklichen Variationen. ○○

Man darf die 10 km lange Route durch das **Tierland** mit dem eigenen Wagen zurücklegen. Das ist nicht schwierig, hat aber seine Tücken: Manche Affen haben große Freude daran, sich intensiv mit Antennen, Außenspiegeln und anderen für Affenaugen wie Spielgeräte aussehenden Teilen der Pkws zu befassen, und das kann schon recht lästig werden. Relaxter durchquert man die 1 km² große Wildnis mit soliden Serengeti-Bussen und Fahrern, die alle Tricks der 1500 Tiere kennen und auf vieles Besondere hinweisen – etwa auf die seltenen weißen Tiger und die im Park geborenen Jungtiere.

Spannung kommt auf, wenn man langsam durch die hoch gesicherten Parkareale der Löwen oder Tiger fährt, und es ist beruhigend, wenn Simba nur gelangweilt gähnt – gibt aber ein tolles Foto! Die eleganten Giraffen kommen neugierig zum Bus, der Fahrer öffnet sogar einladend die Fronttür. Rasch steckt eine Giraffe ihren Kopf hinein, nimmt eine Leckerei entgegen und ist durch einen Trick des Fahrers auch schnell wieder verschwunden. Die Affen sind immer besonders munter: Durch die schmalen Fensterklappen darf man ihnen Futter nach draußen reichen.

In offene Jeeps steigt man bei der 25-minütigen, spannenden **Safari-Dschungel-Tour.** Offroad geht es über eine Sonderstrecke mit spannenden Spezialeffekten.

Genug Tiere geschaut? Dann ist es Zeit für die Spielplätze, Fahrgeschäfte oder den Hochseilgarten im **Freizeitland.** An warmen Tagen ist das **Wasserland** mit Wildwasserbahn, Tretbooten und anderen Wasserattraktionen dicht umlagert.

Das große Hauptrestaurant »Zanzibar« teilt sich in mehrere reetgedeckte Hütten und zwei große Terrassen auf und bietet schöne Ausblicke auf den »Viktoriasee«.

Naturschutzpark Lüneburger Heide

Seit 100 Jahren steht ein Teilgebiet der Lüneburger Heide unter Schutz: Es umgibt die höchste Erhebung der nordwestdeutschen Tiefebene, den Wilseder Berg. Der Naturschutzpark liegt von Hamburg etwa gleich weit entfernt wie von Lüneburg und ist, zumal leicht über die Autobahn erreichbar, für die Hansestädter ein beliebtes Wochenendziel – nicht nur zur Heideblüte im August und September.

- **Anfahrt:** A 7 Ausfahrt Egestorf
- **Zeitplanung:** ein Tag. Der Wanderweg hat eine Länge von ca. 10 km.
- **geeignet für:** die ganze Familie, Naturfreunde, Wanderer, Radler
- **Veranstaltungen:** Musik in alten Heidekirchen: Juli–Sept. jeden zweiten Sonntag in der Egestorfer St. Stephanuskirche und der Undeloher Kirche

Egestorf

Die kleine **St. Stephanuskirche** in Egestorf steht, wie sich's gehört, mitten im Dorf und vermittelt mit ihrem gemütlichen Fachwerk und dem sich abseits erhebenden Holzturm das typische Bild einer Heidekirche. Hier wirkte der rührige Pastor Wilhelm Bode 1885–1923 und kümmerte sich dabei nicht nur um die Schäfchen seiner Gemeinde: Ihm und seinen Mitstreitern ist auch die Bewahrung der Heidelandschaft westlich von Egestorf zu verdanken.

Um 1900 war die Lüneburger Heide, das Gebiet zwischen den Har-

- **Verkehrsverein Undeloh**
Zur Dorfeiche 27, 21274 Undeloh, Tel. 0 41 89/3 33, www.undeloh.de, organisiert auch Wanderungen und vermittelt Kutschfahrten

- **Naturinformationshaus**
Wilseder Str. 23, 21247 Undeloh, Tel. 0 41 89/81 86 48
- **Öffnungszeiten:** Mai–Mitte Okt. Di–So 10–16 Uhr oder nach Verein- barung, geführte Wanderungen ab 5 Teilnehmern Di 10 Uhr
- **Preise:** gratis, Wanderung 3 €

- **Dat ole Hus**
Heidemuseum Wilsede, 29646 Wilsede, Tel. 0 41 75/80 29 33
- **Öffnungszeiten:** Mai–Okt. tgl. 10–16 Uhr
- **Preise:** Erwachsene 3 €, Kinder und Jugendliche bis 16 Jahre frei

burger Bergen und der Allerniederung, nicht mehr überwiegend von Heidebauern bewirtschaftet. Diese hatten die weiten Heideflächen jahrhundertelang als Schafweide genutzt. Ihre Hauptprodukte waren der leicht herbe Heidehonig und die eher raue Wolle der **Heidschnucken,** einer mit dem Mufflon verwandten alten Wildschafrasse. Im 19. Jh. hatte aber längst die Globalisierung eingesetzt: Billigimporte von Zucker, Schafwolle oder Baumwolle aus Übersee verdrängten die traditionellen Heideprodukte. Weite Heideflächen wurden aufgeforstet, und das sandige Heideland ließ sich dank Kunstdünger auch ackerbaulich nutzen.

Die Heidelandschaft um den 169 m hohen Wilseder Berg war allerdings Ende des 19. Jhs. noch weitgehend intakt, und darauf hatten es nun die Städter nördlich der Elbe abgesehen: Zu Hunderten und Tausenden strömten sie an Wochenenden als Wanderer in dieses wunderschöne Gebiet, und viele kauften ganze Heidehöfe oder größere Areale auf, um sich hier Wochenenddomizile einzurichten. Der Heidepastor, wie Wilhelm Bode genannt wurde, schaffte es, mit Hilfe von Sponsoren einen Teil der schönsten Heidelandschaft für den Verein Naturschutzpark zu erwerben und so diese eigenartige Landschaft für die Nachwelt zu erhalten.

Die kleine Gemeindekirche (1645 erbaut), Bodes Wirkungsstätte, ist mit ihrem dunklen Holzgebälk und den schlichten Schnitzereien heute eine beliebte Hochzeitskirche.

Undeloh

Nur wenige Straßen führen durch den Naturschutzpark. Auf dem Weg von Egestorf nach Undeloh wird deutlich, dass die hier beheimateten Bauern Ackerbau und Viehzucht treiben wie gewohnt, allerdings sind sie bei der Gestaltung ihrer Gehöfte an gewisse

Vorschriften gebunden. Links und rechts der Straße zeigen sich aber auch schon weite Heideflächen.

Undeloh ist für viele Besucher der Ausgangspunkt für eine Wanderung, Radtour oder Kutschfahrt in das Herz des Naturschutzgebietes. Der kleine Ort ist mit großen Parkplätzen, Gasthöfen und Souvenirständen auf den Besucherstrom eingerichtet. Wie alt das am Wochenende recht belebte Dorf ist, zeigt die aus Feldsteinen errichtete kleine **Magdalenenkapelle,** die vermutlich schon seit dem 12. Jh. hier steht. Wer sich eingehender mit der hiesigen Natur und ihrer Nutzung durch die Heidebauern befassen möchte, besucht die Ausstellungen im **Naturinformationshaus.**

Fahrräder kann man leihen. Wer zur Zeit der Heideblüte im August/September Kutsche fahren will, ist gut beraten, vorher Plätze zu reservieren. Mit Pferd und Wagen kommt man allerdings nicht auf den Wilseder Berg. Am eindringlichsten erlebt man die Landschaft zu Fuß.

Über den Wilseder Berg nach Wilsede

Die Lüneburger Heide zeigt ganz verschiedene Landschaftsbilder: Verlässt man Undeloh auf der sandigen, teils rau gepflasterten Straße Richtung Wilsede, zweigt nach ca. 1000 m rechter Hand ein Pfad durchs Undeloher Moor ab; ein Bach begleitet den Weg zur Linken. Botaniker werden

Wo's was zu essen gibt

■ **Eintopfklause**
Zur Dorfeiche 23, Undeloh,
Tel. 0 41 89/2 12, nur zur Mittagszeit.
Schon der Name deutet an, dass in diesem einfachen, rustikalen Restaurant keine feinen Gourmethäppchen zu haben sind. Stattdessen wird serviert, was das Herz des hungrigen Wanderers erfreut: gesunde, nahrhafte Kost, und die in reichlich bemessenen Portionen. ○

■ **Witte's Hotel**
Zum Loh 2, Undeloh, Tel. 0 41 89/2 00.
Gastlicher Familienbetrieb mit gemütlichem Restaurant, in dem man

perfekt zubereiteten Heidschnuckenbraten mit Bohnen und Heidekartoffeln, Wildgerichte oder fangfrische Forellen kosten kann. ○○

■ **Zum Heidemuseum**
Wilsede, Tel. 0 41 75/2 17.
Nach der Wanderung über den Wilseder Berg zieht dieses Restaurant die Hungrigen magisch an: Das schöne Bauernhaus neben dem Museum bietet Spezialitäten rund um die Heidschnucke und serviert für den großen Ansturm auch Gängiges wie Wiener Schnitzel auf den Tischen mit den rot karierten Decken. ○○

bald Sonnentau und andere seltene Pflanzen entdecken. Ein Stück weit säumt auch Nadelwald den Weg – Kiefern und Fichten gehören zu den Bäumen, die zumeist im 19. Jh. auf den unrentablen Heideflächen angepflanzt wurden.

Bald aber öffnet sich sanft gewelltes, weites Land, das vom niedrigen Busch der *Calluna vulgaris,* der Besenheide, bewachsen ist. Diese Landschaft ist ohne die Kultivierung durch den Menschen nicht denkbar: Das Heidekraut wächst nur dort, wo es direkt von der Sonne beschienen werden kann; sobald Schattenbäume wie Kiefern oder Birken darüber hoch wachsen, geht die Heide ein. Die traditionellen Heidebauern sorgten daher mit der Beweidung durch die Heidschnucken dafür, dass die weiten Heideflächen offen blieben.

Rund um den höchsten Hügel, den **Wilseder Berg,** durchläuft man eine eigentümliche Landschaft voller würzig duftender Wacholderbüsche. Mit

169 m ist er zwar kein hoher Berg, aber er genügte dem Geodäten Carl Friedrich Gauss 1822 zur Errichtung eines wichtigen Vermessungspunkts.

Abwärts geht es nach **Wilsede:** Das schönste Bauernhaus des Ortes, **Dat ole Hus,** wurde 1907 hierher versetzt und beherbergt heute das Heidemuseum, das einen Eindruck von traditioneller Heidewirtschaft gibt. Auf dem Rückweg über die birkenbestandene Straße nach Undeloh begegnet man oft einer Heidschnuckenherde mit ihrem Schäfer.

Das Moorland
nördlich von Bremen

Der Moorexpress belebt mit seinen über 50 Jahre alten Dieseltriebwagen jedes Wochenende in der Sommersaison die längst tot geglaubte Eisenbahn-Nebenstrecke zwischen Stade und Bremen. Das im 18. Jahrhundert urbar gemachte Teufelsmoor liegt etwa in der Mitte zwischen den Städten Bremervörde und dem berühmten Künstlerdorf Worpswede.

- **Anfahrt:** B 73, ab Stade B 74
- **Zeitplanung:** ein Tag
- **geeignet für:** Familien mit Kindern, Eisenbahnfans, an Kunst Interessierte

---

Moorexpress
EVB Eisenbahn- und Verkehrsbetriebe Elbe-Weser, Am Bahnhof 1, 27432 Bremervörde, Tel. 0 47 61/99 31 16, www.evb-elbe-weser.de; www.moorexpress.net
Fahrten: Mitte April–Okt. Sa, So, Fei 4-mal tgl.; Bremervörde Richtung Bremen/Worpswede 6.55, 8.45, 13.55 und 16.45 Uhr, Worpswede Richtung Stade/Bremervörde 9.50, 11.50 und 16.50 Uhr (19.41 Uhr nur bis Gnarrenburg); Fahrtdauer Bremervörde-Worpswede 1 Std. 15 Min.
Preise: einfache Fahrt Bremervörde-Worpswede Erwachsene 5 €, Kinder 6–17 Jahre 2,50 €, Familienkarte 11 €; Fahrrad 3 €

Roselius-Museum
Lindenallee 3, 27726 Worpswede, Tel. 0 47 92/13 02, www.kulturstiftung-ohz.de

Öffnungszeiten: Mitte März–Okt. Di–So 10–18, sonst 10–17 Uhr
Preise: Erwachsene 3 €, Kinder und Ermäßigungsberechtigte 2 €

Barkenhoff
Ostendorfer Str. 10, 27726 Worpswede, Tel. 0 47 92/39 68, www.barkenhoff-stiftung.de
Öffnungszeiten: tgl. 10–18 Uhr
Preise: Erwachsene 4 €, Kinder 8–14 Jahre 2 €, Familienkarte 8 €

Haus im Schluh
Heinrich Vogeler-Stiftung, Im Schluh 35–37, 27726 Worpswede, Tel. 0 47 92/5 22 und 95 00 61, www.haus-im-schluh.de
Öffnungszeiten: Mitte März–Okt. tgl. 14–18, Nov.–Mitte März Di–So 14–18 Uhr
Preise: Erwachsene 3 €, Kinder und Ermäßigungsberechtigte 2 €

Bremervörde

Die Strecke, die der Dieseltriebwagen **Moorexpress** zwischen Bremervörde und Worpswede in der Sommeraison jedes Wochenende mehrmals zurücklegt, führt durch eine meist flache Landschaft mit saftig grünen Wiesen. Vor 250 Jahren war dies Gebiet nahezu unzugänglich, ein riesiges Moorgelände, das man landwirtschaftlich nicht nutzen konnte: Es war »doves«, d. h. unfruchtbares Land, und aus dem »doven Moor« wurde irgendwann einmal der Name **Teufelsmoor.** Diese Landschaft wurde in der zweiten Hälfte des 18. Jhs. unter der Leitung des Königlich Hannoverschen Moorkommissars Jürgen Christian Findorff (1720–1792) durch ein Netz von Kanälen entwässert, sodass nachfolgend in etwa 50 meist an einer langen, geraden Straße gelegenen Moorhufendörfern Tausende von Siedlerfamilien ihr eigenes Stück Land (15 ha = eine »Hufe«) bewirtschaften konnten. Den Namen Findorff tragen in dieser Gegend Straßen, Schulen und Ortsteile, das Grab des Kommissars liegt nördlich von Bremervörde in Iselersheim.

Die Stadt Bremervörde schmiegt sich an den Südrand des Vörder Sees und hat die Uferregion während der Gartenbauausstellung 1991 intensiv gestaltet: Mit allen Sinnen soll man See und Umgebung genießen, ob bei Floßfahrten, beim Nachdenken über das Riesenei eines Künstlers oder beim Anblick der Blumenrabatten.

Worpswede

Eine gute Stunde braucht der Moorexpress von Bremervörde nach Worpswede und passiert dabei mehrere Moorhufendörfer. Viele Moorsiedler verkauften z. T. bis ins 20. Jh.

getrocknete Torfsoden und verschifften sie als Heizmaterial nach Bremen. Worpswede ist im Teufelsmoor ein besonders auffälliger Ort: Hier unterbricht eine Geestinsel mit dem 54 m hohen Weyerberg die Ebene. Ende des 19. Jhs. hatten bereits Ausflügler aus Bremen das stille Dorf entdeckt. Die Schönheit der weiten Moorlandschaft und der schlichte Alltag der hart arbeitenden Menschen beeindruckte 1889 die Künstler Fritz Mackensen, Otto Modersohn und Hans am Ende, dann auch Fritz Overbeck und Heinrich Vogeler, sodass sie sich hier niederließen. Weitere Künstler und Literaten gesellten sich dazu.

Von den vielen Künstlerdörfern, die damals in Europa entstanden, hat Worpswede bis heute seine Tradition bewahrt: Etwa 50 Kunstschaffende leben und arbeiten hier.

Wo's was zu essen gibt

■ **Worpsweder Bahnhof**
Bahnhofstr. 17, Worpswede,
Tel. 0 47 92/10 12.
Das Bahnhofrestaurant wurde von den Möbeln bis zur Wanddekoration nach Vorgaben Heinrich Vogelers gestaltet; in dem klaren, hellen Jugendstilambiente werden u. a. regionale Spezialitäten wie Buchweizenpfannkuchen mit Speck oder Holunderbeersuppe mit Apfel und Griesnocken serviert. ○○

■ **Kaffee Worpswede**
Lindenallee 1, Worpswede,
Tel. 0 47 92/10 28, Mo, Di geschl.
Fantasievolles Reetdachhaus, das 1925 nach Plänen von Bernhard

Hoetger erbaut wurde; drinnen beherrscht noch immer die geschnitzte Weltenesche-Skulptur den großen Gastraum mit den Deckenfresken des Künstlers. Die Küche holt ihre Anregungen weniger aus der germanischen Sagenwelt als aus der Mittelmeer-Region und lässt sich auch von Asien inspirieren. ○○

■ **Haus im Schluh**
Im Schluh 35–37, Worpswede,
Tel. 0 47 92/95 00 61, 14–18 Uhr.
Bei gutem Wetter darf man sich im Kaffeegarten von Martha Vogeler wohl fühlen: Bei hausgebackenem Kuchen umgibt einen das Lebensgefühl der Worpsweder 1920er Jahre. ○

Bei der Ankunft mit dem Moorexpress wird man von einem architektonischen Juwel empfangen: Der **Worpsweder Bahnhof,** von Heinrich Vogeler im Jugendstil erbaut, dient heute als Restaurant. Zu Fuß gelangt man rasch zur zentralen Bergstraße, wo die Lindenallee abzweigt. In einem lichten Wäldchen steht das expressonistische Bauensemble, das der vielseitige Künstler Bernhard Hoetger 1924–1927 schuf. Es umfasst u. a. den Ausstellungsbau **Große Kunstschau** (derzeit wegen Baufälligkeit geschlossen), einen Rundbau mit Oberlicht, und das **Kaffee Worpswede,** ein auffälliges Fachwerkhaus, das der Künstler im Innern mit Skulpturen und Malereien zu einem Gesamtkunstwerk gestaltet hat.

Bilder bekannter Worpsweder Künstler, die bisher in der Großen Kunstschau zu sehen waren, sind jetzt im anschließenden **Roselius-Museum** ausgestellt. Südwärts gelangt man zu dem bienenkorbförmigen Rundbau von Bruno Taut, der 1926 gebauten **Käseglocke;** das einstige Wohnhaus wird heute gelegentlich für Kunstausstellungen genutzt.

Das wohl berühmteste Gebäude Worpswedes ist der **Barkenhoff.** Der Jugendstilkünstler Heinrich Vogeler kaufte das Anwesen 1895 und machte es zu seinem Wohnsitz. Heute beherbergt das Gebäude mit dem schwungvollen Treppenaufgang ein Museum zu Leben und Werk des produktiven Malers, Grafikers, Designers und Architekten.

Das **Haus im Schluh** war das Wohnhaus von Vogelers erster Frau Martha. Hierhin nahm sie nach der Trennung von ihrem Mann die Gemälde und alten Möbel vom Barkenhoff mit, die den Grundstock des Museums bilden – ergänzt durch bäuerlichen Hausrat und Kunsthandwerk. Zur idyllischen Hofanlage gehören auch eine Handweberei und eine Gästepension.

Wer es schafft, gönnt sich vor der Rückfahrt mit dem Moorexpress den Ausblick vom **Weyerberg** über das weite Moorland, den Generationen von Künstlern genossen haben.

Bremen

Expeditionen in die Welt der Wissenschaft und Zeitreisen in die Ära der Hanse unternimmt man in Bremen. Das Universum Science Center öffnet Türen in die Zukunft, während sich rund um den Marktplatz die bewegte Vergangenheit dieser mehr als 1200 Jahre alten Stadt offenbart.

- **Anfahrt:** zum Universum Science Center per Bahn bis Bremen Hbf.; Straßenbahn 6 bis Universität NW 1 (Niedersachsen- oder Schönes-Wochenende-Ticket umfassen auch den öffentlichen Bremer Stadtverkehr); mit dem Pkw A 1, A 27 Ausfahrt Horn-Lehe Richtung Universität
- **Zeitplanung:** ein Tag
- **geeignet für:** Familien mit Kindern

Universum Science Center

Ein mit 35 000 Edelstahlschindeln verkleidetes Riesen-Ei zwischen Bremer Stadtwald und Universitätsgelände spiegelt sich geheimnisvoll in einem künstlichen See: Schon das Bauwerk weckt Neugier, und das gilt auch für den Inhalt des Universum Science Centers Bremen. Gleich beim Betreten des Gebäudes vermitteln

- **Universum Science Center Bremen**
Wiener Str. 2, 28359 Bremen,
Tel. 04 21/3 34 60,
www.universum-bremen.de
  - **Öffnungszeiten:** Mo–Fr 9–18, Sa, So 10–19 Uhr
  - **Preise:** Erwachsene 12 €, Kinder 8 €, Familienkarte 31 €

- **Rathausführung**
Karten bei der Tourist-Information Liebfrauenkirchhof; bei Veranstaltungen im Rathaus keine Führungen
  - **Zeiten:** Mo–Sa 11, 12, 15, 16 Uhr, So 11, 12 Uhr
  - **Preise:** Erwachsene 4 €, Kinder 2 €

- **Kunstsammlungen Böttcherstraße** (Paula Modersohn-Becker-Museum und Museum im Roselius-Haus)
Böttcherstr. 6–10, 28195 Bremen,
Tel. 04 21/3 36 50 77, www.pmbm.de
  - **Öffnungszeiten:** Di–So 11–18 Uhr
  - **Preise:** Erwachsene 5 €, Kinder 8–17 Jahre 3 €

- **Bremer Geschichtenhaus**
Wüste Stätte 10, 28195 Bremen,
Tel. 04 21/3 36 26 50,
www.bremer-geschichtenhaus.de
  - **Öffnungszeiten:** tgl. 11–18 Uhr
  - **Preise:** Erwachsene 3,90 €, Kinder 6–17 Jahre 1,90 €, Familienkarte 7 €

Expeditionsausrüstungen die Botschaft »Forschung ist Abenteuer«. Vom Zentrum des elliptischen Gebäudes leiten drei gewundene Treppen zu den drei Themen der »Expedition«: Mensch, Erde und Kosmos. Ganz gleich, wo man anfängt – in jedem Fall ist man aufgefordert, Hand anzulegen und die erstaunlichen Erkenntnisse der Wissenschaft mit allen Sinnen nachzuvollziehen.

Am Beginn der **Expedition Mensch** verfolgt man in einer begehbaren Gebärmutter die Entwicklung des Embryos bis zur Geburt, dabei befasst man sich auch mit der Entstehung der individuellen Eigenschaften. Bei verschiedenen Selbstexperimenten ist Bewegungskoordination und Gleichgewicht gefordert; weitere Stationen sind der Sinneswahrnehmung, den Gefühlen, der Sprache und Mimik gewidmet.

Die **Expedition Erde** führt den Schichtenaufbau der Erde vom innersten Kern bis zur Lufthülle der Atmosphäre vor. Man erlebt ein »echtes« Erdbeben auf dem Wohnzimmersofa mit, fühlt sich in einer Eiskammer als Antarktisforscher und unternimmt eine virtuelle Tauchfahrt in die Tiefsee. Mitmachstationen geben spannende Einblicke in die Themenbereiche Klima, Wasserkraft, Vulkane und Magnetismus.

In der **Expedition Kosmos** unternimmt man eine Zeitreise zur Entstehung des Universums. Der Schwerpunkt dieser Abteilung liegt auf physikalischen Experimenten, bei denen auch die kleinsten Bauteile der Materie – Atome, Elektronen und Quarks – einleuchtend vorgeführt werden. Im 200 m²-Sternenpanorama kann man Galaxien, Supernovae und Schwarze Löcher entdecken.

Vom Bremer Rathaus zum Schnoorviertel

Bremens mittelalterlicher Stadtkern hat kaum etwas Museales: Das gotische **Rathaus** (1410) wird bis zum heutigen Tag genutzt, zusammen mit dem berühmten **Roland** (1404) kam es 2000 auf die Liste des UNESCO-Welterbes. Die 5,5 m hohe Steinfigur vor der Rathausfassade schaut selbstbewusst in Richtung mittelalterlichen St. Petri Dom. Der Roland symbolisiert bürgerliche Rechte und Freiheiten, und die wurden auch im gegenüberliegenden **Schütting** von 1538 hoch gehalten – einst Gildehaus der Kaufleute, heute Handelskammer. Hinter dem Schütting liegt der Eingang in die **Böttcherstraße.** Der Bremer Kaffeehändler, Erfinder des entcoffeinierten Kaffees und Kunstmäzen Ludwig Roselius ließ diese alte Handwerkergasse ab 1926 zu einer Kulturstraße umgestalten; für den expressionistischen Bauschmuck zeichnete der Bildhauer Bernhard Hoetger (s. S. 223) verantwortlich. Neben den **Kunstsammlungen Böttcherstraße** genannten Museen für Paula Modersohn-Becker und die Roselius-Kollektion sind hier ein Casino, Restaurants und Kunsthandwerkläden zu Hause.

Durch eine Unterführung gelangt man zur Weserpromenade: Die **Schlachte** war jahrhundertelang Bre-

---

Wo's was zu essen gibt

■ **Café Freitag**
Böttcherstr. 3, Tel. 04 21/3 37 85 39.
Das minimalistisch gestylte Café neben dem Robinson-Haus in der Böttcherstraße serviert von 10 bis 15 Uhr Frühstück – mit richtig starkem Kaffee, aber natürlich auch mit koffeinfreiem Kaffee HAG. Kuchen, Waffeln oder Flammkuchen sind einige der Alternativen. ○○

■ **Admiral Nelson**
Schlachte Anleger 1,
Tel. 04 21/3 64 99 84.
In einem Nachbau von Admiral Nelsons Fregatte werden hungrige Gäste mit Pfannkuchen verköstigt. Alle seefahrenden Nationen tragen zu den fast 100 Geschmacksvariationen bei, z. B. Java mit Schweinefleisch und Erdnusssauce oder Mexiko mit Chili con carne. ○○

■ **Café Tölke**
Am Landherrenamt 1/Ecke Schnoor, Tel. 04 21/32 43 30.
Wiener Caféhaus im winzigen Schnoor-Format; man kuschelt sich in mit rotem Samt bezogene Minisofas und sitzt an Marmortischchen auf gedrechselten Stühlchen. Alles ist schnörkelig, aber sehr adrett, und der Wiener Apfelstrudel oder die Weincremetorte sind ein Gedicht. ○

---

mens Haupthafen und ist heute eine lebendige Flaniermeile. Etwas weiter stromaufwärts liegt das **Schnoorviertel**. Wie an einer »Schnur« sind hier Fachwerkhäuser des 15. bis 18. Jhs. aneinandergereiht und bilden ein liebevoll herausgeputztes Ensemble. Kunsthandwerkläden, Galerien und viele Restaurants verstecken sich in den verwinkelten Gässchen. Eines davon, die sog. Wüste Stätte, beherbergt das überaus anregende **Bremer Geschichtenhaus**. Hier bringen Geschichtenerzähler in historischen Kostümen den Besuchern das alte Bremen nahe.

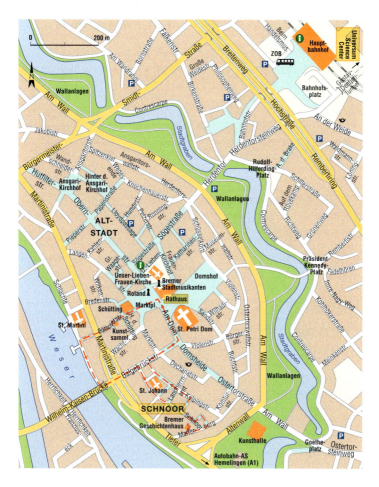

Bremerhaven

Bremerhaven punktet mit Superlativen in Sachen Seefahrt: Hier steht das Deutsche Schifffahrtsmuseum, hier befinden sich das leistungsfähigste Kreuzfahrtterminal und der größte Fischereihafen des Landes. Die Bremerhavener verstehen es vorbildlich, alles mit der Seefahrt Zusammenhängende für jedermann verständlich und interessant aufzubereiten.

- **Anfahrt:** A 1 bis Bremer Kreuz, A 27 Ausfahrt Bremerhaven-Mitte
- **Zeitplanung:** ein Tag
- **geeignet für:** Familien mit Kindern, an Schifffahrt Interessierte
- **Veranstaltungen:** Mitte August Windjammerfestival »Bremerhaven Sail«

Deutsches Schifffahrtsmuseum

Am Ufer der Weser gleich nördlich der Mündung des Flüsschens Geeste wird man gefangen genommen von der Welt der Schifffahrt. Den Anfang macht das letzte Bauwerk des Bremerhavener Architekten Hans Scharoun, das Deutsche Schifffahrtsmuseum, es wurde 1975 eröffnet. Von

- **Deutsches Schifffahrtsmuseum**
Hans Scharoun-Platz, 27568 Bremerhaven, Tel. 04 71/48 20 70, www.dsm.de
  - **Öffnungszeiten:** April–Okt. tgl. 10–18 Uhr, Nov.–März Mo geschl.
  - **Preise:** Erwachsene 5 €, Kinder 3,50 €

- **Zoo am Meer**
H. H.-Meyer-Str. 5, 27568 Bremerhaven, Tel. 04 71/3 08 41 41, www.zoo-am-meer-bremerhaven.de
  - **Öffnungszeiten:** April–Sept. tgl. 9–19, März, Okt. 9–18, Nov.–Febr. 9–16.30 Uhr
  - **Preise:** Erwachsene 6 €, Kinder 4–14 Jahre 3,50 €

- **HARUFA**
H. H.-Meyer-Str. 4, 27568 Bremerhaven, Tel. 04 71/41 58 50, www.hafenrundfahrt-bremerhaven.de
  - **Abfahrten:** Ostern, April–Sept. Di–Do, Sa, So 12.30, 14.00, 15.30 Uhr
  - **Preise:** Erwachsene 8 €, Kinder 4–13 Jahre 4 €

- **Deutsches Auswandererhaus**
Columbusstr. 65, 27568 Bremerhaven, Tel. 04 71/90 22 00, www.dah-bremerhaven.de
  - **Öffnungszeiten:** April–Okt. So–Fr 10–18, Sa 10–19, Nov.–März So–Fr 10–17, Sa 10–18 Uhr
  - **Preise:** Erwachsene 9,50 €, Kinder 4–14 Jahre 6 €

der Landseite her wirkt das Gebäude eher verschlossen, aber der Ausblick auf die Weser und die Nordsee in der Ferne gibt Besuchern das Gefühl, auf dem Meer zu schwimmen: Steht man hier auf der nachgebauten Brücke eines Seeschiffs, fühlt man sich wie der Kapitän, der sein Schiff an den anderen Fahrzeugen auf der Weser vorbeisteuern muss.

Das Museum befasst sich mit der Geschichte der deutschen Schifffahrt – ein weites Feld, denn sie reicht vom Einbaum bis zum Containerfrachter und von der Sternennavigation bis zum GPS. Landratten wird der Zweck von Betonnung und Leuchtfeuern klar; Wassersportler finden die ganze Bandbreite ihrer Hobbys vorgeführt; auch die Marine hat ihre besondere Abteilung. Es gibt zahlreiche Schiffsmodelle und nautische Instrumente, die z. T. spielerisch bedient werden dürfen. Zu den Glanzstücken des Museums zählt die in den 1960er Jahren aus der Weser geborgene Hansekogge von 1380, die nach langen Jahren der Präparierung in einem eigenen Anbau präsentiert wird. Meist dicht

■ **Museumsschiff FMS »Gera«**
Fischereihafen I, Fischkai, 27572 Bremerhaven, Tel. 04 71/ 30 81 60, www.historisches-museum-bremerhaven.de
■ **Öffnungszeiten:** April–Okt. tgl. 10–18 Uhr
■ **Preise:** Erwachsene 1,50 €, Kinder 1 €

■ **Atlanticum mit Meerwasseraquarium**
Schaufenster Fischereihafen, Tel. 04 71/93 23 30, www.forum-fischbahnhof.de
■ **Öffnungszeiten:** tgl. 10–18 Uhr
■ **Preise:** Erwachsene 4,10 €, Kinder 4–17 Jahre 2,60 €

umlagert ist das Wasserbecken, auf dem man mit ferngesteuerten Schiffen hantieren darf.

Die Freilichtabteilung befindet sich im angrenzenden **Museumshafen:** Unter den elf Schiffsveteranen ragt die Dreimastbark »Seute Deern« hervor, ein Publikumsrenner ist das U-Boot »Wilhelm Bauer«.

Alter und Neuer Hafen

Der Museumshafen geht in den **Alten Hafen** über, beide verlaufen in nächster Nachbarschaft zum Weserstrom. Auf dem schmalen Stück Land dazwischen entsteht derzeit ein neues Zentrum mit dem verglasten Klimahaus in Bootsform (darin wird man eine Reise durch die Klimazonen der Erde unternehmen können), einer Einkaufspassage und einem segelförmigen Hotel-Hochhaus, das ab Ende 2007 schrittweise eröffnet werden soll – man darf gespannt sein.

Der **Zoo am Meer** ist bereits Teil dieses Ensembles: Klein, aber fein, konzentriert er sich auf nordische Tiere und solche, die im und am Wasser leben. Er ist ein großer Besuchermagnet, weil man hier Eisbären, Pinguinen, Basstölpeln oder Robben auch beim Schwimmen im Wasser zuschauen kann: Nur eine Glasscheibe trennt die Besucher von den Tieren. Hinzu kommt die traumhafte Lage des Geländes am Weserstrom.

Wo's was zu essen gibt

■ **Seute Deern**
Schifffahrtsmuseum, Tel. 04 71/
41 62 64; Nov.–März Mo geschl.
Von 1919 bis 1954 für die Dreimastbark als Fracht- und Schulschiff über die Ozeane. Heute beherbergen ihre Fracht-, Mannschafts- und Kapitänsräume ein nostalgisches Restaurant. Auf der Karte stehen Limandesfilet mit Salzkartoffeln, Labskaus und andere Seemannsspezialitäten. ○○

■ **Fiedlers Räucherdiele**
Schaufenster Fischereihafen, An der Packhalle 34, Tel. 04 71/9 32 23 51.
Fischbraterei mit Selbstbedienung. Umgeben von Schiffsmodellen und Bildern mit maritimen Motiven sitzt man hier relativ schlicht, der Backfisch vom Rotbarsch oder Seelachs und der gebratene Hering lassen jedoch nichts zu wünschen übrig. ○

■ **Fiedlers Aalkate**
An der Packhalle 34,
Tel. 04 71/9 32 23 50.
Antikes Mobiliar aus Holland und Belgien verleiht diesem Lokal einen rustikalen Touch. Auf der Karte stehen Fischspezialitäten aus aller Welt: vom Brataal mit gelbem Bohnensalat und Speckbratkartoffeln bis zum Fischteller »Poseidon« mit Pangasius aus Vietnam. ○○

Stromabwärts liegt Bremerhavens Hafenzone mit dem Kreuzfahrt-Terminal an der Columbuskaje und dem Containerhafen entlang der Stromkaje, zu besichtigen im Rahmen einer einstündigen **Weserrundfahrt** ab Seebäderkaje.

Ein spektakulärer Bau ist das **Deutsche Auswandererhaus** am Ufer des Hafenbeckens. Mehr als 7 Mio. Europäer traten von hier aus ihre Reise in die Neue Welt an. Was sie zur Emigration trieb, wie ihre Reise verlief, und was sie in der neuen Heimat erwartete, erfährt man hier hautnah: Mit Hilfe einer Chipkarte durchlebt man Station für Station die Reise eines speziellen Auswanderers von der Wartehalle in Bremerhaven bis zur Ankunft in New York. Herzstück der Ausstellung ist die Galerie der 7 Millionen, wo man über Kopfhörer persönlich erzählten Auswandererbiografien lauschen kann.

Schaufenster Fischereihafen

Wie macht man Werbung für Fisch, wo keiner mehr angelandet wird? Die Bremerhavener Antwort auf diese Frage heißt **Schaufenster Fischereihafen.** »Fisch und Freizeit« lautet hier die Devise: In dem gemütlichen Viertel rund um den alten Fischereihafen I locken diverse Restaurants und Kneipen, Fischhändler, Geschäfte mit maritimem Zubehör und sogar ein Theater. Man sitzt hier gern im Freien und schaut aufs Wasser, auf dem der **Museums-Trawler »Gera«** noch an frühere Fischfangzeiten erinnert. Im modernen **Forum Fischbahnhof** kann man sich im Kochstudio von Experten die richtige Zubereitung von Seefisch erklären lassen, oder man besichtigt das **Atlanticum,** um zu erfahren, woher unsere Speisefische kommen, und wie sie gefangen und verarbeitet werden. Beliebte Attraktionen sind das Gezeitenbecken und das bedienbare Modell der Fischereihafenschleuse. Im angeschlossenen riesigen **Meerwasseraquarium** lernt man die Fische in ihrer Unterwasserwelt kennen.

Land Wursten

Wurten, Wursten, Warften oder Wierden sind Bezeichnungen für die künstlichen Erdhügel, welche die frühen Siedler an der Nordseeküste anlegten, um ihre Gehöfte vor Sturmfluten zu schützen. »Land Wursten« nennt sich nach diesen das Gebiet zwischen Cuxhaven und Bremerhaven. An der heute mit hohen Deichen gesicherten Küste hat man idealen Zugang zum Nationalpark Niedersächsisches Wattenmeer.

- **Anfahrt:** B 73 bis Hechthausen, 33 km Landstraße nach Bederkesa
- **Zeitplanung:** ein Tag
- **geeignet für:** Familien mit Kindern

■ Museum Burg Bederkesa
Amtsstr. 17, 27624 Bederkesa,
Tel. 0 47 45/73 02,
www.burg-bederkesa.de
■ **Öffnungszeiten:** Mai–Sept. Di–So
10–18, Okt.–April Di–So 10–17 Uhr
■ **Preise:** Erwachsene 3 €,
Kinder 0,50 €

■ Niedersächsisches Deich-museum
Poststr. 16, 27632 Dorum,
Tel. 0 47 42/4 74 und 10 20
■ **Öffnungszeiten:** Mai–Okt. tgl.
14–17 Uhr
■ **Preise:** Erwachsene 1,50 €,
Kinder 0,50 €

■ Nationalpark-Haus Land Wursten und Kutter »Nordstern«
Am Kutterhafen 1, 27632 Dorum-Neufeld, Tel. 0 47 41/28 26
■ **Öffnungszeiten:** März–Nov.
tgl. 11–18, sonst 11–17 Uhr und n. V.

■ **Preise:** gratis, Spende erbeten,
Kutterfahrten je nach Dauer 6,50
bis 8,50 €, Kinder bis 5 Jahre 2–4 €,
Kinder 6–15 Jahre 4–6 €

■ Schwefelsole-Wellenfreibad
Am Kutterhafen 3, 27632 Dorum-Neufeld, Tel. 0 47 41/96 00
■ **Öffnungszeiten:** Mai–Mitte Sept.
tgl. 10–18 Uhr, Mitte Sept.–Jan. nur
Wellness-Hallenbad geöffnet:
Mo–Fr 10–16.30, Sa, So 11–15 Uhr
■ **Preise:** Erwachsene 3 €,
Kinder 6–17 Jahre 2 €

■ St. Peter und Paul Kirche
Arp-Schnitger-Straße, 27632 Cappel,
Tel. 0 47 41/10 58; Infos zur Orgel
und zu Konzerten: Eide Bartels,
Tel. 0 47 41/13 24; Besichtigungen:
Simone Schorck, Tel. 0 47 41/34 11
■ **Öffnungszeiten:** Juli/Aug.
Do 18 Uhr Orgel-Andacht, sonst n. V.
■ **Preise:** gratis, Spende erbeten

Museum Burg Bederkesa

20 km vom Meer entfernt liegt hübsch an einem See der Kurort **Bad Bederkesa.** Er besitzt eine prächtige Burg, die die Ritter von Bederkesa vom 12. bis ins 15. Jh. bewohnten. Das Gemäuer wurde in den 1970er Jahren so renoviert, wie es wohl im 16./17. Jh. ausgesehen haben mag. Seit 1982 beherbergt es das Museum Burg Bederkesa, das archäologische Museum des Landkreises Cuxhaven. Dokumentiert wird hier u. a. auch die Vorgeschichte des Landes Wursten.

Eine Abteilung befasst sich mit der Ausgrabung der Wurtensiedlung **Feddersen Wierde** ca. 11 km nördlich von Bremerhaven: Im 1. Jh. v. Chr. konnten die Menschen hier noch zu ebener Erde siedeln, aber vom 1. bis 5. Jh. zwangen immer höher auflaufende Fluten die Bewohner, ihr Hofgelände mehrmals mit Marschenklei und Dung zu erhöhen, bis schließlich das ganze Dorf eine gemeinschaftliche Wurt bildete. Im Zuge der Völkerwanderung haben es die Bewohner verlassen, im 8. Jh. kamen Friesen hierher, erst ungefähr ab dem Jahr 1000 setzte an der Küste der Deichbau ein. So vorbereitet, kann man sich auf den Weg in das Land Wursten machen.

Dorum

Wer sich für Deichbau interessiert, sollte dem **Niedersächsischen Deichmuseum** in Dorum einen Besuch abstatten: Mithilfe von Modellen und früheren Arbeitsgeräten wird hier der Küstenschutz dokumentiert.

Dorum-Neufeld

Noch spannender ist es, Deiche und Wattenmeer selbst in Augenschein zu nehmen, am besten in Dorum-Neufeld, einem kleinen Hafen und einer großen Feriensiedlung mit ausgedehnten Campingmöglichkeiten vor und hinter dem Grünstrand der

Wo's was zu essen gibt

■ **Burgschänke**
Amtsstr. 17, Bederkesa,
Tel. 0 47 45/78 17 00.
Im Gewölbekeller der Burg sitzt
man auf rustikalem Holzgestühl,
im Sommer lockt der malerische
Burghof-Biergarten. Die Küche hält
sich an das, was aus der Region
kommt und gerade zur Saison
passt; auch frischer Fisch ist auf
der Karte häufig vertreten. ○○

■ **Panorama-Restaurant & Café**
Strandhalle Dorum-Neufeld, Am
Kutterhafen 2, Tel. 0 47 41/12 27.
Vom 1. Stock der Strandhalle geht
der Blick aus Panoramafenstern
weit aufs Meer, das auch die Zutaten für viele Gerichte liefert, z. B.
für die »Wurster Variation« mit
frischen Dorumer Krabben, echtem
Nordsee-Limandesfilet, hausge-
beiztem Lachs und Zanderfilet. ○○

■ **De Koffiestuv**
Sieltrift 2, Dorum-Neufeld,
Tel. 0 47 41/20 98.
Bugholzstühle und Nussbaumti-
sche schaffen ein Ambiente wie in
Omas Wohnstube. Neben fantasie-
vollem Backwerk wie der Schnee-
gestöbertorte (Sahne, Amaretto,
Mohn) bietet das gemütliche Café
auch einen preiswerten Mittagstisch, u. a. mit Schollenfilet, Schnitzel und diversen Pizzas. ○

Nordsee. Mit hellem Sand kann dieser Teil der Küste nicht dienen – bei
Niedrigwasser dehnt sich hier die
weite, graubraune Wattfläche aus,
und bei Hochwasser überspült die
Nordsee Deichfuß und Salzwiesen.

Diesen Übergang zwischen Land
und Meer kann man bei jeder Tide auf
einem Lehrpfad durch das Salz-
wiesen-Schaubiotop beim **Nationalpark-Haus Land Wursten** verfolgen.
In diesem Informationszentrum geben Karten und Tafeln einen Überblick über das riesige Wattenmeer
der Nordseeküste und den Nationalpark Niedersächsisches Wattenmeer.
Man lernt, wie sich die unterschiedlich streng geschützten Nationalpark-
zonen unterscheiden, wie Ebbe und
Flut funktionieren, welch unermess-
lichen Reichtum an Flora und Fauna
das Watt besitzt. Auf einem Globus
verfolgt man die Routen der Zugvö-
gel, für die das Wattenmeer ein wichtiger Rastplatz ist. In einem großen

Aquarium schwimmen die wichtigsten Fische der Nordsee, von der Scholle bis zum Roten Knurrhahn. Das Nationalpark-Haus bietet ein umfangreiches Programm an Vorträgen und Exkursionen; bei geeigneter Tide sticht die **Nordstern** in See, ein ehemaliger Krabbenkutter, von dem aus man die Naturschätze des Nationalparks bestaunen kann.

Am Meer stehen und einfach nur aufs Wasser schauen – das kann man vom 9 m hohen Deich, besser aber noch vom höchsten Aussichtspunkt über Hafen und Küste, dem **Leuchtturm Eversand-Oberfeuer,** aus über 30 m Höhe. Wer schwimmen möchte, kann dies auch bei Niedrigwasser tun, wenn das Meer sich zurückgezogen hat: Dorum-Neufeld hat ein großes **Schwefelsole-Wellenfreibad,** das durch ein ganzjährig geöffnetes Hallenbad ergänzt wird.

Cappel

Im Gegensatz zu vielen anderen Dorfkirchen im Land Wursten ist die **St. Peter und Paulkirche** von Cappel relativ schlicht und erst 200 Jahre alt, denn ihre Vorgängerin brannte 1806 ab. Die Ausgaben für die neue Kirche ließen damals nicht auch noch eine neue Orgel zu; die Gemeinde war froh, 1816 aus dem gerade von Napoleon besetzten Hamburg eine gebrauchte Orgel erstehen zu können. Das hochbarocke Instrument stammt aus der Werkstatt des berühmten Orgelbauers Arp Schnitger (s. S. 147). Lange Zeit führte die Orgel ein unbeachtetes Dasein. Nach ihrer Restaurierung in den 1970er Jahren entpuppte sie sich jedoch als eines von Schnitgers Meisterwerken. **Orgelkonzerte** in Cappel gehören zu den Höhepunkten des Musiklebens im Land Wursten.

Tagesausflug nach Neuwerk

Die Insel Neuwerk und ein etwa 150 km² großes Stück Wattenmeer an der Elbemündung gehören zu Hamburg. Der Besuch will gut geplant sein: Die Gezeiten bestimmen nämlich, auf welchem Wege man zur Insel kommen kann. Bei Niedrigwasser fällt das Watt zwischen der Cuxhavener Westküste und Neuwerk trocken – dies ist die Zeit für Wanderer und Wattwagen (Pferdefuhrwerke), um die Insel auf dem Landweg zu erreichen. Bei Hochwasser steuert das Schiff MS Flipper von Cuxhaven aus Neuwerk an.

■ **Anfahrt:** Cuxhaven-Sahlenburg für Wattwagen und Wanderer: B 73, Cuxhaven-Zentrum, Richtung Sahlenburg, Parkplätze südl. der Nordheimstraße; ca. 300 m zu Fuß bis Informationszentrum Nationalpark Wattenmeer.
MS Flipper: ab Cuxhaven-Zentrum der Ausschilderung »Alte Liebe« folgen
■ **Zeitplanung:** ein Tag; Kutschfahrt 70 Min., Wanderung ca. 2,5 Std.;
MS Flipper Cuxhaven–Neuwerk 90 Min.
■ **geeignet für:** Familien mit älteren Kindern

■ **MS Flipper**
Reederei Cassen Eils, Bei der Alten Liebe 12, 27472 Cuxhaven,
Tel. 0 47 21/3 22 11 und 3 50 82, www.neuwerkreisen.de
■ **Abfahrten:** März–Okt. tgl. jeweils ca. 1 Std. vor Hochwasser, genaue Termine s. Internet
■ **Preise:** einfache Fahrt Erwachsene 14 €, Kinder 4–15 Jahre 10 €, Hin- und Rückfahrt 19 bzw. 14 €

■ **Wattwagen**
Nordseeheilbad Cuxhaven, Cuxhavener Str. 92, 27476 Cuxhaven,
Info-Hotline Tel. 01 80/56 15 00 (0,12 €/Min.), www.cuxhaven.de
■ **Wattfahrten vom Festland:**
Fa. Stelling, Tel. 0 47 21/2 97 26,

Familie Kamp, Tel. 0 47 21/2 98 04,
Familie Fock, Tel. 0 47 21/20 10 93
■ Die **Reederei Cassen Eils** (s. l.) vermittelt Wattwagen für Passagiere, die eine Strecke mit der MS Flipper und die andere per Kutsche zurücklegen möchten.
■ **Abfahrten:** tgl. März–Okt. tideabhängig ab Sahlenburg und Neuwerk, genaue Termine s. Internet
■ **Preise:** einfache Fahrt Erwachsene 15 €, Kinder bis 9 Jahre 7,50 €

■ **Wattführung Neuwerk und Scharhörn**
Buchung unter Tel. 0 47 21/3 22 11, www.wattlaufen-cuxhaven.de.
Die Reederei Cassen Eils (s. l.) vermittelt auch Wattführer.

Mit der MS Flipper von Cuxhaven nach Neuwerk

Die MS Flipper ist ein wendiges, kleines Seebäderschiff, 47 m lang und 8 m breit. Es hat nur 1,20 m Tiefgang und kann 500 Passagiere aufnehmen. Etwa 1,5 Stunden vor Hochwasser sticht die MS Flipper von Cuxhaven aus in See. Bald passiert sie die Kugelbake, Cuxhavens Wahrzeichen, an dem alljährlich 80 000 Schiffe aus aller Welt vorbeifahren. Der Kapitän der Flipper erklärt seinen Fahrgästen die dicken Pötte, die gerade zu sehen sind, und weist auch auf die Seehundbänke hin. Obwohl der Turm von Neuwerk schon zu erkennen ist, kann die Flipper nicht geradewegs darauf

zuhalten, sondern muss einen weiten Umweg durch die enge Fahrrinne bis zum Anleger am Südwestufer Neuwerks machen. Bei Ankunft ist Hochwasser, nun beginnt die Ebbe, d. h. mehr als sechs Stunden lang wird der Wasserspiegel sinken, um durchschnittlich 3 m. Spätestens nach zwei Stunden Aufenthalt muss der Kapitän die Rückreise nach Cuxhaven antreten.

Fahrt mit dem Wattwagen ab Sahlenburg

Schneller als das Schiff gelangen die Wattwagen nach Neuwerk. Im hohen Pferdewagen ist man gut geschützt vor Schlammspritzern aus den Pfützen und Prielen des nassen Wattbodens. Man sitzt in drei oder vier Reihen hinter dem Kutscher und genießt während der etwa einstündigen Fahrt den Blick zurück auf die langsam kleiner werdende Küste und nach vorn auf den Turm von Neuwerk und den grünen Deichrand um die Insel mitten im grauen Watt. Wer ein Fernglas

■ **Preise:** Erwachsene 3 €, Kinder 4–15 Jahre 2 €

■ **Nationalpark-Haus Neuwerk**
27499 Neuwerk, Tel. 0 47 21/ 39 53 49, www.jordsand.de; www.nationalpark-hamburgisches-wattenmeer.de
■ **Öffnungszeiten:** bei Schiffs- bzw. Wattwagenankunft
■ **Preise:** gratis, Spende erbeten

■ **Haus Bernstein**
Haus Nr. 18, am westlichen Deich, Tel. 0 47 21/2 87 08
■ **Öffnungszeiten:** während der Schiffsliegezeit, sonst auf Anfrage
■ **Preise:** Erwachsene 1,50 €, Kinder in Begleitung von Eltern frei

dabei hat, beobachtet die anderen Wattwagen oder die Wanderer auf derselben Strecke, im Watt nach Nahrung suchende Vögel oder die Seeschiffe in der Hauptfahrrinne.

Bei schönem Wetter sind es viele Kutschen, die auf der Turmwurt von Neuwerk eintreffen. Etwa eine Stunde Zeit haben die Pferde zum Ausruhen, dann müssen die Wattwagen zum Festland zurückkehren.

Zu Fuß über das Watt

Auf dem Meeresgrund wandern – der rund 10 km lange, nach den Winterstürmen alljährlich mit Reisigbüscheln (Pricken) neu markierte Wattenweg Sahlenburg–Neuwerk ist nicht nur für Landratten ein Erlebnis. Zur Sicherheit startet man 2,5 Stunden, allerspätestens aber 1,5 Stunden vor Niedrigwasser vom Festland oder der Insel: Ringsum erstreckt sich graubrauner, feuchter Wattboden, gelegentlich passiert man eine salzige Pfütze oder einen Priel (Watt-Flussrinne). Man steuert auf den Turm von Neuwerk bzw. auf den Strand von Sahlenburg zu und orientiert sich dabei stets an der nächstliegenden Pricke. Nur bei guter Sicht und niemals allein sollte man den Fußmarsch wagen! Schlägt das Wetter plötzlich um oder gerät man in Gefahr, stehen drei Rettungsbaken am Weg verteilt, auf denen man auch bei Hochwasser sicher ist.

Am vernünftigsten ist es, mit einem Wattführer zu gehen. Der kann auf der mindestens zweistündigen Wanderung zudem viel über das verborgene Leben im Watt erzählen.

Wo's was zu essen gibt

■ Zum Anker
Tel. 0 47 21/2 95 61.
Von der Terrasse des Restaurants nahe dem nördlichen Deich blickt man quer über das grüne Neuwerk bis zum Leuchtturm. Auf der Speisekarte stehen inseltypische Gerichte, legendär ist das Buffet mit hausgeräucherten Fischspezialitäten. ○○

■ Otto's Gartenlokal
Tel. 0 47 21/2 95 40.
Neuwerker Institution direkt am Wattwagen-Halteplatz auf der Turmwurt: Ein einziges Gebäude vereint hier Inselgeschäft, Souvenirladen und Kneipe mit Imbiss. An warmen Tagen werden im Freien Tische und Bänke aufgestellt. ○

■ Turmschenke
Tel. 0 47 21/2 91 42.
Im Neuwerker Leuchtturm wartet eine gemütliche Gaststube auf Besucher. Wer die 138 Stufen zum Aussichtsbalkon hinaufgestiegen ist, wird mit einem kühlen Bierchen oder heißem Eiergrog belohnt. ○

Auf der Insel

Das grüne Neuwerk ist erreicht: Nachdenklich stimmt der kleine Friedhof der Namenlosen am Wattwegende. Die öffentliche Fußwaschanlage gleich am Deichweg macht die Wanderer »inselfein«. Magisch zieht die **Turmwurt,** der höchste Teil der Insel, alle Besucher an: Dort steht der mittelalterliche Backsteinturm, den die Hamburger seit 1310 zur Beobachtung der Seeräuber nutzten. Wegen seiner Lage am Zusammenfluss von Elbe- und Wesermündung war er aber auch von jeher ein wichtiges Seezeichen; seit 1815 bekleidete er die Rolle eines Leuchtturms. Die Aussicht von dort oben über das heutige Neuwerk mit seinen drei Bauernhöfen, über die Nachbarinseln Scharhörn und Nigehörn, die großen Schiffe in der Nordsee und das Watt bis zum Festland ist grandios. Unbedingt besichtigen sollte man das **Nationalpark-Haus** auf dem Weg zur Turmwurt: Hier werden Ebbe und Flut erklärt, ein Tideaquarium und inter-aktive Bildschirme zeigen spielerisch die Natur des Wattenmeers. Auf dem ausgeschilderten **Erlebnispfad** lernt man anhand von Informationstafeln das Wichtigste über die Natur des Nationalparks Hamburgisches Wattenmeer. Im **Haus Bernstein** nahe dem Schiffsanleger kann man die Bernsteinsammlung des ehemaligen Insellehrers Hans-Gerd Backhaus bewundern – das »Gold des Meeres« wird vor Neuwerk hin und wieder angeschwemmt.

Von der Wingst zur Ostemündung

Auf der Fahrt von der Wingst zum Unterlauf der Oste durchquert man die wesentlichen Landschaften Norddeutschlands, Geest und Marsch. Doch im Zoo in der Wingst, im Kamelien Paradies Wingst und sogar im Natureum Niederelbe sind auch Tiere oder Pflanzen aus aller Welt zu Gast.

- **Anfahrt:** B 73 bis Dobrock
- **Zeitplanung:** ein Tag
- **geeignet für:** Familien mit Kindern, Natur- und Gartenfreunde

In der Wingst

Der kleine bewaldete Höhenzug zwischen den tischebenen Marschen Kehdingens und den südlich anschließenden Moorlandschaften ist nicht zu übersehen: Die **Wingst** erreicht eine Höhe von bis zu 74 m ü. N. N., und ihr zweithöchster Berg erhielt sogar den Namen **Deutscher Olymp!** Hier ist eine beliebte Erho-

■ **Aussichtsturm**
Deutscher Olymp, 21789 Wingst
■ Öffnungszeiten: Mi, Do 15–16.45, Fr–So ab 10.30 Uhr
■ Preise: Erwachsene 1,50 €, Kinder 6–15 Jahre 1 €

■ **Zoo in der Wingst**
Am Olymp 1, 21789 Wingst, Tel. 0 47 78/2 55, www.wingstzoo.de
■ Öffnungszeiten: Mitte April–Sept. tgl. 10–19, sonst 10–17 Uhr
■ Preise: Erwachsene 4 €, Kinder 3–14 Jahre 2,50 €

■ **Kamelien Paradies Wingst**
Höden 16, 21789 Wingst, Tel. 0 47 78/2 63, www.kamelie.de

■ Öffnungszeiten: Mo, Mi–Fr 9–12 und 14–18, Sa 10–12 und 14–18, So 14–18 Uhr
■ Preise: Erwachsene 3 €, Kinder 10–17 Jahre 1,50 €

■ **Natureum Niederelbe**
Neuenhof 8, 21730 Balje, 0 47 53/84 44 80 (Ansage), 84 21 10, www.natureum-niederelbe.de
■ Öffnungszeiten: Di–So 10–18 Uhr; öffentliche Führungen tgl. 15 Uhr; Bernsteinschleifen Mai–Okt. jeden 1. So im Monat 12–16 Uhr
■ Preise: Erwachsene 5 €, Kinder 6–17 Jahre 4 €; einstündige Fahrt mit der Mocambo 5 € bzw. 4 €, dreistündige Fahrt 11 € bzw. 8 €

lungslandschaft mit Pensionen und Hotels sowie einem Spiel- und Sportpark entstanden. Ein Aussichtsturm auf dem Deutschen Olymp und der nahe **Zoo in der Wingst** gehören zu den interessantesten Zielen.

Letzterer umfasst ein 6 ha großes Gebiet, das sich in einen wunderschönen englischen Landschaftspark und in dichtes Waldland aufteilt. Ursprünglich war der Zoo für die Aufzucht von Tierkindern konzipiert, heute sind ausgewachsene Tiger, Braunbären und Wölfe die Wildtier-Attraktionen. Wölfe und Bären leben in einem 2 ha großen Nadelwaldgelände und lassen sich von erhöhten Aussichtsposten, dem Rundweg und einem quer durch das Gehege führenden Pfad aus hervorragend beobachten. Im Zoo lernt man mehrere Affenarten unterscheiden: Hulmans aus Südasien, Schopfmangaben aus Afrika, Japan-Makaken oder südamerikanische Krallenäffchen. Kinder werden im Streichel-Gehege ihre Freude an Alpakas, Ziegen und den wolligen Ouessant-Schafen haben.

Pflanzen haben die Wingst ebenfalls berühmt gemacht: Auf dem Weg nach Cadenberge passiert man den Ortsteil Höden: Hier gedeiht im **Kamelien Paradies Wingst** Europas größte Kamelienzucht, außerdem locken 2 ha große Schaugärten mit vielen dekorativ angelegten Abteilungen, die die Flora der Alpen, Japans oder der Heidelandschaft zeigen. Der »Blau-weiße Garten« im Barockstil bezaubert zwischen Mai und Oktober

mit der Pracht blauer und weißer Blüten, während man die Schönheit der Kamelien von März bis Mitte Mai bewundern kann.

Natureum Niederelbe

Kurz vor Neuhaus nähert sich die B 73 der Oste, hier folgt man dem Fluss bis zum Natureum Niederelbe. Direkt am Flussufer zieht sich ein umfangreiches Freigelände hin, in seiner Mitte steht das Ausstellungshaus mit einem zentralen Aussichtsturm. Von hier aus sollte man erst einmal einen Blick über die Landschaft werfen: Er reicht über die Ostemündung und die hier etwa 6 km breite Elbe bis nach Dithmarschen in Schleswig-Holstein.

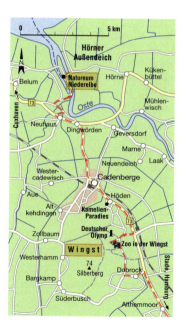

Das Natureum erklärt, wie diese Landschaft entstanden ist, und welche komplexen Naturvorgänge in dem Gebiet stattfinden, wo sich das Salzwasser der Nordsee und das Süßwasser der Elbe zu Brackwasser mischen. Ebbe und Flut spielen dabei eine wichtige Rolle. Wie zweimal täglich eine Flutwelle über 100 km die Elbe flussaufwärts bis Hamburg rollt, kann man an einem **Elbe-Modell** im Freiland selbst ausprobieren.

Nahebei, am Ufer der Oste, startet fast täglich das Fahrgastschiff **Mocambo** zu Rundfahrten und tuckert durch das Brackwasserwatt auf den Elbstrom hinaus. Vom Schiff aus beobachtet man Seehunde, Hunderte oder zur Zugzeit oft Tausende Vögel, und auf der Elbe sind immer ein paar interessante Schiffe zu sehen.

Die Ausstellung im Hauptgebäude befasst sich u. a. mit dem Thema **Bernstein.** Dieses schwimmfähige fossile Baumharz findet man nicht nur in der Ostsee, sondern auch in der Elbmündung und im Nordseewatt. Einmal im Monat demonstrieren Bernsteinschleifer ihre Kunst.

Bekannt ist das Natureum auch für seine jährlich wechselnden **Sonderausstellungen zur Tierwelt;** 2007 sind kleine Säugetiere das Thema. Täglich bieten dabei Wissenschaftler auf kostenlosen Erlebnisführungen interessante Einblicke in die Tierwelt.

Wo's was zu essen gibt

■ **Forsthaus Dobrock**
Hambeckallee 39, Dobrock,
Tel. 0 47 78/88 87 87.
In dem reetgedeckten Landgasthof tafelt man unter Hirschgeweihen mit Blick auf einen kleinen See. Man wählt zwischen bulgarischen Spezialitäten wie Wretno mit Schopska (gefülltes Schweinefilet mit geriebenem Schafskäse) oder »Riesen-Wingis«, dem 1 m langen Schnitzel. ○—○○

■ **Oehlschläger-Stube**
Bahnhofstr. 1, Bahnstation-Wingst,
Tel. 0 47 78/2 79.
Werke des Heimatmalers Oehlschläger schmücken das intime Restaurant im Flair Hotel Peter. Hier kommen unter dem Motto »Hoher Norden trifft den Fernen Osten« exquisite Gerichte auf den Tisch, z. B. gedämpftes Seesaibling-Filet mit parfümiertem Thai-Reis oder teegeräucherte Entenbrust mit Curry-Steckrübengemüse. ○○

■ **Kamelien Café**
Höden 16, Wingst,
Tel. 0 47 77/9 34 40, Mi–Mo 14–18 Uhr, Dez. Sa, So geschl.
Auf der Sommerterrasse können die Augen beim Blick auf das bunte Gartengelände schwelgen, während der Gaumen mit feinstem hausgemachten Kuchen verwöhnt wird. ○

Veranstaltungskalender

Außergewöhnliche Museums-
und Theater-Events, Messen,
Märkte, Sportveranstaltungen,
Konzerte und vieles mehr im
jahreszeitlichen Überblick

243

Februar

■ Anfang Februar: **Reisen Hamburg.**
Größte Tourismusausstellung Norddeutschlands mit aktuellen Reise-
trends und Insidertipps.
Info: Tel. 0 40/3 56 90,
www.hamburg-messe.de

März

■ Mitte März bis Mitte April
(23. 3.–22. 4. 2007): **Hamburger
Frühlingsdom.** Riesiger Jahrmarkt
auf dem Heiligengeistfeld.
Info: s. S. 13

April

■ Mitte April: **Alsterstaffel.** Traditioneller Staffellauf auf dem Jungfernstieg und um die Binnenalster,
neuerdings auch mit Inlineskates.
Info: Tel. 0 40/46 88 22 11,
www.alsterstaffel.de

■ Mitte April bis Mitte Juni (nur alle
drei Jahre, nächster Termin 2008):
Triennale der Photographie. Ausstellungen, Vorträge, Workshops etc.
rund um die Lichtbildkunst.
Info: Tel. 0 40/42 81 34 42 97,
www.phototriennale.de

■ Mitte/Ende April (29. 4. 2007):
Conergy Hamburg-Marathon. Weit
über 20 000 Läuferinnen und Läufer
aus über 80 Nationen treten zum
42,195-km-Lauf durch die schönsten
Teile der Stadt an; eine halbe Million
Zuschauer säumen den Weg.
Info: Tel. 0 40/61 67 73,
www.marathon-hamburg.de

■ Ende April: **Wedeler Vogeltage.**
In der Carl-Zeiss-Vogelstation in der
Wedeler Marsch macht der Natur-
schutzbund auf den Vogelreichtum
des Elbtals aufmerksam.
Info: Tel. 0 40/6 97 08 90,
www.nabu-hamburg.de

Mai

■ Wochenende um den 7. Mai
(11.–13. 5. 2007): **Hafengeburtstag.**
Riesenfest an der Hafenkante zur
Feier der am 7. Mai 1189 von Friedrich
Barbarossa verliehenen Hafenprivi-
legien. Traditionsschiffs-Paraden,
Schlepperballett und Hafenmeile mit
Musik und kulinarischen Genüssen.
Info: Tel. 0 40/35 69 21 11,
www.hafengeburtstag-hamburg.de

■ Mitte Mai (12.–20. 5. 2007):
**E.ON Hanse Tennis Masters Series
Hamburg.** Auf dem Center Court am
Rothenbaum gibt sich eine Woche
lang die Weltspitze des Tennissports
ein Stelldichein.
Info: Tel. 0 40/41 17 84 11,
www.AmRothenbaum.de

■ Mitte bis Ende Mai (17.–20. 5. 2007): **Deutsches Spring-Derby.** Der wohl schwierigste Parcours der Welt mit berühmten Naturhindernissen zieht die internationale Reitsportelite nach Klein Flottbek. Info: Tel. 0 40/82 64 22,
www.engarde.de

■ Mitte bis Ende Mai (19.–20. 5. 2007): **Eppendorfer Landstraßenfest.** Livemusik, Gourmetmeile, Flohmarkt und Party bis spät in die Nacht vor der Kulisse repräsentativer Jugendstilhäuser. Info: Tel. 0 40/46 88 22 11,
www.uwebergmannagentur.de

■ Mitte bis Ende Mai: **Japanisches Kirschblütenfest** mit grandiosem Feuerwerk über der Außenalster (s. S. 71). Info: Tel. 0 40/30 05 13 00,
www.hamburg-tourismus.de

■ Ende Mai: **Lange Nacht der Museen.** Hamburgs Museen präsentieren bis 2 Uhr nachts ein umfangreiches Programm an Ausstellungen, Vorführungen, Musik und Lesungen. Shuttlebusse stellen eine Verbindung zwischen den einzelnen Veranstaltungsorten her. Info: Tel. 0 40/30 05 12 34,
www.langenacht.museumsdienst-hamburg.de

■ Ende Mai bis Anfang Juni: **Hamburger Kurzfilmfestival.** Subversives Überraschungskino inkl. Kinderkurzfilmfestival, an dem sich vor allem Hamburgs Programmkinos beteiligen. Info: Tel. 0 40/69 19 63 23,
www.shortfilm.com

Juni

■ Anfang Juni: **Internationale DRV-Junioren-Regatta.** Deutschlands größte Junioren-Regatta mit mehr als 2000 Teilnehmern. Info: Tel. 0 40/7 37 55 10,
www.alsterclub.de

■ Anfang Juni: **Erdbeerfest im Rieck-Haus.** Das Vierländer Freilichtmuseum feiert die Erdbeersaison mit Folklore und ökologischen Tipps. Info: Tel. 0 40/7 23 12 23,
www.altonaer-museum.de

■ Anfang bis Mitte Juni (1.–17. 6. 2007): **altonale.** Stadtteilfest in Altona mit den Schwerpunkten Literatur, Kunst und Theater. Info: Tel. 0 40/39 80 69 70,
www.altonale.de

■ Mitte/Ende Juni (17. 6. 2007): **Fahrradsternfahrt Hamburg.** Über 10 000 Radler fahren von 50 verschiedenen Startpunkten in der Großregion Hamburg aus zum zentralen Treffpunkt Moorweide. Info: Tel. 0 40/39 39 33,
www.fahrradsternfahrt.info

■ Ende Juni (23. 6–1. 7. 2007):
Deutsches Derby. Eine Woche lang
hochkarätige internationale Galopp-
rennen und hohe Wetten auf der
Horner Rennbahn; das Event dient
als Zucht- und Leistungsprüfung der
besten dreijährigen Vollblüter.
Info: Tel. 0 40/6 51 82 29,
www.galopp-derby.de
■ Ende Juni bis Mitte Juli (27. 6. bis
14. 7. 2007): **Stuttgarter Weindorf.**
Baden-Württembergische Weine und
Gerichte in stimmungsvollen Lauben
auf dem Rathausmarkt.
Info: Tel. 07 11/29 50 10,
www.prostuttgart.de
■ Ende Juni/Anfang Juli (8. 7. 2007):
Hamburger Motorrad-Gottesdienst.
Nach einem Konvoi durch die Stadt
treffen sich in und vor der St. Micha-
liskirche weit über 30 000 Biker aus
ganz Deutschland zum Gottesdienst
mit dem ebenso motorradbegeister-
ten Pastor Erich Faehling.
Info: Tel. 0 40/3 06 20 11 30,
www.mogo.de

Juli

■ Ende Juni bis Anfang Juli
(1.–15. 7. 2007): **Hamburger Ballett-
Tage.** Ambitioniertes internationales
Ballettfestival der Staatsoper, das
Intendant John Neumeier vor über
30 Jahren ins Leben rief.
Info: Tel. 0 40/35 68 68,
www.hamburgballett.de
■ Anfang Juli (6.–7. 7. 2007):
Schlagermove. Schlagerfestival in
St. Pauli mit Musik der 1950er bis
1970er Jahre, Umzügen in schriller
Verkleidung und Aftermove-Party auf
dem Heiligengeistfeld.
Info: Tel. 0 40/30 05 15 55,
www.schlagermove.de
■ Mitte Juli (13.–15. 7. 2007):
Hamburg Harley Days. 50 000 Har-
ley-Davidson-Fans aus aller Welt
lassen mit ihren schweren Maschi-
nen den Hamburger Boden beben.
Info: Tel. 0 40/46 88 22 11,
www.hamburgharleydays.de
■ Mitte Juli bis Anfang September
(14. 7.–2. 9. 2007): **Schleswig-
Holstein Musikfestival.** Klassische
Musik an ungewöhnlichen Orten,
wie dem Schuppen 52 im Hafen oder
der Norddeutschen Affinerie, aber
auch in der St. Michaeliskirche oder
der Laeiszhalle.
Info: Tel. 04 31/57 04 70,
www.shmf.de
■ Juli/August: **Freiluftkino auf
dem Rathausmarkt.** Internationale
Film-Highlights unter Hamburgs
nächtlichem Sternenhimmel.
Info: Tel. 0 40/4 28 54 51 37,
www.fhh.hamburg.de

■ Ende Juli (20.–29. 7. 2007):
Duckstein-Festival. Straßenfest auf
der Fleetinsel mit Comedy, Artistik,
Straßentheater und Musik.
Info: Tel. 0 40/46 88 22 11,
www.duckstein-festival.de
■ Ende Juli (23.–29. 7. 2007):
**Deutsche Bank Players Champion-
ship.** Profigolfer zeigen ihr Können
auf Gut Kaden Golf und Land Club.
Info: Tel. 0 41 93/9 00 00,
www.deutsche-bank-players-
championship.de
■ Ende Juli bis Ende August
(27. 7.–26. 8. 2007): **Hamburger
Sommerdom.** Riesenjahrmarkt auf
dem Heiligengeistfeld.
Info: s. S. 13

August

■ Anfang/Mitte August (4. 8. 2007):
**Christopher Street Day – Hamburg
Pride.** Fantasievolle Gay-Parade
durch die Straßen der Innenstadt.
Info: Tel. 0 40/25 32 85 55,
www.csd-hamburg.de
■ Mitte/Ende August (19. 8. 2007):
Vattenfall Cyclassics. Beliebtes
Radrennen für Profis und Breiten-
sportler.
Info: Tel. 0 40/88 18 00 10,
www.vattenfall-cyclassics.de
■ Ende August (27. 8.–2. 9. 2007):
Hamburg City Man. Größte
Triathlon-Veranstaltung der Welt
mit den Disziplinen Radfahren,
Laufen und Schwimmen.
Info: Tel 0 40/88 18 00 10,
www.hamburgcityman.de

September

■ Anfang September (30. 8. bis
2. 9. 2007): **Alstervergnügen.**
Volksfest rund um die Binnenalster
mit vielen Fressbuden, Kulturdar-
bietungen und schönem Feuerwerk.
Info: Tel. 0 40/43 09 75 95,
www.alstervergnuegen.de
■ Anfang September: **Karneval der
Kulturen.** Interkulturelles Fest auf
dem Uni-Gelände mit Künstlern aus
aller Welt auf vier Bühnen.
Info: Tel. 0 40/43 91 08 37,
www.karneval-kulturen-hamburg.de

■ Anfang September (8. 9. 2007):
Hamburger Theaternacht. Zu Be-
ginn der Spielzeit stellen Hamburgs
Theater ihrem Publikum bis spät
in die Nacht ihr Programm vor.
Info: Tel. 0 40/45 02 06 16,
www.hamburger-theaternacht.de
■ Anfang September (8.–9. 9. 2007):
Hamburger Stadtpark-Revival.
Nostalgisches Oldtimer-Rennen mit
historischen Motorrädern und Auto-

mobilen wie zur Gründung des Stadtparks vor über 70 Jahren.
Info: Tel. 0 40/6 11 70 80,
www.motorevival.de

■ 2. So im September (9. 9. 2007):
Tag des offenen Denkmals. Denk-
malgeschützte Bauwerke öffnen ihre
Pforten für jedermann.
Info: Tel. 02 28/95 73 80,
www.tag-des-offenen-denkmals.de

■ September: **Tag der Kunstmeile.**
Alle Institutionen der Künste entlang
dem östlichen Stadtwall von Hamburg sind von 10 bis 22 Uhr mit einer
einzigen Tageskarte zu besichtigen.
Info: Tel. 0 40/4 28 13 10,
www.tagderkunstmeile.hamburg.de

■ Mitte September (15. 9. 2007):
Nacht der Kirchen. Über 130 Kirchen
laden in dieser Nacht dazu ein, Konzerte oder Lesungen zu hören, bei
Kerzenlicht zu meditieren, schöne
Räume zu genießen oder einfach
nette Menschen kennen zu lernen.
Info: Tel. 0 40/3 68 93 78,
www.ndkh.de

■ Mitte September: **Reeperbahn-
festival.** Drei heiße Nächte mit über
200 Bands auf dem Spielbudenplatz
und in mehr als 15 edlen bis punki-
gen Clubs auf dem Kiez.
Info: Tel. 0 40/40 18 60 90,
www.reeperbahnfestival.com

■ Ende September bis Anfang Dezember: **KinderKinder.** Internationales Musik- und Theaterfestival mit
Workshops und Mitmachaktionen
für und von Kindern aus aller Welt.
Info: Tel. 0 40/29 99 11 37,
www.kinderkinder.de

Oktober

■ Anfang Oktober (27. 9.–4. 10.
2007): **Filmfest Hamburg.** Mammut-
festival des Films mit 100 internationalen Spielfilmen, darunter viele
Premieren und Uraufführungen.
Info: Tel. 0 40/39 91 90 00,
www.filmfesthamburg.de

■ Anfang Oktober: **Kinderfilmfest.**
Im Rahmen des Filmfests Hamburg
organisiert der UFA-Palast am
Grindel ein Filmprogramm speziell
für Kinder.
Info: Tel. 0 40/30 39 24 70,
www.filmfesthamburg.de

■ Anfang Oktober: **Museums
Kindertag.** Etwa ein Dutzend Hamburger Museen bieten Kindern
kostenlos ein spannendes Veranstaltungsprogramm mit Aktionen,
wie Bücher gestalten, Modefotos
schießen oder Gold waschen und
Wikinger spielen.
Info: Tel. 0 40/4 28 13 10,
www.museumsdienst-hamburg.de

■ Mitte Oktober: **Verkehrs-
historischer Tag.** Museumsfahr-
zeuge des Hamburger Nahverkehrs –
S- und U-Bahnen, Busse und
Schiffe – werden auf ihren alten
Strecken in Betrieb genommen.
Info: Tel. 0 40/30 05 15 55,
www.verkehrshistorischer-tag.de

■ Ende Oktober: **Kürbisfest im
Rieck-Haus.** Das Vierländer
Freilichtmuseum feiert Erntedank
und Halloween mit Folklore und
ökologischen Tipps.
Info: Tel. 0 40/7 23 12 23,
www.altonaer-museum.de

■ Ende Oktober bis Anfang November (27. 10.–4. 11. 2007): **Hanseboot.** Internationale Bootsausstellung und Verkaufsmesse.
Info: Tel. 0 40/3 56 90,
www.hamburg-messe.de

November

■ Anfang bis Ende November (1.–25. 11. 2007): **Bach-Wochen.** In der St. Michaeliskirche wird die Musik der Familie Bach und ihrer Nachfolger zelebriert.
Info: Tel. 0 40/37 67 81 43,
www.michel-musik.de
■ Anfang November bis Anfang Dezember (9. 11.–9. 12. 2007): **Hamburger Winterdom.** Jahrmarkt auf dem Heiligengeistfeld.
Info: s. S. 13
■ Mitte November: **CineFest.** Internationales Festival des deutschen Filmerbes mit vielen alten Filmen und filmhistorischem Kongress.
Info: Tel. 0 40/35 21 94,
www.cinefest.de
■ Mitte/Ende November (16.–25. 11. 2007): **Markt der Völker.** Verkauf von hochwertigem Kunstgewerbe aus aller Welt und von Arbeiten norddeutscher Kunsthandwerker in den Räumen des Völkerkundemuseums.
Info: Tel. 0 40/4 28 87 95 11,
www.voelkerkundemuseum-hamburg.de
■ Mitte/Ende November (17.–25. 11. 2007): **Du und Deine Welt.** Verbraucherausstellung für alle Lebensbereiche mit attraktiven Sonder-

schauen und Unterhaltung für die ganze Familie.
Info: Tel. 0 40/3 56 90,
www.hamburg-messe.de

Dezember

■ Ende November bis 23. Dezember (26. 11.–23. 12. 2007): **Weihnachtszauber in Hamburg.** Die gesamte Innenstadt zwischen Hauptbahnhof, Rathausmarkt und Gänsemarkt ist weihnachtlich geschmückt, an Verkaufsständen werden Kunsthandwerk sowie zum Winter passende Speisen und Getränke angeboten.
■ Anfang Dezember: **Kunst- und Handwerkmesse** im Museum für Kunst und Gewerbe. Verkauf von ausgesuchten Arbeiten norddeutscher Kunsthandwerker.
Info: Tel. 0 40/42 81 34 27 32,
www.mkg-hamburg.de

Register

Im Winter

Bildnachweis

Der Verlag dankt allen Unternehmen und sonstigen Institutionen für die freundliche Unterstützung bei der Realisierung des Buches und die Zurverfügungstellung von Bildmaterial. Im Folgenden nicht explizit aufgeführte Bilder stammen von den im Buch im Zusammenhang mit dem jeweiligen Bild genannten Institutionen.
A-ROSA: 106; Aspria: 117; Bäderland Hamburg GmbH: 63, 77, 79; Bäderland Hamburg GmbH/ Tobias Gromatzki: 95, 112, 113; Beiersdorf AG: 96; Bildagentur Huber/F. Damm: 135, 138; Bildagentur Huber/Gräfenhain: 10, 126, 146, 233, 234, 249; Bildagentur Huber/Kreder: 179; Bildagentur Huber/Lubenow: 243, 245; Bildagentur Huber/F. Mader: 161; Bildagentur Huber/ R. Schmid: 201; Bildagentur Huber/G. Simeone: 125, 217; BUND Hamburg: 51; Darlison/ Archiv DSM: 229; Dornheim GmbH: 71; EMA/Lydia Würzberg: 68; Erlebniswald Trappenkamp: 53; FLMK: 5, 45; Klaus Frahm: 20; Fundustheater/Eva Muggenthaler: 65; Angela Funke: 24; Grand Elysée: 103; Hafen Hamburg/Sperber: 130; Hamburgische Staatsoper/Ralf Brinkhoff: 28; Hansa-Park: 185; HIS e.V.: 82; Kaffeemuseum Burg: 16; Stefan Keller: 123, 237, Umschlagrückseite unten; Kurverwaltung Helgoland: 169; laif/Babovic: 221, 222; laif/Brunner: 1, 244; laif/Ebert: 13, 47; laif/Gaasterland: 27; laif/Herzau: 247; laif/Heidorn: 32; laif/Kirchner: 193, 197; laif/Modrow: 246; Literaturhaus/Thies Ibold: 15; Sabine von Loeffelholz: 38, 42, 60, 75, 92, 187, 190, 219; Lübeck und Travemünde Tourist-Service/Thomas Radbruch: 189; mauritiusimages/Bordis: 206; mauritius-images/Rosenfeld: 145; mauritius-images/R. Waldkirch: 133; Meridian Spa GmbH: 108, 109; Museum der Arbeit/Sünke Michel: 23; Museum für Bergedorf und die Vierlande: 142; Nationalparkverwaltung Hamburgisches Wattenmeer/Klaus Janke: 239; Natural Born Golfers: 6, 91; Ulrike Pfeiffer: 40; Pulverfass Cabaret: 9, 37; Pump, Nordhastedt: 165; Reederei H.G. Rahder: 7; Dominik Reipka: 22; Schleswig-Holsteinisches Freilichtmuseum: 177; Spielstadt Hamburg XXL: 39, 55, Umschlagrückseite oben; Stadtmarketing Bad Segeberg: 183; Stage Entertainment/Brinkhoff/Mögenburg: 32; Stage Entertainment/Morris Mac Matzen: 33; Steigenberger Hotel Hamburg: 101; Stiftung Schleswig-Holsteinische Landesmuseen Schloss Gottdorf: 173, 175; Straßensozialarbeit Horn: 87; Sturmflutenwelt Blanker Hans: 159; SVHH/Kruse: 69, 86; Theater in der Speicherstadt: 4, 35; Tourismus Region Celle GmbH: 211; Tourismus-Service Friedrichskoog: 157; Tourist-Info Plön: 181; Touristische Arbeitsgemeinschaft Nord-Ostsee-Kanal e.V.: 155; Unterelbe Tourismus e.V.: 149; Valida/Harald Diekmann: 121; Volker Wenzlawski: 31; Titelbild: gettyimages/Romilly Lockyer.

St. Michaelis

Turm: Besuchen Sie Hamburgs schönste Aussichtsplattform auf dem Michelturm, 106 Meter über der Elbe! Mai bis Oktober tägl. 9.00 – 19.30 Uhr, November bis April: 10.00 – 17.30 Uhr

Gruftgewölbe: Einzigartige Krypta u.a. mit dem Grab von Carl Philipp Emanuel Bach und einer Ausstellung über die Geschichte der Kirche. Tägl. 11.00 – 16.30 Uhr

Hamburg HiStory: Spannende Multivisions-Show auf einer 5-Meter-Panorama-Leinwand! Erleben Sie mehr als 1.000 Jahre bewegte Geschichte Hamburgs. Tägl. 12.30 – 15.30 Uhr alle 30 Minuten.

Hauptkirche St. Michaelis
Englische Planke 1 a
20459 Hamburg
Telefon (0 40) 3 76 78-0